JULES HURET

EN AMÉRIQUE

DE NEW-YORK
A LA
NOUVELLE-ORLÉANS

PARIS
BIBLIOTHÈQUE-CHARPENTIER
EUGÈNE FASQUELLE, ÉDITEUR
11, RUE DE GRENELLE, 11

1904

EN AMÉRIQUE

DE NEW-YORK

A LA

NOUVELLE-ORLÉANS

OUVRAGES DU MÊME AUTEUR

Enquête sur l'Évolution littéraire (Fasquelle). . . . 1 vol.
Enquête sur la Question sociale en Europe (Préfaces de M. Jean JAURÈS et de M. Paul DESCHANEL) (Perrin). . . . . 1 vol.
Sarah Bernhardt (Préface de M. Edmond ROSTAND) (Juven) . . . . 1 vol.
Loges et Coulisses (Fasquelle) . . . . 1 vol.
Les Grèves (Préface de M. MILLERAND) (Fasquelle). . 1 vol.
Tout yeux, tout oreilles (Préface de M. Octave MIRBEAU) (Fasquelle) . . . . 1 vol.

Pour paraître prochainement :

De San-Francisco au Canada.

14825. — L.-Imprimeries réunies, rue Saint-Benoît, 7. — MOTTEROZ, direct.

JULES HURET

EN AMÉRIQUE

DE NEW-YORK

A LA

NOUVELLE-ORLÉANS

PARIS
BIBLIOTHÈQUE-CHARPENTIER
EUGÈNE FASQUELLE, ÉDITEUR
11, RUE DE GRENELLE, 11

1904

Tous droits réservés.

Il a été tiré de cet ouvrage

25 exemplaires numérotés sur papier du Japon.

A mon ami Gaston CALMETTE

Jules HURET.

# EN AMÉRIQUE

DE NEW-YORK A LA NOUVELLE-ORLÉANS

PREMIÈRES IMPRESSIONS

Arrivée à New-York. — Je manque l'entrée dans le port. Brouillard. — Premier contact avec la vie américaine. — Fatigue. — Énervement. — Ébranlement général. — Thackeray et la rue. — Souvenirs de la traversée. — Solidarité en mer. — Détachement dès l'arrivée. — Les tramways. — Menaces de mort. — Paris est un village paisible. — Le chemin de fer aérien. — Défense de cracher. — 2500 francs d'amende. — Conducteur et contrôleur de tramways se pochent les yeux dans la voiture. — Maison de vingt-neuf étages. — Central Park sous la neige. — Les traîneaux. — Le pont de Brooklyn à 5 heures. — Spectacle effrayant. — Assaut des tramways. — Symbole de la lutte pour la vie en Amérique. — New-York s'allume. — Enchantement.

Voilà des semaines que je me raconte des histoires à moi-même pour ne pas commencer à écrire. Mais la vérité vraie, je la connais à présent : je n'ai pas encore écrit parce que j'étais trop fatigué. Au commencement, je ne m'en rendais pas compte ; je me figurais qu'ayant passé toute la journée dehors, pris coup sur coup des voitures, des trains, des tramways, regardé, écouté, accumulé des notes sur mon carnet, je n'avais pas travaillé, et que, le soir venu, je pourrais me mettre à l'ouvrage. Mais pour seulement vivre dans cette atmosphère violente, dans ce fracas gigantesque et continuel de fer retentissant, on est soumis à une dépense nerveuse considérable. Quand arrivait le soir, j'étais fourbu, et malgré mon bon vouloir, le mécanisme des formules ne fonctionnait pas.

Tous les étrangers que je vois ici me disent d'ailleurs la même chose : ce climat est dur au nouveau venu, l'excitation qu'il procure se paye cher, et il faut du temps pour rompre ses nerfs à l'atmosphère électrique des États-Unis, pour habituer son organisme au froid brutal, et aussi au bruit, à la fièvre forcenée des rues et des gens. Thackeray ne raconte-t-il pas dans ses notes sur l'Amérique qu'à New-York il lui fut impossible, pendant longtemps, de s'asseoir devant son bureau et d'écrire ? La rue l'attirait invinciblement, il lui fallait y descendre à tout prix.

Je comprends admirablement cet état d'esprit : la vie exaspérée de la grande ville entre avec vous dans votre chambre, vous pénètre, vous envahit et vous secoue. En arrivant, il est impossible, en effet, de prendre une plume et d'écrire autre chose qu'une dépêche. Quand, d'une ville de province tranquille, on met le pied pour la première fois à Paris, c'est la même excitation qui vous ébranle : les boulevards vous apparaissent agités par une fièvre colossale et aveugle; on s'y sent abandonné de tout et de tous, et l'effroi qui vous prend est long à se calmer. En venant de Paris à New-York, l'impression est identique, avec l'aggravation de la distance et de l'étrangeté. Peu à peu, cependant, on se fait à cette excitation, et au bout d'un mois on y est brisé. Je me promène à présent dans Broadway comme sur le boulevard des Italiens, et hier quelqu'un m'a demandé son chemin que j'ai pu lui indiquer sans plus de façon. La force d'absorption de ce pays est-elle si grande que je sois déjà en train de devenir Américain ? En tout cas, il est temps de fixer mes premières impressions, si je ne veux pas qu'elles s'émoussent.

Que je vous dise d'abord que j'ai raté mon entrée à New-York. Il faisait du brouillard et c'était dimanche. Je suis donc dispensé de refaire la description classique du pont de Brooklyn et des milliers de bateaux qui s'écrasent dans l'Hudson. Le port était bien tranquille, et ce qui me reste de plus net dans la mémoire de l'arrivée de la *Touraine*, c'est le ciel gris au-dessus des maisons où je compte vingt-huit étages en construction, toute la carcasse de fer debout, les poutres de fer dessinant les étages, les planchers et les murs qu'on remplira de briques ensuite. Cela a l'air, de loin, d'une agglomération de tours de dominos comme en font les enfants.

Puis, c'est l'accostage lent du bateau dans une des innombrables dentelures des quais. C'est le matin, un froid humide vous pénètre. Tout le monde s'est précipité à l'avant du bateau par un mouvement instinctif. Une sensation assez bizarre vous attend là. Vous dites adieu aux passagers que vous avez connus durant la traversée, mais le peu d'intimité qui s'était créée entre vous pendant ces huit jours de mer a l'air de s'envoler soudain, comme par enchantement; on se dit au revoir sans conviction. On pense à ses propres affaires et on sent que les autres font comme vous. L'espèce de vague solidarité qui venait du danger latent, la sympathie poussée de l'ennui de la vie à bord, la galanterie elle-même s'effacent, on se reprend, on se contracte, on est redevenu « chacun pour soi ». C'est la terre !

Les amis qui attendent les passagers sur le quai leur font de la main des signes joyeux, et je comprends combien doit être doux à l'expatrié d'être ainsi accueilli par des sourires et de la sympathie sur une terre lointaine. Presque huit jours de mal de mer et de jeûne m'ont peut-être affaibli, car je me sens plus sensible que je ne devrais à la tristesse du ciel gris, au chaos des bâtisses de brique, et à ces mouchoirs qu'on n'agite pas pour moi.

Aussi, une fois débarqué, quand je m'entends appeler par mon nom et que trois aimables compatriotes, venus chacun pour son compte, m'offrent gentiment leurs services, me voilà rasséréné. Je grimpe en voiture et je traverse, sur un pavage déplorable, des rues droites bordées de façades plates couleur rouge sombre ou grises, toutes pareillement précédées d'un escalier d'une dizaine de marches à rampe de fer ou de pierre, et je n'ai jamais mieux compris l'ennui de l'uniformité. Ces rues mal pavées sont sillonnées de rails. C'est dimanche, je l'ai dit, il y a peu de mouvement dans les rues, on pourrait se croire à Londres, car les maisons, quoique beaucoup plus hautes, ont un air de famille indiscutable avec celles de certains quartiers de la capitale anglaise.

Je vais à l'hôtel Waldorf où l'on croyait m'avoir retenu une chambre depuis cinq jours, mais il n'y en avait pas de libre ! Les 1,400 chambres étaient occupées. J'avais couru dans un autre hôtel, défait mes malles, pris un bain, changé de vêtements, puis, sur un coup de téléphone, refait mes malles, j'étais retourné au Waldorf où un vide s'était produit dans l'intervalle. Je m'étais habillé pour dîner en ville; puis, revenu à l'hôtel vers onze heures, j'avais trouvé les couloirs encombrés par plusieurs centaines de personnes en toilette de soirée et toutes les salles de restaurant, cinq ou six, pleines de mangeurs. C'est, paraît-il, tous les jours ainsi. Je fendis la foule, montai dans un ascenseur somptueux, où se serraient déjà quinze personnes, et en dix-sept secondes je fus conduit à mon quatorzième étage.

Un bruit profond et continu montait de la rue. Je regardai par la fenêtre. Je dominais une partie de la ville. A l'infini, des rangées de lumières, des bandes de feux, des bouquets multicolores de réclames lumineuses trouaient l'obscurité. Devant moi, je comptais les étages illuminés, douze, quinze, dix-huit, vingt étages aux vitres aveuglantes de clarté. Des tourbillons de fumée montaient vers le ciel sombre. De longs beuglements de sirène venaient de l'Hudson. Des tramways électriques filaient tout en bas, sous mes fenêtres, avec un grondement tour à tour affaibli ou grandissant, se mêlant au roulement du chemin de fer aérien qui passait comme un éclair à cent mètres de l'hôtel, à la hauteur du deuxième étage. D'autres bruits s'ajoutaient à ceux-là, venus je ne sais d'où, qui paraissaient faire partie de l'hôtel lui-même, sortir des murs, des conduites d'eau, de vapeur ou d'électricité. J'étais comme enveloppé de vibrations, et je regardais et j'écoutais sans penser à rien, comme si je plongeais dans un élément inconnu sur lequel je ne pourrais agir. Il me semblait, en effet, que je me trouvais encore sur le bateau et qu'une force étrangère m'opprimait irrésistiblement.

Bientôt pourtant je m'endormis d'un sommeil agité, roulis et tangage mêlés.

Le lendemain, réveillé tôt, je fus de nouveau saisi par le bruit de tourbillon qui montait de la rue. Je voulais l'analyser et je descendis.

Le bruit venait de la quantité phénoménale de tramways qui se croisaient en tous sens, en grésillant sur les trolleys et en sonnant incessamment de la cloche; du chemin de fer aérien bâti sur des planchers de fer soutenus par des piliers de fer, ce qui centuple la résonance des vibrations; du vacarme ordinaire des voitures, des camions et des gens; du fracas des marteaux sur la pierre ou sur le fer, car partout on construit ou on creuse. Il y a pour goûter ces harmonies — m'avait-on dit — un endroit idéal : c'est l'intersection de Broadway, de la 6ᵉ avenue et de la 34ᵉ rue. Broadway (la voie large) est la plus longue rue de New-York. Elle a, paraît-il, avec sa suite qu'on appelle le Boulevard, de 18 à 20 kilomètres ! En face des bureaux du *New-York Herald* (comment fait-on pour écrire là le journal de M. Bennett?), Broadway coupe la 6ᵉ avenue. Or ces deux voies ont chacune deux lignes de tramways électriques qui se succèdent de minute en minute. De plus, transversalement, passe la 34ᵉ rue, également pourvue d'une double ligne de tramways électriques. Au-dessus de cette sextuple ligne de tramways roulent sans cesse les trains du chemin de fer aérien. Le pont de fer gronde comme un tonnerre au passage des trains; souvent deux convois se croisent, les locomotives crachent leurs fumées en haletant; dessous, dans un enchevêtrement incroyable, les tramways tressautent sur les rails des aiguilles, les cloches tintent sans discontinuer, et le malheureux piéton pris entre toutes ces menaces de mort, assourdi de vacarme, tombe d'un tramway dans l'autre, échappe à un cab pour se voir menacé par une automobile, un camion ou un landau qui passent. Plusieurs hommes spéciaux se tiennent là en permanence pour aiguiller les tramways, les arrêter au besoin dans leur course folle; mais, sans doute blasés à la longue, on les voit plaisanter avec les conducteurs comme s'ils ne tenaient pas la vie des hommes entre leurs mains. Et tous ces moyens de locomotion ne suffisant pas, — sous le chemin de fer aérien, sous les tramways électriques, voilà qu'on creuse un chemin de fer souterrain.

Ces tramways, ce chemin de fer aérien, il faut y monter. Mais qu'on se dépêche! Le train s'arrête à peine quelques secondes; si vous êtes trois pas en arrière, le conducteur ne vous attend pas, il ferme sa barrière automatique sous votre nez, et le train se met à rouler à toute vitesse. Aussi se bouscule-t-on pour y entrer. Dans chaque compartiment, on doit pouvoir tenir une cinquantaine de personnes, souvent on s'y presse à cent et plus, on s'écrase sur la plateforme, ou l'on se tient debout à l'intérieur, sur deux rangs, devant les gens assis. On y circule comme on peut. Les Américains, qui y sont habitués, lisent fort bien leur journal debout, en serrant d'une main une courroie de cuir pendue au plafond. Il n'y a qu'une classe, comme d'ailleurs dans tous les chemins de fer et tramways en Amérique. Et vous voyez tous les jours la toilette d'une dame frôlée par le vêtement sale d'un terrassier ou d'un maçon. Pour en sortir, qu'on se dépêche aussi ! Sinon on est poussé, bousculé par ceux qui vous suivent.

Dans les tramways, même système. Les cars électriques, qui traversent les rues aussi vite que des trains express, s'arrêtent à chaque coin de rue, car il n'y a pas de bureaux, ni en tête de ligne ni en route. On ne vous refuse jamais l'entrée, fussent-ils remplis jusqu'au bord de gens debout et de gens assis. Vous vous glissez à travers les ventres et les pieds, vous écrasez et on vous écrase. Ne demandez pas pardon, c'est inutile, on ne vous rendrait pas votre politesse. Si vous recevez un coup de coude dans la poitrine, rendez-le, froidement, sans même vous retourner. C'est convenu. Les dames restent debout comme les autres. Quelquefois un homme plus galant quitte son siège. Mais ce n'est pas la coutume générale.

Sur les parois des tramways vous voyez imprimé un avis ainsi conçu : « Il est défendu de cracher sur le plancher des cars, sous peine de 500 dollars d'amende ou d'un emprisonnement d'un an, et même de tous les deux. — Par ordre du Conseil de salubrité. » C'est bref et efficace. En France, on *prie* respectueusement les gens de ne pas cracher, — et on crache tout de même.

Les rapports entre fonctionnaires de tramways sont des plus pittoresques. L'autre jour, un contrôleur fait le reproche à un conducteur d'avoir omis trois places à la sonnerie. Sans perdre de temps, le conducteur démolit la mâchoire et poche les yeux de son supérieur parmi la foule des voyageurs, qui s'intéresse en se garant.

Donc, du bruit, des allées et venues incessantes et innombrables à travers des voies droites, coupées tous les 60 mètres par d'autres voies droites, voilà ce qui vous frappe d'abord à New-York. Vous regardez en même temps les maisons de vingt étages, qui ne sont pas rares, et, en vous extasiant sur leur hauteur démesurée, sur le nombre insensé de fenêtres qui les percent, vous vous dites tout de suite que vous seriez trop triste d'y habiter, et vous pensez à la campagne, à la Loire paisible, ou à la Seine riante.

En général, ces maisons, serrées les unes contre les autres, sont très étroites; la plupart n'ont pas plus de quatre mètres de façade. Car ce qui coûte le plus cher ici, c'est la place, et c'est là la raison de ces bâtisses menaçantes, hostiles, qui touchent au ciel. Elles se ressemblent d'ailleurs presque toutes : façades plates ou à window demi-circulaire, fenêtres à guillotine, pierres rouges devenues presque noires; l'ornement architectural le plus commun, c'est le petit fronton grec reposant sur deux colonnes de pierre ou de marbre, ioniques ou corinthiennes, rondes ou plates. Pas un arbre, dans aucune rue, sur aucune avenue. Des pierres, du fer, des briques. Deux ou trois squares où l'on peut compter les arbres, et c'est tout.

Sur la 5ᵉ avenue, la voie la plus élégante et la plus riche, c'est un peu différent. Il y a là des maisons splendides, d'une grande richesse et d'une beauté architecturale admirable qui ne sont, d'ailleurs, que des imitations. C'est là en effet que s'étalent les hôtels des millionnaires.

Cette 5ᵉ avenue est d'une longueur démesurée : elle a bien 10 kilomètres de long; comme Broadway, elle traverse presque toute la ville. A partir du

Parc, elle n'a plus qu'un côté de maisons, et là toutes les critiques qu'on peut faire sur l'uniformité de New-York, sur son agitation effrénée et fatigante, tombent d'elles-mêmes. C'est une « avenue du Bois » moins vaste, mais plus agreste, car c'est le Bois lui-même qu'on a devant soi. Par cette saison d'hiver on en peut mal juger, mais j'imagine ici une végétation de printemps fastueuse, une campagne à la fois pittoresque et confortable.

En ce moment, le Parc est sous la neige, et la beauté en est spéciale. Des allées très belles, des arbres, des pelouses, des vallonnements, des rochers couverts d'une neige immaculée. En tous sens se croisent les coupés, les victorias, les traîneaux, les automobiles; les traîneaux sont en majorité. Ce sont, pour la plupart, de petits traîneaux légers à deux places, assez haut perchés sur leurs pattes de fer écartées. Les plus bas et ceux dont l'armature est faite de lignes courbes sont les plus jolis et les plus gracieux. Ils glissent sur la neige avec une vitesse extraordinaire, emportés par le trot silencieux de l'attelage. Pour signaler leur présence, au lieu de la menace brutale des trompes des automobiles, le dos des chevaux est muni de petits timbres argentins que frappent, au trot des bêtes, de mignonnes boules métalliques; ou bien une rangée de ces timbres ou de sonnettes est fixée sur le devant du traîneau, ce qui fait, pour l'œil et pour l'oreille, un carillon charmant qui égaye le silence de la neige. Ou bien encore, des ceintures de grelots sont attachées au ventre des chevaux ou le long des brancards.

Rien n'est plus joli et plus pimpant que le coup d'œil d'une allée fréquentée, vers quatre heures de l'après-midi. Les pompons, les aigrettes de crins verts, rouges, bleus, jaunes, blancs et noirs piqués sur les harnais, aux oreilles des trotteurs et de chaque côté du traîneau, à la place des lanternes ; les hommes en casquette de loutre, les cochers coiffés, comme nos anciens sapeurs, de bonnets de fourrure noire ; les femmes en élégantes toilettes parisiennes, emmitouflées et voilées ; les plaids de fourrures rares qui pendent à l'arrière des traîneaux, le mouvement et la vitesse, l'air pur et froid, ce décor de neige, font un tableau de plein air délicieux.

J'aime les antithèses. Les sensations qu'elles donnent sont fortes, et quand il ne s'agit pas de choses délicates, les effets qu'on en tire sont plus saisissants sans cesser d'être réels. Or quitter la 5ᵉ avenue un jour d'hiver, traverser la ville entière pour aller voir le pont de Brooklyn, ne manque pas d'une certaine saveur.

Je vous ai dit que le brouillard m'avait caché le pont de Brooklyn le jour de mon arrivée. Mais je m'étais promis de le voir sous un autre aspect. Puisque je n'avais pu passer dessous, j'ai voulu le traverser dans toute sa longueur. Et je crois que cette vision doit valoir l'autre. Je l'ai traversé en chemin de fer et à pied.

J'ai beau chercher dans mes souvenirs, je n'y trouve rien qui m'ait à la fois plus étonné et plus effrayé.

Vous savez déjà que le pont de fer de Brooklyn a 2 kilomètres de long, qu'il s'élève à près de 40 mètres au-dessus du fleuve, et qu'il a 26 mètres de large. Mais ce ne serait là, après tout, qu'un magnifique travail d'ingénieur, s'il ne servait qu'à permettre aux bateaux de passer entre ses piles.

Deux lignes de chemins de fer électriques, deux lignes de tramways électriques, deux chemins pour les voitures et un chemin pour les piétons, voilà ce que supporte le pont de Brooklyn. 250,000 personnes chaque jour le traversent. 1,200 trains le sillonnent en même temps. Autant de tramways. Quand on m'avait cité ces chiffres, je n'avais pu y croire. Quelle imagination pourrait concevoir une telle fantasmagorie?

C'est effrayant. Je ne sais positivement comment vous expliquer cela. De la rue, on est porté, par un flot de foule, à travers des escaliers et des couloirs, jusqu'au train. Là, on est entraîné, précipité dans un wagon au milieu de cent personnes assises ou debout, serrées comme des harengs dans une boîte. On ne peut pas bouger, tout mouvement pour chercher son mouchoir de poche est impossible. Le train part. Il passe comme un éclair à travers un emmêlement de poutres, de fils et de câbles de fer. On ne voit rien que du fer et on n'entend qu'un vacarme de fer. Cinq minutes après, on est arrivé. Les gens se précipitent comme des énergumènes hors du train, courant à travers d'autres escaliers et d'autres couloirs, et vous restez là, hébété, vous demandant si vous n'êtes pas fou, ou si ce sont les autres?

Mais tout ceci n'est rien encore.

J'avais voulu aller là seul, car ces sortes de sensations ne se goûtent bien que seul. Je cherchais le chemin des piétons, pour refaire le trajet à rebours. A cette heure, il était presque solitaire encore. Je me mis en route, et tous les chiffres abstraits des dimensions et du trafic du pont, que j'avais dans la mémoire, se mirent à danser sous mes yeux comme des réalités vivantes. De chaque côté du chemin que je suivais, des trains volaient en sens inverse, sans interruption, quelquefois à vingt mètres l'un de l'autre. Je n'étais séparé d'eux que par des barrières de fer à claire-voie. J'avais la sensation très nette de marcher sur un plancher roulant, livré sans résistance à la folie de la vitesse. Deux mètres en contre-bas des trains, et de chaque côté, des tramways électriques fuyaient dans un sens et dans l'autre, et ceux-là aussi sans discontinuer. A côté des tramways, dans un espace laissé libre, des voitures chargées, des camions énormes passaient, les uns se dirigeant vers New-York, les autres sur Brooklyn. Le bruit qui sortait de là est inexprimable. C'était un grondement incessant, un ronflement prodigieux, venus à la fois du retentissement des planchers de fer, des murs de fer, du cliquetis des rails et des aiguilles, du déplacement de l'air, du grésillement des trolleys, du pas des chevaux, des échos répétés de tous ces bruits, une tempête métallique sortant de l'immense ossature suspendue au-dessus de l'abîme. Le plancher où je marchais frémissait de saccades menaçantes, et, quand j'arrivai au milieu du pont, sous l'architecture des piles hautes comme l'Arc de triomphe, je m'assis sur un banc couvert de neige et je regardai autour de moi.

J'étais au centre de la rivière. Il n'y a pas de crépuscule dans ce pays, le soir tombe tout d'un coup. Déjà les lumières s'allumaient du côté de New-York. Je contemplai longtemps les étages qui s'illuminaient comme par enchantement. Bientôt un spectacle magnifique s'étala sous mes yeux. Et ce fut la première sensation de beauté vraie que j'aie trouvée en Amérique, mais si puissante et si grandiose ! Voici qu'à ma gauche toute la ville resplendit. Le soir a supprimé les architectures; on ne voit plus si les maisons sont laides. Seulement, des centaines, des milliers, on dirait des millions de petits carrés de vitres scintillent de la terre au ciel. Des vingtaines d'étages de lumières montent côte à côte à perte de vue, les plus petites maisons dépassées par les plus grandes, elles-mêmes dominées par de plus hautes encore qui donnent l'impression d'une perspective colossale, comme d'une escalade gigantesque vers des monts inaccessibles. On a la vision d'innombrables palais en fête! Paris vu le soir des hauteurs de Montmartre n'est rien en comparaison de ceci. On dirait que toutes les étoiles du ciel, plus intenses, sont venues soudain se grouper symétriquement à trois cents mètres de la main. C'est le colossal et le démesuré qui deviennent de la beauté, une beauté énorme, écrasante et splendide. Et cette impression profonde de beauté qui surgit du nombre même de ces feux, de l'ordre mathématique de leurs lignes, s'impose contre toutes les règles de l'esthétique et de l'art : c'est la force, l'énergie incalculable d'où naît une émotion puissante et précieuse.

Je demeurais stupéfait de surprise et de joie. Et quand je sentis le froid qui me glaçait, je partis à regret, navré de quitter cette émotion nouvelle que j'avais peur de perdre, comme un songe que le réveil va chasser. Je voudrais expliquer cela : la mélancolie de l'éloignement, le climat hostile, l'étrangeté des mœurs et des idées, les sentiments intimes sans écho et sans confidents; tous les liens coupés avec les lieux familiers et les cœurs amis, — et soudain l'oubli qui balaye ces choses, durant une heure, sous l'empire irrésistible d'un spectacle de féerie...

Je continuai mon chemin vers New-York, au milieu du bruit des trains, qui ne m'effrayait plus. Sur le fleuve, les navires en hurlant circulaient avec leurs fanaux verts et rouges.

Je me retrouvai à mon point de départ, au bas de l'escalier, dans la rue. Il était près de six heures du soir. Les tramways qui venaient de Brooklyn sortaient à gauche du pont, décrivaient un bref demi-cercle et repartaient par le côté droit aussitôt. Je sortis de mon rêve. Ce qu'on voit là est inimaginable. Dès que le tramway s'arrête, avant même qu'il soit arrêté, la foule qui attend entre les rails, se précipite, se rue à l'assaut de la voiture avec une violence révoltante. Et remarquez qu'à se bousculer ainsi on gagne à peine deux ou trois minutes, puisque, je le répète, le mouvement des cars est incessant. Sans un cri, sans un appel, sans un mot, vingt-cinq personnes empoignent en même temps les barres de la plate-forme, vingt-cinq autres derrière elles les poussent, les bourrent, se glissent entre elles ; d'autres s'agrippent au plafond de la plate-forme, sautent sur le frein, lancent leurs pieds parmi les dos et les jambes, et réussissent à s'insinuer. Personne ne se plaint, le conducteur laisse faire, le policeman oblige seulement les gens à se garer de la voie pour n'être pas écrasés par la machine ; mais pour le reste, chacun est libre. Jamais je n'ai vu cela nulle part. C'est brutal et bref comme le football. Il y a de pauvres femmes au milieu de cette bagarre ; personne n'y fait attention. Elles grimpent à l'assaut comme des hommes, protégeant comme elles peuvent leurs robes et leurs chapeaux. Naturellement, elles arrivent souvent trop tard, ou bien sont écartées durement par un coup de coude ou d'épaule. Mais elles ne protestent pas, s'inclinant devant la force des mâles comme devant un élément; elles attendent le car suivant, en assujettissant les épingles de leurs chapeaux. Aucune vieille femme ne se mêle à elles : ce sont surtout des jeunes filles ou des jeunes femmes.

Je suis resté une heure à regarder ce tableau nouveau pour moi. Je me suis mêlé aux assaillants, comme si je voulais monter dans une voiture. Je n'ai pas fait d'effort, naturellement, pour y monter, vraiment dégoûté de cette violence aveugle. Mais dix fois, j'ai été repoussé brutalement par la foule loin du tramway. A un moment, une petite femme, toute petite, à peine âgée de vingt ans, qui essayait depuis un quart d'heure de monter sans y réussir, s'est mise à pleurer et à se plaindre : on venait de lui voler le contenu d'un petit sac à main qu'elle n'avait pas lâché, mais qu'on avait ouvert à l'instant de l'assaut. Elle montrait le sac vide. Elle gémissait doucement : « Qu'est-ce que mon mari va dire ? » C'était samedi. Il y avait dedans l'argent d'une semaine de travail, et des papiers. Trois ou quatre personnes, parmi lesquelles le voleur peut-être — j'en avais comme une idée, — cherchèrent un instant entre les rails; puis, un nouveau tramway arrivant, l'effrénée bousculade recommença. Je vis la pauvre petite, bousculée, écrasée, saisir malgré tout la barre de fer du marchepied, se laisser traîner par la voiture encore en marche, et finalement se hisser sur la plateforme, son chapeau de travers, les cheveux défaits, les yeux encore en larmes...

L'HOTEL WALDORF-ASTORIA

Les restaurants *chic* de New-York. — Le café Martin. — Un café du boulevard sur la 5ᵉ avenue. — L'hôtel Waldorf. — 17 étages. — 1,500 chambres. — Des bains partout. Luxe princier. — Bureaux de Bourse, de télégraphe, de téléphone, de pédicure, de manucure, de coiffure, de médecin, de théâtre. — Magasins de fleurs, de journaux, de tabac. — Salle de théâtre, d'exposition. — Les ascenseurs. — Les salons. — L'économat de l'hôtel. — Les caves. — Les cuisines. — Un million et demi de cigares. — Les machines. 3,000 chevaux-vapeur. — 115 ingénieurs et ouvriers. — La lingerie. — 60,000 pièces de linge par jour. — Les conserves. L'argenterie. — Ce qu'on use de savon. — 25,000 francs de rogatons. — Les employés. — 1,636 domestiques. — Courte biographie du directeur.

On m'avait dit : « Il faut descendre au Waldorf. C'est là que vous pourrez le mieux juger la vie américaine. » J'y habite depuis six semaines et je commence à le connaître. C'est, en effet, l'hôtel à la mode. On y voit toutes les sortes de gens imaginables, depuis l'archimillionnaire jusqu'à l'irrégulière, et le mouvement est là. Mais il n'est pas que là. Il est au restaurant Martin, chez Sherry, chez Delmonico, au Holland House. Sherry est plus solennel, Delmonico est chic, mais Martin est à la fois chic et gai.

Tenu par un Français aimable et charmant, très connu et très aimé ici, qui a le génie de ces entreprises, le restaurant Martin est recherché à la fois pour sa cuisine française excellente et pour l'atmosphère de gaieté que nos compatriotes savent toujours mettre autour d'eux quand ils le veulent. Avec sa grande salle Empire, égayée de cuivres, ses bouquets de lampes électriques rouges sur les tables, son tapis rouge et ses fleurs vivantes, c'est la salle la plus animée de New-York. Les maîtres d'hôtel, les garçons sont Français pour la plupart, et l'on y respire l'atmosphère que le pauvre Parisien désorbité cherche en débarquant à New-York. De plus, il y trouve un café, un vrai café parisien avec ses tables de marbre, ses banquettes, ses glaces, et surtout ses consommations accoutumées servies à la mode de Paris.

Mais ce Waldorf-Astoria est l'une de ces institutions colossales que l'on ne voit qu'en Amérique. C'est un monstre qui vaut d'être dépeint.

Bâti tout en pierre rouge, d'un style épais et solide, en pleine 5ᵉ avenue, il tient à lui seul tout l'espace — le « block », comme on dit ici — compris entre la 33ᵉ et la 34ᵉ rue. Il a coûté près de quarante millions à construire. Il renferme 17 étages et 1,500 chambres, dont 1,200 avec bains.

La véranda qui sert d'entrée principale aux voitures et aux piétons est faite de douze larges arceaux de fer garnis de feuillages, et que dessine, le soir venu, une véritable voûte de lumière électrique. Le rez-de-chaussée de l'hôtel est composé de plusieurs immenses salles à manger très hautes, décorées chacune d'un style différent et garnies seulement de petites tables, car la table d'hôte est inconnue ici. Les murs sont de pierre sculptée ou de stuc. Du stuc dans les vastes couloirs, du stuc dans les escaliers, du stuc partout, du stuc orné, doré, comme dans une cathédrale byzantine. Partout des canapés de velours, des fauteuils de soie, des sofas, des chaises de cuir. Dans tous les couloirs qui font le tour de ce caravansérail gigantesque, deux rangées de clients ou de passants, assis, causent et fument, — car entre ici qui veut : les salons, les bars, les restaurants, les fumoirs, tout est public. Un orchestre est là, à l'entresol, entre deux couloirs, qui joue du matin au soir pour ceux qui veulent l'entendre. Et je n'essayerai pas de rendre le mouvement incessant de fourmilière qui anime les salles de thé, le palmarium, le café, le bar, les salons de réception, la salle de billard, le salon des dames qui est le salon de Marie-Antoinette exactement restitué, tout en étoffes claires, en meubles délicats et contournés, vernis Martin et imitation de Boule. Tous les coins sont utilisés : il y a par ici un bureau loué à une maison de banque où se traitent toutes les affaires financières comme au Stock Exchange ; les cours y sont affichés télégraphiquement, en même temps qu'à la Bourse même.

A côté, voici une vitrine de marchande de fleurs, l'étalage d'un photographe dont l'atelier est au 17ᵉ étage ; voici un bureau téléphonique pour la ville et l'extérieur, un bureau télégraphique, le bureau du médecin (l'hôtel en a trois, dont un toujours en permanence); voici un magasin de journaux, un bureau de location pour les théâtres ; voici le bureau de l'hôtel, avec les 1,500 boîtes numérotées des chambres, la caisse, les coffres-forts immenses. Quand une lettre arrive, elle est aussitôt timbrée de l'heure et de la minute de son arrivée et mise dans la boîte du destinataire. Si quelqu'un demande un client de l'hôtel, la carte du visiteur est envoyée, dans les trente secondes, à l'étage indiqué, au moyen de tubes pneumatiques — un par étage — sous les yeux du visiteur. L'enveloppe qui porte la carte est timbrée à la seconde où on la met dans la gueule du tube, et timbrée à sa sortie avec la réponse. Si le destinataire est absent, la mention : *Not in room* (Pas dans la chambre) est appliquée sur l'enveloppe.

De larges et luxueux ascenseurs électriques blanc et or, de style Louis XV, où quinze personnes peuvent tenir très facilement, sont accouplés de place en place et font sans cesse la navette. Personne ne monte ni ne descend jamais un escalier. Un signal électrique indique au groom de l'ascenseur l'étage où on l'appelle et où il doit s'arrêter. A chaque étage — il y a six ou huit ascenseurs par étage — un cadran muni d'une aiguille montre à quel étage se trouve l' « elevator » qu'on veut prendre. On n'attend jamais plus de quelques secondes.

A l'entresol il n'y a pas de chambres : d'un côté, deux grandes salles de bal, de concert ou de théâtre, avec loges, scène, vestiaires. Ces salles sont d'un luxe inouï : murs de marbre, lourds tapis d'Orient, glaces énormes, plafonds peints par les premiers artistes d'Amérique. Elles se louent 1,000 dollars par soirée ou 1,500 dollars par jour. On y fait des expositions d'art, des ventes de charité; on y donne des bals de fiançailles ou de mariage. De l'autre côté, c'est une infinité de salons et de salles à manger de tous styles et de toutes dimensions, qu'on loue pour des repas de corps ou même que l'on réserve aux clients qui ne veulent pas manger dans les salles communes. Mais on n'y sert jamais deux personnes seules, à moins que ce ne soit un couple descendu à l'hôtel. Quelques-uns de ces salons sont d'un goût douteux, d'autres sont très beaux; mais les uns et les autres d'un luxe et d'une richesse extraordinaires. Attenant à ces salons, des vestibules ornés de plantes et de statues de marbre. Après le repas, on peut y recevoir, y fumer, y donner à chanter, à danser. Tout est disposé pour que tout soit possible et pratique. C'est ici que le prince Henri de Prusse, qui était descendu au Waldorf, traitait ses invités.

J'ai visité quelques appartements du 1ᵉʳ étage. Il y en a de magnifiques : tentures de soie ou de velours broché, sofas, grands fauteuils dorés, lits incrustés de cuivre ou d'ivoire, pianos de marqueterie, riches tapis, tableaux, vases, petites salles à manger intimes très chic, très élégantes, boudoirs, cabinets de toilette, salles de bain. Certains de ces appartements, comprenant plusieurs chambres, sont loués jusqu'à 500 dollars par jour (2,500 francs).

A chaque étage, un office avec service complet de vaisselle, de linge, d'argenterie, d'armoires chaudes et de garde-manger froids. Mais tous les repas viennent des cuisines par des ascenseurs spéciaux; l'ordre est transmis par des tubes pneumatiques et exécuté dans le premier sous-sol. Aussitôt que les mets sont apportés par l'ascenseur, ils sont placés sur de petites tables préparées d'avance que les domestiques portent toutes servies dans les chambres.

Et c'est ainsi du 1ᵉʳ étage au 16ᵉ. Au 17ᵉ, c'est le toit de l'hôtel ; on y installe, l'été, sous des tentes, parmi les fleurs, les plantes et les ventilateurs, un restaurant en plein air, d'où l'on voit l'Hudson.

Dans une chambre ordinaire, comme la mienne (5 mètres sur 7) il y a dix lampes électriques, trois au plafond, deux de chaque côté de la glace, une sur la table de nuit, une dans la salle de bain, une dans le cabinet-vestiaire.

Toutes les boiseries sont en acajou, les portes et les plinthes, l'encadrement des fenêtres et des cheminées.

Le mobilier d'une chambre se compose d'un immense lit de cuivre pour deux personnes, d'une table de nuit avec lampe électrique mobile, d'une cheminée avec une pendule qui marche, d'une chaise longue, de deux fauteuils, de trois chaises, d'une vaste commode à psyché, de doubles rideaux, d'un épais tapis, d'un bureau à tiroirs, d'une table. Tous les meubles sont en acajou.

La salle de bain, aux murs de faïence, au carrelage de mosaïque couvert d'un tapis de laine, se compose (naturellement) d'une vaste baignoire de faïence avec eau chaude et eau froide à volonté et à toute heure du jour et de la nuit, d'un lavabo à eau chaude et eau froide et d'un cabinet inodore. Douze serviettes pendues au mur, appareil électrique à chauffer les fers à friser, des listes tout imprimées pour le linge à blanchir, qu'on peut avoir le jour même. Près de la porte de la chambre, une petite trappe d'acajou avec cette inscription : « Mettez ici vos chaussures pour être nettoyées. » Vous ouvrez cette niche qui est pratiquée dans l'épaisseur du mur, et qui s'ouvre aussi sur le couloir : c'est là que le valet vient les prendre sans bruit, quand vous dormez.

Il nous faut maintenant redescendre dans les sous-sols, où est la vie même de l'hôtel.

Le premier sous-sol est occupé, d'un côté par les coiffeurs pour hommes et pour dames, les pédicures, les manucures, les bains russes, de l'autre par le département du steward ou économe de l'hôtel : chambres de réception des marchandises, cuisines, boulangerie, pâtisserie, dépôt des cigares, caves pour le vin en gros et le vin en détail, chambres de conserve, lingerie, dépôts de bagages, réfectoire pour le personnel, que sais-je encore ! Et tout est énorme, prend toute l'étendue souterraine de l'hôtel. Rien qu'à la lingerie, il y a 95 employées femmes qui ne sont occupées toute la journée qu'à plier les napperons. 7 employés ne font du matin au soir qu'ouvrir des huîtres et des clovisses. Le chef des huîtres a 500 francs de salaire. La confection du café dans des alambics de métal d'un mètre de hauteur, et sa distribution dans les cafetières retiennent 6 hommes. La vaisselle et l'argenterie sont lavées dans d'immenses cuves chauffées à la vapeur : 165 laveurs y sont occupés du matin au soir.

La cave du gros et celle du détail contiennent ensemble pour un million de francs de vin ! Elles occupent 28 employés.

Le dépôt des cigares renferme pour 300,000 dollars de cigares, tabac et cigarettes. Les cigares les plus chers sont de 1 dollar 1/2. Ce dépôt est une vaste bibliothèque minutieusement rangée, élégante et parfumée, dont la température est soigneusement entretenue entre le chaud et le froid pour assurer la conservation du tabac.

Mais il y a un deuxième sous-sol, aussi vaste que le premier. Quand vous y arrivez, vous croyez être dans une très grande usine. Des machines, des dynamos aux roues énormes, des chaudières hautes de 8 mètres fabriquent la lumière, la force pour les ascenseurs, pour la ventilation, pour le chauffage, pour la production de la glace. Soit 8 machines pouvant produire 3,000 chevaux-vapeur. 115 ingénieurs, ouvriers électriciens et mécaniciens sont occupés à ce service de force. Sous les trottoirs de la rue, il y a toujours 20,000 tonnes de charbon en réserve, pour n'être pas pris au dépourvu par une grève.

Plus loin, ce sont des ateliers de menuiserie, de serrurerie, de plomberie, de ferblanterie, pour toutes les réparations à faire dans l'hôtel. Il y a même un atelier d'horlogerie et un atelier pour la réargenture des couverts.

Une insupportable odeur d'ammoniaque vous monte au nez tout à coup; elle vient de la fabrique de glace. On y fabrique par jour 50 tonnes de glace artificielle, plus 100 tonnes de force réfrigérante, pour toutes les glacières de l'hôtel. Les 50,000 kilos de glace ne sont pas consommés à l'hôtel, naturellement; on en vend à différentes industries de la ville.

La buanderie lave et repasse 60,000 pièces de linge par jour. Comme je m'étonnais tout de même un peu de ce chiffre, on me fit remarquer que tout le linge de près de 3,000 personnes (voyageurs et personnel) passait là! 3,000 draps par jour, 8,000 serviettes de toilette, de table, de cuisine, les torchons, les rideaux, les tabliers, les nappes et les napperons. Chaque fois qu'on demande un verre d'eau, à table ou dans une chambre, on vous l'apporte sur un plateau, avec un napperon plié qui ne doit jamais servir deux fois. Des douzaines de machines automatiques pour le lavage, le séchage et le repassage fonctionnent incessamment.

Dans un coin hermétiquement clos on me montre une centaine de grands barils remplis de détritus de toute sorte : viandes, poissons, pain, citrons, coquillages. Ce sont les restes de la veille, qu'un entrepreneur vient prendre tous les jours, d'où on tire la graisse, et que l'hôtel vend pour 5,000 dollars par année.

Puis ce sont les caves de conserves. Il me semble que j'ai bien regardé une cinquantaine de chambres éclairées à l'électricité, hermétiquement closes par d'épaisses portes de bois, remplies de victuailles à nourrir une ville entière. Des enfilades de jambons pendus aux plafonds, d'énormes pièces de bœuf d'un rouge d'apoplexie, des moutons entiers ouverts, des centaines, des milliers de dindes, de poulets, de pigeons, de canards, de faisans plumés, de cochons de lait et de cochons d'Inde encore roses; une odeur fade et désagréable monte de cet amas de bêtes mortes. Puis ce sont les légumes, haricots, céleris, champignons, pommes de terre, asperges, salades, patates, endives, tomates, en quantité incalculable; puis ce sont les fruits aux parfums frais, les pommes, les poires, les ananas, les raisins, les citrons, les oranges, les *grape-fruits*. Des tuyaux de réfrigération traversent toutes ces chambres, et il y fait froid. Ces tuyaux font refroidir l'air par rayonnement.

L'argent qui entre et qui sort comptant d'une telle usine est phénoménal. On a acheté, à l'ouverture de l'hôtel, pour 250,000 dollars d'argenterie, c'est-à-dire pour un million deux cent cinquante mille francs. Depuis, on en a renouvelé à peu près la moitié. Chaque année, les amateurs de souvenirs, les domestiques en escamotent pour 50,000 francs.

On use par an pour 30,000 dollars de linge (150,000 francs).

Ce mois de décembre, — j'ai passé deux heures dans le bureau de l'économe de l'hôtel et j'ai vu les factures — on a acheté pour 6,000 dollars de vaisselle et de verrerie. Le mois précédent — c'était le Concours hippique — ces achats s'étaient élevés à 11,000 dollars ! (55,000 francs).

En moyenne, on consomme par année un million de feuilles de papier à lettres.

Le savon s'achète à Londres, par 200,000 gâteaux à la fois, ce qui fait à peu près la consommation d'une année. Car chaque nouveau client qui entre dans une chambre trouve deux morceaux de savon neufs, un sur son lavabo et un dans sa baignoire.

On sert au Waldorf, car on y vient manger de la ville, une moyenne de 2,000 repas de chaque sorte par jour, soit 6,000 repas, sans compter les soupers.

Les provisions de victuailles sont énormes. Comme il faut une cinquantaine d'aloyaux par jour, on tue journellement 25 bœufs pour le Waldorf. Ces bœufs, d'abord recueillis dans les prairies, mais trop durs pour être mangés, sont tenus six semaines dans les étables de Chicago où on les engraisse, puis amenés à New-York et conservés pendant quelques jours avant d'être consommés.

On ne mange presque pas de veaux à New-York. En revanche, le Waldorf absorbe quotidiennement de 20 à 25 agneaux, 25 petits salés, 20 jambons, une centaine de perdreaux, 200 cailles, 100 dindes, 80 douzaines de pigeons, 10 douzaines de canards domestiques, pour 175 dollars de lait, pour 500 francs de champignons frais, 8,000 petits pains — fabriqués à l'hôtel même — et 5,000 pains tendres pour le café au lait du matin.

Cela fait, en moyenne, un total de 7,500 dollars de victuailles par jour (37,500 francs). De plus, chaque mois, il entre pour environ 100,000 dollars de conserves de toute espèce.

On paye à la ville pour l'eau des bains, de la boisson et de la fabrique de glace, une redevance annuelle de 50,000 dollars (250,000 francs). Toute l'eau est, pour les bains, filtrée avant l'usage, et pour la table et la glace, elle est, de plus, distillée.

Le personnel se compose de 1,636 employés mâles et femelles de toute sorte : parmi lesquels, 96 cuisiniers et marmitons, 18 boulangers, 165 laveurs de vaisselle, 177 pages et grooms, 105 porteurs de bagages et balayeurs, 560 garçons, 175 femmes de chambre, etc., etc. Ce personnel coûte à peu près 65,000 dollars par mois (325,000 francs). Les garçons de salle sont payés 40 dollars par mois (200 francs); les garçons d'étage, 50 dollars; les femmes de chambre, 18 dollars; les employés des bureaux de 500 à 1,000 francs, selon leur travail. Tous les employés sont nourris; les femmes sont, en outre, logées et blanchies.

Et quand je vous aurai dit qu'il y a des jours, nombreux dans l'année, où les recettes de l'hôtel montent jusqu'à 100,000 francs, vous comprendrez comment il se fait que le propriétaire actuel, M. Boldt, ancien garçon d'office et, il y a quelques années à peine, simple maître d'hôtel, est en train de devenir l'un des hommes les plus riches et les plus considérés du commerce de New-York !

PETITES NOTES ET CROQUIS

Déjeuner avec miss Alice Roosevelt. — Le baise-mains remplacé par les tenailles. — Portrait de la fille du Président. — Type sympathique de la jeune fille américaine. — Le Concours hippique. — Élégance discutable. — Trop de bijoux et trop de plumes. — Ouverture du Metropolitan-Opera. — Mme Astor. — Une chambrée de milliardaires. — Une Diane chinoise. — Le peintre Helleu admire la plastique des femmes américaines. — Le nez des Trusts. — M. Pierpont Morgan. — Mmes Eames et Alvarez dans *Otello*. — Soir de neige. — Nostalgie. — Tristesse mystérieuse.

Déjeuné ce matin au Cercle des gens de Loi, de Down Town (la Ville basse) avec un des premiers avocats de New-York et sa femme, deux jeunes gens très riches et dont le sport est la seule occupation, un des plus jeunes et des premiers hommes d'affaires de l'Amérique, et trois jeunes filles parmi lesquelles Mlle Alice Roosevelt, fille du président de la République.

On arrive à une heure et demie. Petit salon clair. Table couverte de roses. On fait les présentations à la bonne franquette : Mr Untel — *How do you do ?* »

Shake-hand énergique qui me broya un peu les doigts et me secoua les articulations du bras. Et on se met à table. On cause de n'importe quoi, chacun pour soi, guère de conversation générale, et une demi-heure, au plus trois quarts d'heure après, le repas est fini. Vous vous figurez qu'on va s'asseoir, faire des grâces, aiguiser sa langue, essayer de briller? Il y a le Concours hippique à deux heures, on est en retard, on s'en va, sans même se dire au revoir.

J'avais à peine eu le temps d'entamer un bout de conversation avec mes voisines, d'entendre l'une d'elles, aux yeux languissants, me dire :

— Ici, on ne pense qu'à gagner de l'argent, de l'argent, toujours de l'argent. A la fin, on finit par détester ce mot : *money*...

Et je voudrais rendre l'accent et la grimace de colère et de répulsion qu'elle eut en prononçant ce mot. De la seconde de mes voisines, jeune fille de dix-huit ans, fraîche, rose, aux dents éclatantes, gaie comme un oiseau, j'avais juste appris qu'elle était sortie du collège depuis six mois, et qu'elle était si heureuse de sa liberté! et qu'elle se promettait de s'amuser beaucoup avant son mariage, parce que le mariage c'était la fin de tout, et qu'on ne lui avait pas encore dit qu'elle était jolie.

De miss Alice Roosevelt, on m'avait dit qu'elle ne savait que quelques mots de français, mais que son père le comprenait fort bien ; qu'elle n'était jamais allée à Paris, et qu'elle espérait y venir au prochain printemps. La fille du président Roosevelt est charmante. Les traits ne sont pas réguliers, mais l'expression en est si vivace, si énergique et si souriante à la fois! Une sorte de timidité nerveuse se devine malgré ses gestes brusques, son parler net et bref, sa poignée de main robuste et rapide, son petit salut sec. Ses manières sont d'une simplicité délicieuse. Après le déjeuner, au Concours hippique, je me trouvai de nouveau avec elle dans la loge de M. J. H. Hyde, et je la voyais se pencher gentiment hors du box, serrer les mains d'une quantité de jeunes garçons et de jeunes filles, et se mettre aussitôt à rire avec eux sans l'ombre de gêne ou de retenue, avec cette liberté et ce naturel qui sont un des côtés les plus agréables et les plus sympathiques du caractère américain.

※

Il y a encore beaucoup de monde à la campagne ; certaines grandes familles y demeurent même tout l'hiver, sauf à faire de temps en temps une apparition à New-York pour un déjeuner ou un dîner. Les grands bals ne commencent qu'en janvier, et les seules grandes réunions mondaines de la saison ont été jusqu'à présent le Concours hippique (Horse Show) et l'ouverture du Métropolitan Opera. Les hôtels débordent, des appartements sont retenus au Waldorf depuis l'année dernière pour la Grande Semaine, et il ne faut pas songer à trouver une place au café Martin pour le lunch, le dîner ou le souper.

De l'avis même des dames américaines, le Horse Show est plutôt un « Dress Show », c'est-à-dire une exposition de toilettes. On y vient voir beaucoup moins les chevaux que la mode. Tout ce que New-York compte de millions et d'élégances est là ; et l'on y vient aussi de Chicago et de Pittsburg, de Boston et de Philadelphie.

Grâce à cette invasion de la « province », on soutiendrait difficilement que l'élégance du public est sans mélange. On porte beaucoup de bijoux. Il y a des plumes trop grandes sur les chapeaux, et toutes les robes ne sortent pas de chez Paquin. Cependant le coup d'œil du soir est superbe. La vaste salle est éclairée par des lignes de lampes électriques qui suivent le dessin des charpentes du toit. Les loges circulaires et le promenoir sont remplis de toilettes décolletées et d'habits noirs. Et alors les gemmes triomphent ! Nombre de ces toilettes sont pleines de goût et portées admirablement sur d'admirables corps. Et jamais de plus riches joyaux n'ont orné de plus belles poitrines ; c'est une justice qu'il faut rendre aux unes et aux autres !

L'assemblée est calme. On s'y agite et l'on y parle peu. Les gens n'ont pas l'air de se connaître beaucoup. On se regarde, on se lorgne, et ce qui se passe sur la piste paraît assez indifférent. Les réunions analogues, chez nous, sont plus animées, on se rend beaucoup plus de visites et on manifeste davantage. Les chevaux y sont plus beaux aussi, les connaisseurs plus nombreux. Pourtant, ici, les attelages de coach sont incomparables et conduits de main de maître par les Moore et les Hyde. Je crois que ce sont à peu près là toutes les différences qu'on peut noter.

L'ouverture du Metropolitan Opera fut très brillante. Il n'y avait pas une place libre dans la superbe salle dont Maurice Grau est le « manager » très aimé.

On aurait pu se croire à une soirée de gala à

l'Opéra de Paris! Je ne dis pas cela pour flatter les Américains, mais je n'y vois vraiment aucune différence.

Il devait y avoir là les plus beaux joyaux du monde et les plus belles femmes de la terre. Mais la reine, celle vers qui tous les regards étaient sans cesse tournés, c'était la belle Mme Astor, l'un des plus grands noms d'Amérique, et à coup sûr la plus magnifique Diane que puisse rêver un sculpteur, une Diane un peu chinoise.

On me cita aussi, à l'entr'acte, d'autres noms célèbres et d'autres beautés. Mais comment les retenir tous? C'étaient les Vanderbilt et les Whitney, les Gould, les Hyde, les Harriman, les Belmont, les Clarke, les Jay, les Sloane, les Emery, les Alexander, les Winthrop et les Watson Gerard, tous noms avec lesquels nos oreilles européennes sont déjà familiarisées, et que nous apprendrons, je crois, à connaître mieux encore. Mais l'homme que se disputaient les regards des autres hommes était M. J. Pierpont Morgan.

— Voyez-vous cet homme, là-bas, avec ce nez énorme? C'est lui.

Je le suivis du regard de loge en loge, où il allait faire visite. Mais il était trop loin de moi pour que je pusse l'étudier convenablement : je ne voyais qu'un plastron blanc, des cheveux grisonnants, et, depuis qu'on me l'avait dit, un nez... gros comme un trust.

On jouait *Otello* en italien. Alvarez et Mme Eames chantaient. Leur succès fut très grand. On ne peut rien rêver de plus dramatique qu'Alvarez dans ce rôle, et sa voix ne fut jamais plus éclatante ni plus solide. Quant à Mme Eames, Bostonienne de naissance, elle est l'enfant gâtée du public américain. Elle chante Desdémone avec cette voix pure, d'essence si noble, qui n'a pas sa pareille. Et sa beauté, qui fut ce soir-là mélancolique et touchante, doublait le sentiment dramatique de son chant. Les loges et toute la salle firent aux deux artistes de longues ovations. Ici on ne se lasse pas d'applaudir. On ne compte pas les rappels, comme chez nous. Pour saluer le public, les artistes passent devant la rampe, le rideau baissé, par de petites portes ménagées à droite et à gauche du cadre de la scène. Pendant ce temps, les machinistes peuvent changer les décors; autrement les entr'actes n'en finiraient pas.

Ce qu'on regarde le plus en arrivant dans un pays étranger, c'est naturellement le spectacle de la rue, des restaurants et des théâtres.

Dans les rues élégantes où les femmes vont à pied, 5ᵉ avenue et rues avoisinantes, il n'y a pas beaucoup de différence — au premier coup d'œil — avec la tournure et l'élégance des promeneuses dans les riches quartiers de Paris. Les femmes marchent bien, leurs toilettes sont pour la plupart irréprochables. Elles n'ont pas, dans la démarche, ce rien gracieux, désinvolte et coquet, qui fait le charme des Parisiennes, mais elles se rattrapent par quelque chose de plus solide et de plus équilibré dans l'allure, qui donne à certaines un port de déesse.

La mode est, en ce moment, aux larges chapeaux plats ornés de plumes et de dentelles flottant à l'arrière. Cette mode, qui sied surtout aux femmes de grande taille, est ravissante; elle donne aux regards abrités sous les larges bords du chapeau un air de mystère, et encadre admirablement les lourdes chevelures.

※

Rencontré le peintre Helleu sur la 5ᵉ avenue, avec un carton sous son bras. Il vient d'arriver à New-York et s'est mis déjà au travail.
Il s'écrie :
— C'est ici le pays des belles femmes! Ah! les belles femmes!....

※

On voit tout dans ce pays extraordinaire, et les Américains s'étonnent difficilement.
Pourtant, ces jours passés, je vis, de mes propres yeux, dans une des salles à manger du Waldorf, quelque chose qui leur paraîtra à eux-mêmes incroyable.
C'était dimanche, un soir de neige. J'étais descendu tard dîner, m'étant oublié à des lectures dans ma chambre. Les salles étaient vides. Il ne restait que peu de monde aux tables : deux familles en grande toilette, deux dames, une brune et une blonde couvertes de bijoux et de dentelles, coiffées de larges chapeaux à plumes, les hommes en habit noir, et une petite fille de sept à huit ans, aux yeux éveillés, qui regardait et écoutait tout avec curiosité. Dans un coin, deux hommes en habit également, l'air sérieux et grave, mentons carrés et maxillaires saillants; deux ou trois autres personnes encore, effacées dans des coins. Et, à une table voisine de la mienne, un homme seul, d'une quarantaine d'années, à peu près

chauve déjà, à la figure bonne et tendre, la bouche forte et l'œil bienveillant. Je me disais, en le regardant, qu'il ne devait pas être Américain ; à côté des figures énergiques et fortes dont mon œil est à présent repu, celui-ci, malgré sa haute taille et sa forte carrure, me faisait l'effet d'une femme.

Un orchestre jouait, depuis le commencement du dîner, et assez mal, des airs de toute sorte, sans intérêt. Tout à coup, l'orchestre s'étant arrêté, une harpe préluda et se mit à jouer en solo un air mélancolique et doux. Les dîneurs se turent, les dames battirent gentiment la mesure avec leur couteau et leur tête, en fredonnant l'air à mi-voix. Par hasard mes yeux se portèrent sur mon voisin, le grand gaillard blanchissant, et je vis des larmes couler de ses yeux dans son assiette, des larmes grosses et rapides qu'il croyait cacher. Il me tournait le dos à demi, et je ne le voyais que de profil, mais je suivais dans une glace ses moindres mouvements : il essuyait ses yeux du bout de ses doigts, et sa bouche avait une expression d'enfantine douleur.

Si vous pensez au décor et à l'ambiance, il n'y a pas de drame au monde plus émouvant que ce simple tableau.

LE FOOTBALL

Le match entre Harvard et Yale. — Fête nationale des jambes et du muscle. — Rouges et Bleus. — Un morceau de pain pour 2 fr. 50. — 40,000 curieux. — Une revanche à prendre. — Yale favori. — La mascotte. — Reporters sténographes. — On mange, on regarde, on écrit et on télégraphie en même temps. — Un jeu pacifique. — Le match. — Les faux nez. — Les oreillères. — Les jambières. — Les cuirasses. — Les casques. — Le chef d'orchestre des acclamations et des cris de guerre. — Quelques blessés. — Cris de mort. — Tue-le ! — Yale vainqueur.

La plus magnifique partie de football, dans l'Amérique entière, est paraît-il, celle qui se joue tous les ans à la fin de novembre entre les deux vieilles universités d'Harvard et de Yale. Elle dépasse même en importance et en retentissement celle d'*Army and Navy* (Armée et Marine) qui se dispute vers la même époque. Ce match est un événement national, quelque chose comme le Grand Prix de Longchamp en France, le Derby en Angleterre et l'ouverture des courses de taureaux à Madrid ou à Séville, avec cette différence que, la lutte mettant en présence des hommes, à l'attrait du sport s'ajoute l'excitation de l'effort humain, qui seul réussit à passionner vraiment ce pays.

Aussi tous les trains qui partaient ce matin-là de New-York pour New-Haven, où se trouve l'université de Yale, semblaient des trains de plaisir élégants emmenant la foule à une partie de fête. Jeunes filles et jeunes gens, hommes et femmes portaient tous à la boutonnière des œillets et des roses rouges ou des violettes, ou à la main de petits drapeaux écarlates ou bleus, selon les préférences de chacun, car Yale et Harvard ont leurs couleurs, — rouge pour l'un, bleu de roi pour l'autre.

Il faisait un temps splendide, sec et froid. Les hôtels de la petite ville regorgeaient. Des processions de gens en quête de nourriture se croisaient sur le seuil des restaurants et des auberges. Les plus avisés avaient apporté des paniers de provisions. Des marchands criaient du chocolat et des sandwiches qu'ils vendaient à des prix inconcevables. J'ai payé un sandwich un demi-dollar, et quel sandwich!... une étroite langue de viande blanche et dure entre deux feuilles de pain-éponge!

Et la route de 2 kilomètres qui mène de la gare au stand où a lieu la partie est remplie d'un flot incessant de foule qui se hâte comme un fleuve pressé à travers des rangées de villas en bois rouges et jaunes. Les tramways électriques sont combles, chaque voiture contient bien deux fois plus de gens qu'elle n'a de places; cinquante voyageurs accrochés les uns aux autres débordent des marchepieds, vacillent en grappes à chaque arrêt et à chaque départ, et les cars se suivent sans interruption.

Nous voici devant le stand. Imaginez d'immenses échafaudages de 10 mètres de hauteur, supportant d'innombrables gradins qui s'étagent en amphithéâtre sur les quatre côtés d'un rectangle découvert. Au centre, une pelouse de 60 ou 80 mètres de long, large de 20 environ. Quarante mille personnes peuvent tenir là ! Et pas une place n'est vide. Cet amas de foule constitue déjà un spectacle impressionnant.

Deux des côtés du rectangle sont peuplés des étudiants d'Harvard et de leurs invités; ils font face aux étudiants de Yale et à leurs partisans.

Les gradins d'Harvard sont rouges comme un champ de trèfle, tant il y a de petits drapeaux qu'on brandit, de roses et d'œillets, de rubans, de brassards, même de costumes écarlates portés par des dames; les gradins de Yale sont bleus et violets.

Le match sera chaud. Depuis trente ans qu'on a inauguré cette rencontre annuelle, Yale a presque toujours été victorieux. Mais l'année dernière Harvard a battu Yale à plates coutures, et Yale veut prendre sa revanche. Les paris sont ardents. On a risqué de grosses sommes à la Bourse de New-York, tous ces jours derniers, sur l'une ou l'autre équipe, — le *team*, comme on appelle ici l'équipe de chaque camp, d'un mot qui a passé du reste en France dans notre langage sportif. Mais c'est le team de Yale qui est favori. Pourtant ceux de Harvard sont sûrs de la victoire : ce sera une belle dispute.

L'heure a sonné, et voici la « mascotte » de Yale qui fait son apparition : c'est un chien tenu en laisse par un petit groom habillé en costume Louis XV et poudré. Il fait avec son chien le tour de la pelouse en courant, aux applaudissements des partisans de Yale : il paraît que cela doit porter bonheur au team...

Je monte à ma place, qui se trouve être du côté de Harvard, parmi la presse américaine qui est ici bien chez elle, séparée du reste de la foule par des barrières. Une extraordinaire surprise professionnelle m'y attendait. Il y a là une cinquantaine de reporters assis à des tables de bois et enveloppés dans leurs pelisses. Ils sténographient rapidement leurs premières notes, tandis qu'à côté d'eux un camarade, qui a devant lui un appareil Morse, lit la copie de son collègue, et aussitôt qu'une phrase est écrite, la répète sur son appareil. Les fils télégraphiques passent sous les tables et sont reliés par un système central à chaque bureau de journal, soit à New-York, soit dans les autres grandes villes d'Amérique. De sorte qu'à la seconde même où le rédacteur relate un fait, ce fait est connu à New-York, à Philadelphie ou à Boston! D'autres ont leur machine à écrire et pianotent incessamment, sans perdre de vue le spectacle. Ils ont apporté des provisions sèches et ils mangent en écrivant et en télégraphiant. Je crois que nous voilà loin de nos moyens d'information européens!

Au milieu de cris et d'applaudissements, les équipes font leur entrée, celle de Yale d'abord : onze jeunes gens en maillot bleu-marine, pantalon khaki, bas bleus; leurs jambes sont protégées tant bien que mal contre les coups de pied par des jambières de cuir; certains ont sur la tête une sorte de casque de cuir à oreillères; je vois même sur une face un faux nez de caoutchouc. Puis voici ceux de Harvard, en rouge sombre. Et aussitôt les acclamations commencent. Encore un étonnement. Ces acclamations ne sont pas spontanées. Elles sont réglées comme des chants. Au bas des estrades, de place en place, se tient une sorte de chef d'orchestre qui, muni d'un petit drapeau à longue hampe aux couleurs des universités, bat la mesure des cris et des chants de chaque camp. Toutes les deux minutes, ce maître de l'enthousiasme lève les bras, brandit son fanion, et les hurlements partent, rhytmiques et disciplinés. Les chants varient. Les cris sont toujours les mêmes. Le cri de Yale, par exemple, c'est le chœur des *Grenouilles* d'Aristophane, que l'on prononce ainsi, en le scandant comme un cri de guerre :

> Brekekekex ! — Koex ! koex !
> Brekekekex ! — Koex ! koex !
> Ho ! up ! Ho ! up !
> Paraboloo !
> Yale !

Tout cela est lancé comme une espèce d'aboiement terrible et sauvage, pour finir sur le mot : *Yale*, d'un ton d'enthousiasme suprême.

Le cri de Harvard est plus sauvage encore :

> Rah ! Rah ! Rah ! Rah !
> Rah ! Rah ! Rah ! Rah !
> Harvard !

Figurez-vous dix mille, vingt mille gosiers solides scandant huit fois ce cri sous le ciel libre, comme des roulements de tambour saccadés, en mesure, sous la baguette rythmique d'un chef de chant ! C'est effrayant de puissance et d'énergie. Et tout le temps que durera la partie, ces mêmes cris, échangés d'un bout à l'autre du stand, accompagneront les jeux, soutiendront et exciteront de leur magnétisme le courage des lutteurs. J'ai eu l'occasion, par la suite, de réentendre ces chants. C'était, un soir, après beaucoup de whiskies. Mes jeunes amis qui les chantaient, avaient les larmes aux yeux. J'y découvris, en effet, l'émotion de tout ce qui rappelle l'enfance et l'exaltation du jeune âge.

Les équipes se sont essayées à lancer la balle à des hauteurs extraordinaires, les hommes se sont concertés, ont esquissé des répétitions de coups; puis, au milieu du silence, le ballon a été jeté. Tout le monde connaît aujourd'hui le football : deux camps de onze adversaires qui essayent, selon des règles convenues, d'envoyer ou de porter un gros ballon de peau dans le camp ennemi. Il y a des parties célèbres de football en Angleterre, il y en a même en France de belles auxquelles j'ai assisté, mais ce que j'ai vu là dépasse comme sensation de brutalité tout ce qu'on peut imaginer.

Je ne vous décrirai pas la partie, j'en serais d'ailleurs incapable. Car, dès le signal donné, il est impossible de voir autre chose sur la pelouse que des dos courbés, des jambes raidies, des mains tendues et crispées comme vers une proie précieuse; puis, quand le ballon est lancé, une bousculade effrénée se produit, on tire les jambes de l'adversaire qui tombe durement, se relève aussitôt, à moins qu'il ne soit écrasé par la masse de ceux qui se battent sur son corps. Si par hasard l'un des champions réussit à se dégager avec la balle et à fuir, c'est alors une course effrayante! On se jette à terre devant lui, et on le voit trébucher, s'abattre, en serrant toujours le ballon dans ses bras comme un enfant chéri. Ou bien, s'il échappe à ce danger, d'autres mains l'agrippent au passage par la tête, par le buste, par les jambes, par les pieds, jusqu'à ce qu'il soit étendu sur le sol. Mais pendant ce temps, ceux de son camp ne restent pas inactifs : ils se précipitent sur ceux qui veulent s'opposer au passage du porteur de ballon, les bousculent, les repoussent, et c'est alors une mêlée générale, prodigieuse, impossible à suivre, tant elle est rapide, ardente et multiforme.

L'enthousiasme du public souligne chaque péripétie du combat; les cris des étudiants, les *koex!* les *rah!* puissants et rythmiques emplissent l'air, et je vous assure qu'on ne pense pas à rire ni à plaisanter. On respire une atmosphère électrique, saturée de force et d'énergie. Et le spectacle de la foule est beau. Tous les cous sont tendus vers la pelouse, les yeux brillent d'une ardeur de bataille, les doigts se crispent sur les balustrades, les poings se ferment, et j'ai entendu, à un moment grave de la lutte, un étudiant crier : « *Kill him!* » (Tue-le!), et : « *Break his neck!* » (Casse-lui le cou!) Je me suis retourné et j'ai regardé ce doux apôtre. C'était un jeune homme de dix-neuf à vingt ans, brun, imberbe, correct; ses yeux luisaient d'une flamme aiguë entre ses sourcils froncés; ses dents étaient serrées et ses maxillaires en saillaient davantage. Je sais bien que ce n'étaient que des paroles, et qu'il n'était pas lui-même un assassin. Mais, tout de même, un jeu d'où émane une telle frénésie de lutte brutale ne peut pas être bon pour la civilisation. Les avis, du reste, sont partagés en Amérique sur la valeur morale du football. Les uns veulent le supprimer, d'autres s'y refusent. Je crois pourtant que personne ne soutiendra qu'il développe la douceur et la bonté. Mais, en revanche, il cultive prodigieusement la force de résistance, le coup d'œil et la combativité. Je ne crois pas que la méchanceté y entre pour rien. La partie finie, ces jeunes gens restent des amis, comme des escrimeurs après un assaut. Même, au début du jeu, Yale salue Harvard, et Harvard salue Yale de trois longs cris de bienvenue.

J'ai pu voir ces lutteurs de près. Avec leurs têtes de jeunes Romains ils n'ont certes pas des airs d'agneaux. Leurs mentons et leurs maxillaires saillants, leurs regards courts et froids, leurs épaules, leurs bras et leurs poitrines musclés, leurs mains épaisses ne sont point d'évangélistes, et quand ils entreront dans la vie, ce seront des concurrents redoutables pour l'assaut des tramways de Broadway : mais il y a dans l'expression de ces têtes de la droiture, du courage et du sang-froid. Et si le football est apte à développer ces qualités, on peut dire, il me semble, qu'il est défendable.

En tout cas, il passionne éperdument le peuple américain. Il faut voir et entendre la foule quand l'un des deux camps est sur le point de gagner ! Lorsque le coup décisif se prépare, c'est un halètement universel et colossal qui, au moindre mouvement en avant de l'équipe favorite, fait éclater en trombe formidable les applaudissements et les cris. Quarante mille poitrines hurlent ou chantent les cris de guerre des étudiants, les âpres cris rythmiques, alternés de chants énergiques, de chants de combat et de victoire, scandés avec un ensemble merveilleux qui en augmente l'effet. Ceux de Harvard ont mis des couplets de circonstance à *la Marseillaise* que j'entends tout à coup, avec étonnement, chanter avec des paroles anglaises.

De temps en temps, on voit l'un des joueurs

tomber et rester à terre : un mauvais coup a été donné. On s'empresse autour de lui ; un médecin traverse la pelouse en courant, un aide apporte un seau d'eau et une éponge ; on asperge une figure, le médecin tire et secoue un bras démis ou masse rapidement des doigts, et la partie reprend bien vite : le blessé a voulu continuer. On en voit qui boitent et qui refusent de se laisser remplacer. Après une bagarre plus terrible que les autres, j'aperçois l'un des joueurs bleus de Yale qui tombe en se tenant la tête à deux mains. Le coup est trop grave sans doute, car il se laisse emmener, au milieu d'acclamations frénétiques. Un autre bleu, un remplaçant tout prêt, accourt prendre sa place en piaffant d'allégresse.

Pendant ce temps, nos confrères américains continuent d'écrire et de télégraphier, en mangeant des pâtes de maïs et du chocolat.

Après trois heures de lutte acharnée, Yale est vainqueur : il a gagné par 22 points à 0, ce qui est un triomphe. La défaite de Harvard tient à ce que chacun veut se distinguer pour son compte, briller, être une étoile, tandis qu'à Yale on observe la discipline parfaite, et que la règle est l'effacement de chacun devant l'intérêt de l'équipe.

Je sors du stand au bruit des clameurs farouches, qui retentissent encore longtemps après dans la nuit qui tombe.

L'ÉVEIL BELLIQUEUX

Un côté de la psychologie du peuple américain. — Guerrier comme les autres. — La guerre de Cuba révélatrice. — La guerre avec l'Allemagne inévitable. — Ses raisons. — Le siège de New-York. — La statue de Frédéric et le cheval de Troie. — L'armée de terre américaine. — La marine. — Budget colossal. — 20 cuirassés en construction. — Le parti anti-militariste. — Pénurie de marins. — Abondance d'officiers. — Salaires sérieux. — Un problème stratégique dirigé contre l'Allemagne. — Étonnement de l'ambassadeur allemand.

Quand j'ai quitté Paris, je me figurais, dans mon ignorance complète du peuple américain, qu'il était, je ne savais trop pourquoi, différent des autres peuples. Je le croyais démocratique par raison et par sentiment; je pense qu'il l'est seulement par ses institutions qui remontent à cent vingt-cinq ans et parce qu'il n'a pas encore eu le temps de se faire, en un siècle, une aristocratie assez nombreuse. Je le croyais seulement soucieux de sa liberté et à l'abri, pour toujours, des aventures guerrières. Je suis forcé de voir qu'il devient conquérant et que, depuis qu'il a pris conscience de sa force, il est à la merci, comme tout le monde, des suggestions de la gloire!

— Ç'a été comme un coup de foudre, au moment de la guerre de Cuba, me disait un des professeurs de la plus grande université des Etats-Unis. Personne ne pensait à la faire, mais lorsqu'elle a éclaté par la force des choses, et surtout quand nous fûmes triomphants, une sorte de courant électrique a traversé le pays de haut en bas, et le peuple américain un beau matin s'est réveillé guerrier. C'est qu'il y avait en lui des germes puissants d'une combativité qui ne s'était employée jusqu'alors que dans les affaires, et dont une partie s'est soudainement canalisée vers le patriotisme dominateur et conquérant. Pourquoi serions-nous, en effet, différents des autres peuples ? Les Américains sont des Européens énergiques et robustes pour la plupart ; en venant ici, ils ne peuvent changer leur nature. C'est vrai qu'ils y viennent pour s'enrichir. Mais la puissance et la domination sont les conséquences de la richesse. Après s'être enrichie, l'Amérique voudra dominer, c'est une conséquence inéluctable de notre développement industriel et commercial.

« Et vous verrez que, dans quatre ans, nous aurons une guerre avec l'Allemagne. Inévitablement.

— Pourquoi, avec l'Allemagne ?

— Parce que nous n'aimons pas les Allemands, parce qu'ils nous menacent au Brésil qu'ils ont déjà colonisé dans le Nord, au Venezuela ; parce qu'ils ont voulu acheter les Antilles danoises, parce que, après tout, ce sont nos concurrents commerciaux les plus sérieux, et enfin, parce que le courant est là. C'est un fait. Nous aurons une guerre avec l'Allemagne, voilà qui est certain, et ce sera une guerre bien populaire.

— Pourtant, vous avez une quantité énorme d'Allemands qui immigrent chez vous chaque année? Une guerre trouverait de l'opposition dans cette partie de la population?

— Ah! les Allemands qui viennent aux États-Unis sont, au bout de six mois, plus Américains que les Yankees... C'est le peuple qui s'assimile le plus facilement. Le Français reste Français, l'Italien reste Italien, l'Anglais même a du mal à oublier sa patrie; l'Allemand, au bout de six mois, vous dis-je, est prêt à combattre l'Allemagne.

— Alors, pourquoi les craignez-vous au Brésil?

— Il y a là, en effet, une apparente contradiction. Mais il faut que vous compreniez un phénomène curieux: l'Allemand qui s'absorbe si facilement aux États-Unis, résiste au Brésil. Là, trop différent, sans doute, des indigènes, il conserve à la fois sa nationalité, sa nature et son caractère. C'est un fait, l'Allemand du Brésil reste Allemand, et nous ne voulons pas d'une colonie allemande en Amérique, pas plus, d'ailleurs, que d'aucune colonie européenne. Et, un jour ou l'autre, dans dix ans ou dans cent ans, tous les Européens auront déguerpi de nos îles américaines. C'est tout à fait fatal, vous devez le sentir.

— En effet, dis-je, je le sens très bien. Mais, dites-moi pourquoi cette guerre contre l'Allemagne n'aura lieu que dans quatre ans?

— Parce que nous ne sommes pas tout à fait prêts. On construit des bateaux en ce moment. Quand nous les aurons, vous verrez cela.

— Et quand vous aurez fait la guerre à l'Allemagne, à qui la ferez-vous? Car il n'y aura pas de raison pour vous arrêter dans cette voie, au contraire.

— Nous ne voyons pas si loin. Le peuple américain, quoique très positif, est aussi très impulsif. Quant à nos hommes d'Etat, ils n'ont aucun pouvoir, ils sont eux-mêmes à la merci de l'opinion. Les actes importants de notre vie politique sont dictés au pouvoir par l'opinion. Et la foule n'a pas de projets si lointains. »

Ce point de vue d'un homme très distingué, je l'ai retrouvé dans tous les milieux où j'ai pu pénétrer. Dans les universités elles-mêmes, les jeunes gens veulent la guerre à l'Allemagne ; des marins se réjouissent à l'idée de voir la flotte s'augmenter, pour pouvoir se mesurer avec la flotte allemande, des officiers *très sérieux* m'ont dit que l'Allemagne avait un plan tout prêt pour faire le siège de New-York !

Je ne crois pas que l'empereur Guillaume II songe à conquérir l'Amérique ! J'ai l'idée, au contraire, qu'il a dans ses desseins d'amadouer le Dollar et de s'en faire un ami. Il a envoyé son frère baptiser un bateau, il va à présent envoyer à l'Amérique une statue équestre de Frédéric.

— Nous nous méfions de ses présents, me disait un sénateur influent du Congrès. A tort ou à raison, le peuple américain, en recevant la statue, pensera au cheval de Troie.

Quoi qu'il en soit, l'Amérique se prépare. Et elle se prépare ardemment.

Il n'y a pas de raison pour développer l'armée de terre. Et s'il en était un instant question, le Congrès mettrait le holà ! L'armée américaine compte aujourd'hui 50,000 hommes sous les drapeaux. Pendant la guerre des Philippines, elle avait été portée à 75,000 hommes. Une loi votée par le Congrès autorisa le Président de la République à élever à 100,000 hommes, en cas de besoin, le chiffre des effectifs. Mais l'Amérique a surtout confiance dans ses volontaires. Elle se souvient que ce sont eux qui l'ont toujours fait triompher, et elle n'attache pas une très grande importance au nombre des soldats en temps de paix.

Mais pour un pays qui n'a pas d'armée ou du moins dont l'armée ne se monte qu'à une cinquantaine de mille hommes, l'Amérique a un budget militaire *d'un milliard et demi de francs !* Plus élevé que celui de la France !

Le budget de la marine se monte à......	400 millions.
Celui de la guerre à...................	400 —
Celui des pensions militaires à.........	750 —
Soit............	1,550 millions.

L'Amérique possède, prêts à entrer en ligne demain :

- 11 cuirassés d'escadre,
- 2 croiseurs cuirassés,
- 10 monitors cuirassés,
- 15 croiseurs protégés,
- 4 croiseurs non protégés,
- 21 canonnières.
- 10 destroyers,
- 30 torpilleurs,
- 3 sous-marins.

Elle a en construction :

- 9 cuirassés d'escadre, de 15 à 16,000 tonnes.
- 8 croiseurs cuirassés, de 13 à 15,000 tonnes,
- 3 croiseurs demi-cuirassés, de 10,000 tonnes,
- 6 croiseurs protégés,
- 6 destroyers,
- 5 torpilleurs,
- 4 sous-marins.

Ces quarante et un navires seront finis vers la fin de 1905.

Ce n'est pas tout ! Les derniers événements du Venezuela ont surexcité le zèle militaire du Congrès, et on va en profiter pour lui proposer de voter des crédits, cette année, pour la construction de trois autres cuirassés d'escadre de 16,000 tonnes et d'un croiseur cuirassé de 14,500 tonnes.

Lorsque l'Amérique aura réalisé son plan de constructions maritimes, elle se trouvera à peu près sur le même rang que l'Allemagne, c'est-à-dire qu'elle viendra après l'Angleterre, la France et la Russie, au point de vue des forces numériques.

Quelques obstacles se dressent pourtant devant le mouvement impérialiste et militaire aux États-Unis.

Un parti d'opposition assez sérieux se forme au sein du Congrès, dirigé par le sénateur Hale, président du Comité des affaires navales, qui voudrait modérer un peu les ambitions de la marine. Ce parti se dit que cent ans de paix ont fait la fortune industrielle et commerciale de l'Amérique, et que la guerre pourrait l'anéantir. Mais les dernières affaires du Venezuela ont remis dans l'actualité brûlante la doctrine de Monroe, et le parti impérialiste s'en fait un atout important pour le vote des quatre cuirassés. Et quand l'Amérique aura une flotte imposante qui lui aura coûté très cher, l'esprit positif du peuple américain n'acceptera pas que ses navires ne soient que des bateaux de plaisance.

Un autre obstacle, assez imprévu celui-là, inquiète les partisans de l'armement indéfini : c'est celui du recrutement des équipages. On manque de marins.

Comme il n'y a pas de service obligatoire, comme tout le monde gagne si facilement sa vie dans la vie civile, on a beau élever la paye du matelot, il se fait rare. Le matelot touche 5 francs par jour, il est naturellement logé et nourri, et reçoit à l'engagement un sac de vêtements d'une valeur de 225 francs, dont il reste propriétaire. Malgré cela, dans la seule année 1902, il y a eu 3,500 déserteurs dans la flotte américaine. Les recruteurs vont dans les villes industrielles, dans les campagnes, partout, à la recherche des jeunes gens sans emploi, les grisent de promesses, comme faisaient les sergents recruteurs sous l'ancien régime; on voit des affiches éclatantes avec de joyeux marins reluisants de santé, les naïfs se laissent tenter, s'engagent, et au bout d'un temps plus ou moins long, désertent; ils retournent dans l'intérieur des terres, changent de résidence et même d'Etat, et la police n'essaye même pas de les reprendre.

On se demande donc avec une certaine inquiétude dans les sphères où l'on est bien au courant de cette situation, comment on arrivera à équiper, en 1905, tous les navires en construction. La marine américaine compte à l'heure qu'il est 31,000 marins et 1,200 officiers. En 1905, il faudra le double d'officiers et au moins 15,000 hommes de plus.

Le recrutement des officiers est plus facile. Sans compter que l'épaulette, ici comme partout, fascine la jeunesse bourgeoise, l'Ecole navale d'Annapolis, qui compte trois cents élèves, est une pépinière de premier ordre qui produit sans cesse. Ajoutez à cela qu'ils sont très bien payés. Les simples cadets touchent 2,950 francs, les lieutenants de vaisseau 9,324 francs, et ainsi du reste (1). Les retraites sont énormes. Un capitaine de vaisseau est mis à la retraite non pas comme capitaine, mais comme commandant de vaisseau, et touche 20,000 francs de pension, c'est-à-dire les *trois quarts* du traitement de ce grade.

Ce corps d'officiers de marine serait, de l'avis de ceux qui savent, à la hauteur de tout événement qui pourrait se produire. Il est jeune, ardent, la guerre d'Espagne lui a donné, en même temps que la conscience de ses capacités, le goût de la victoire, et les jeunes lieutenants que j'ai rencontrés ici montrent leurs dents joyeuses quand on leur parle de l'escadre allemande.

L'ambassadeur d'Allemagne à Washington disait dernièrement dans un cercle diplomatique :

— C'est curieux, tout a l'air dirigé contre nous dans ce pays.

Il avait raison.

Le problème stratégique proposé pour les dernières

---

(1) Voici, d'ailleurs, le tableau comparatif des salaires du corps d'officiers des marines française, allemande, anglaise et américaine :

	États-Unis.	France.	Angleterre.	Allemagne.
Amiral............ Fr.	75,000	»	54,750	22,500
Vice-amiral............	45,000	21,600	36,500	16,500
Contre-amiraux........	38,850	14,400	27,375	12,375
Capitaines de vaisseau..	18,130	9,852	10 à 20,000	10,500
Capitaines de frégate...	15,540	8,336	9,125	7,875
Lieutenants de vaisseau.	9,324	4,000 à 5,000	4,500 à 6,375	3,000 à 5,625
Enseignes............	7,252	3,031	2,275	1,875
Aspirants............	4,920	985	800	1,000 à 1,500
Élèves...............	2,950	»	450	675
Mécaniciens chefs.....	22,000	7,389	7,300 à 13,675	7,500

5.

manœuvres navales des Antilles était celui-ci, dont on saisira tout de suite la portée :

Une puissance européenne maritime, qui ne possède aucun port dans les Antilles ou sur les côtes d'Amérique, cherche à s'emparer d'une possession coloniale américaine afin d'en faire la base de ses opérations futures contre les côtes des États-Unis.

Cette puissance envoie dans ce but une escadre des mers d'Europe et une division stationnée sur les côtes sud de l'Amérique, qui, après avoir opéré leur jonction en un point convenu (La Trinidad), se dirige vers le port américain des Antilles dont elles ont résolu de s'emparer.

Il ne pouvait s'agir là que de l'Allemagne, car c'est la seule puissance maritime européenne qui, en même temps ne possède aucun port dans les Antilles et qui ait une division stationnée sur les côtes sud de l'Amérique !

Ce qui est curieux, c'est qu'au cours même de ces manœuvres, le problème se posait effectivement ainsi au Venezuela !

BOSTON

Boston. — La capitale puritaine. — Voirie lamentable. — L'influence anglaise. — Un port lointain. — Atmosphère intellectuelle. La bibliothèque, asile de paix. — Un commerce prospère : la librairie. — Photographies de ruines antiques. — Bienfaisance de ce tableau. — Un spectacle extraordinaire. — Des Américains qui ne bougent pas. — Hôtels inhospitaliers. — Après 11 heures du soir on peut mourir de faim. — Un cimetière parmi des banques. — Quelques écoles. — Pour gagner sa vie. — Élèves de quarante ans. — Un Institut de cuisine. — Métier fructueux. — Fiancées millionnaires devant les fourneaux. — Les chefs des transatlantiques français enseignent la cuisine aux jeunes Yankees. — Ecoles de langues, de machine à écrire, de sténographie. — Cours de bactériologie pour ménagères. — Femmes aux grands pieds.

Pour changer un peu de milieu et de point de vue, je suis venu passer quelques jours à Boston.

Ce qui m'y attirait, ou du moins ce qui stimulait ma curiosité, c'était ce qu'on m'avait dit de la capitale de la Nouvelle-Angleterre : ville anglaise, puritaine, intellectuelle et ennuyeuse.

Je m'imaginais donc échouer dans une ville morte,

morne, sévère, religieuse et fermée, et je fus assez surpris d'arriver dans du bruit, des tramways innombrables, des maisons de dix ou quinze étages, des hôtels admirablement agencés, luxueux et grouillants, tout comme à New-York ou presque. La neige avait tombé ; le dégel venu, les rues étaient absolument impraticables, et Boston m'apparut d'abord comme un cloaque. Pour traverser les chaussées les plus fréquentées, j'avais de la boue glacée jusqu'aux genoux, et cela dura trois jours !

Je m'étonnais d'une telle incurie municipale. C'est qu'il n'y a pas d'ordre en Amérique. Cela est visible en tout. Les choses marchent on ne sait comment, sous l'impulsion d'une énergie éparse et continue ; mais d'ordre régulier, de méthode permanente et suivie, point de trace. Comment expliquer autrement qu'en plein centre d'une ville de six cent mille âmes, les rues restent pendant trois jours pareilles à des bourbiers de village abandonné ?

Malgré leur saleté, les rues étaient pleines de monde. Peut-être en effet, selon l'opinion courante, voit-on ici plus de types anglais qu'ailleurs. Boston passe pour une réduction de Londres. On dit l'accent des gens plus recherché, plus proche de l'accent anglais. C'est la ville aristocratique et traditionnelle par excellence ! Mais tout cela est bien peu perceptible à l'étranger qui débarque et ne veut pas s'en rapporter à son Baedeker.

Le commerce du port de Boston est de plus d'un milliard de francs ! Les maisons de banque sont nombreuses, les millionnaires abondants. Pourtant, le port est invisible : l'on peut demeurer un mois dans la ville, la traverser en tous sens, on ne l'aperçoit pas. Il faut y aller exprès, et c'est très loin. De sorte que les premières choses qu'on vous montre quand vous arrivez à Boston, c'est la bibliothèque publique, qui est très belle, et les musées. De là sans doute sa réputation d'Athènes du Nord ! Une justice à rendre encore, en passant, à Boston, c'est qu'en effet on semble y faire moins de cas de l'argent qu'à New-York. Les hommes de valeur, les professeurs distingués, les artistes, les « intellectuels » pour tout dire, y sont plus considérés que partout ailleurs, Washington excepté. J'y ai, pour ma part, constaté une curiosité vraie pour les spéculations de l'esprit, du côté des hommes comme du côté des femmes. Cela vient-il du voisinage de l'université de Harvard, ou vraiment de la tendance d'esprits plus affinés?... En tout cas, un fait est indiscutable : Boston, c'est la ville d'Amérique où l'on vend le plus de livres, et les librairies y font des affaires d'or.

La bibliothèque est située sur l'un des côtés d'une vaste place carrée entourée de monuments et de maisons de styles divers d'un effet joli et surprenant. Il semble que l'on s'y trouve au milieu d'une exposition d'architectures rétrospectives, où l'on aurait mêlé du gothique balbutiant, du normand, du roman inachevé, de la Renaissance et du moderne de toutes sortes d'inspirations. La bibliothèque elle-même, imitée de celle de Sainte-Geneviève de Paris, est un peu trop basse pour l'emplacement qu'elle occupe, — on la dirait inachevée. Mais le vestibule et l'escalier à double révolution sont très jolis, tout en marbre jaune veiné de noir, — les marches, les colonnes et les murs. C'est cet escalier qui fut décoré par Puvis de Chavannes d'une dizaine d'allégories nobles et pures.

En visitant cette bibliothèque, j'ai goûté mes premiers moments de paix depuis mon arrivée en Amérique. Mais Puvis de Chavannes est presque seul, là.

J'ai vu encore une reproduction en marbre de la « Vénus de Médicis », et, dans une salle, de belles photographies des monuments romains de France, d'Allemagne, d'Autriche et d'Italie. Gâtés que nous sommes par nos musées et nos monuments, nous n'en apprécions vraiment la valeur que dans ce pays. Le Français le plus insensible à l'art ne résisterait pas à la joie qu'on ressent, après deux mois de séjour dans le bruit du fer et dans la foule affairée, à entendre soudain une belle phrase de musique et à contempler des ruines ! Ces simples photographies de la Maison carrée de Nîmes, de la voie Appienne, du Colisée, du Forum, calment vos nerfs et mettent du soleil autour de vous. Quelle sensation délicieuse que de retrouver ces ruines *inutiles*, thermes de Caracalla, aqueduc de Claude, temple de Castor et Pollux ! Castor et Pollux !... c'est une douceur. Et l'on a envie de remercier les gens qui ont pensé à mettre là ces choses, — comme dans le désert on sait gré à ceux qui abritèrent la source sous les feuilles et les pierres, et qui y laissèrent un gobelet de terre pour qu'on puisse y boire après eux.

Quand, depuis deux mois, on passe soi-même son temps dans les rues, les wagons, les salons, les bureaux d'affaires, partout enfin où l'Américain travaille, et qu'on arrive dans une bibliothèque, on éprouve une sensation d'imprévu extraordinaire : celle d'Américains qui ne bougent pas, qui n'agissent pas. Ils sont là, assis tranquillement, comme vous et moi, devant des tables, — et lisent. On a envie de leur demander s'ils sont bien des Américains et pourquoi ils perdent ainsi leur temps.

Et quelle bonne volonté pour apprendre et comprendre ! Dans un couloir, je vois cinq ou six dames assises sur des chaises, les yeux fixés sur une corniche à fresque de Sargent, et tenant à la main une longue brochure explicative du sens de la peinture et des personnages. Et quand je repasse au même endroit, une demi-heure après, elles y sont encore.

L'hiver est une mauvaise saison pour apprendre à aimer les villes américaines. Il y fait si froid, dans ces Etats du Nord, le climat y est si hostile, si humide, si changeant et si traître, et le seul ornement des villes, leurs parcs, est aboli par la neige et le gel.

Si le vent souffle dans ces longues rues droites, pas d'abri miséricordieux, — c'est le froid mortel et coupant, acide, qui traverse les vêtements les plus chauds et vous glace le sang dans les membres. Aussi faut-il voir les gens, le soir, se presser, courir, rasant les murs, serrés, enfouis dans leurs pardessus. La sortie des théâtres est morne. Pas de café où se réfugier et se réchauffer avant de rentrer ; car il est défendu de servir aucune autre boisson que de l'eau après onze heures du soir. Un hôtel ou deux tiennent tout de même leur porte ouverte après le théâtre. Mais, si l'on entre, il faut manger, et il n'est que dix heures et demie ! On se couche tôt en Amérique, et les soupeurs sont rares.

On ne sait donc où aller le soir, après son dîner, si le théâtre ne vous attire pas. Et si le spectacle finit à dix heures et demie ou onze heures moins un quart, on trouve qu'il est encore trop tôt pour rentrer. Malgré le froid, je me promenais donc chaque soir autour d'une espèce d'esplanade immense plantée d'arbres et coupée d'étangs glacés où l'on patine le jour. Ou bien je remontais la rue principale, Tremont, jusqu'à un cimetière fermé, juste au milieu de la ville, en plein cœur de Boston, comme celui de Trinity Church, à New-York. Ce cimetière est entouré, au sens étroit du mot, par des maisons de dix ou douze étages, et bordé par le trottoir. En face, des magasins de toute sorte. Les pauvres morts qu'on a amenés là pour l'inexorable sommeil ne jouissent même pas de leur dernier repos ! Les passants jettent, à travers la grille basse, des allumettes et des bouts de cigares. Cet endroit si triste, où les inscriptions parlent d'énergies défuntes et d'héroïsmes, la vie d'affaires de chaque jour le banalise et le trouble. On voudrait conduire autre part, dans les champs solitaires, loin des tramways et de l'électricité, les pauvres morts américains qui ont tant peiné pendant leur vie...

Il y a, à Boston, plus de six cents écoles, en y comprenant les grandes et les petites, les pauvres et les riches. Dans le tas, j'en ai choisi quelques-unes parmi celles qui me paraissaient les plus originales, et je suis allé les voir. Ces renseignements rapides et fragmentaires vous donneront une idée à la fois de l'activité des esprits — surtout des esprits des femmes, — de l'ingéniosité de la charité et du sens des réalités pratiques qui accompagnent toujours chez ce peuple les initiatives les plus désintéressées.

La première école que j'ai vue, c'est une école où

l'on apprend à des femmes de tous âges les moyens de gagner leur vie. Elle s'appelle *Women's Educational and Industrial Union.*

Dans une maison quelconque d'une rue centrale on a loué quelques pièces, on y a mis des tables et des chaises; on a distribué des prospectus, et les femmes sont venues. J'en ai vu d'une quarantaine d'années qui apprenaient à faire des chapeaux. Une négresse s'essayait à reproduire sur une feuille de papier des dessins de broderie, une jeune fille de quatorze ans étendait des couleurs au lavis sur un album. Il y a des cours de couture, de modes et de dessin : cela s'appelle le département des « arts industriels ». Une chose étonne : l'œuvre n'est pas gratuite. Les femmes qui viennent là doivent payer leur apprentissage : 10 dollars par terme de 24 leçons chacun, soit 150 francs pour obtenir, au bout de l'année, un certificat de bonnes études.

Il y a un deuxième département dans l'institution, celui de la « vente des travaux ». Toutes les femmes qui travaillent chez elles à des ouvrages de couture, de broderie, de modes, de n'importe quoi, peuvent les envoyer là; on les expose dans une sorte de magasin, et on essaye de les vendre aux clientes qu'on y attire. Nous connaissons cela en France. Une excellente femme, bien regrettée, Mme Louise Koppe, créa un comptoir de ce genre à Paris il y a quinze ans. Seulement, ici, on retient 10 p. 100 sur le prix de la vente. On y reçoit aussi des commandes.

L'année dernière, l'œuvre a vendu pour plus de 16,000 dollars de travaux, soit plus de 80,000 francs.

Le troisième département de l'*Union* est celui des « provisions de bouche ». L'*Union* reçoit et vend les confitures, les gâteaux, les conserves de toute sorte que lui apportent des femmes qui les ont préparés elles-mêmes ou avec l'aide de leurs enfants. La vente s'est élevée, en 1902, à 40,000 dollars (200,000 francs).

Un salon de lunch et un salon de thé sont installés dans la maison et tenus par des employées de l'œuvre. On y fait par an pour 37,000 dollars d'affaires, près de 200,000 francs !

Le budget total de l'œuvre a monté à 835,000 francs !

La deuxième école que j'ai vue, c'est un institut de cuisine. Une femme a loué quelques chambres dans une maison quelconque, a fait imprimer de luxueux prospectus sur un simili-papier de Hollande, et voilà un institut fondé. La présidente — miss Farmer — est une femme d'une quarantaine d'années, très vive, blonde, avec un binocle d'or qui rutile sur son nez, un gentil petit bonnet de dentelle sur ses cheveux, une veste de piqué blanc et un tablier blanc. Elle m'explique son organisation, qui est bien simple.

Des filles d'Irlande arrivent de leur pays, ne sachant rien, et veulent se placer. Moyennant 3 ou 4 dollars, miss Farmer les admet à la cuisine pendant une douzaine de jours, et elles en sortent cuisinières. Ce n'est pas tout, elle leur apprend aussi à servir à table, leur enseigne qu'il faut avoir les dents propres, les ongles nets, les cheveux soignés, et comment on ramasse les miettes, etc., etc...

Mais l'institut est fondé pour un autre but : celui d'apprendre aux jeunes filles de la bourgeoisie et du monde à faire elles-mêmes la cuisine et à tenir une maison. Et elles y viennent par groupe de huit, chaque groupe constituant une classe. Elles payent 1 dollar ou 1 dollar 1/2 par leçon. Il y a six cours de 10 leçons chacun.

J'ai vu ces jeunes filles avec leur bonnet et leur tablier, qu'elles mettent en entrant. Elles paraissaient s'amuser énormément à ce petit jeu de ménage.

— Elles viennent ici dès qu'elles sont fiancées, me dit miss Farmer. Et, voyez-vous, elles mettent elles-mêmes la main à la pâte, se préparent leur lunch, le servent à tour de rôle, et le mangent. Il n'y a pas de meilleure leçon.

Je demande à miss Farmer si ses soixante leçons sont suivies jusqu'au bout par ses élèves?

— La plupart les suivent, me répond-elle. C'est qu'il y a des choses à apprendre! Dans le premier cours on enseigne à faire le feu, à se servir du fourneau à gaz, à faire cuire des pommes de terre et des œufs, à rôtir du pain, des pommes, à filtrer le café, à faire le pain, les soupes simples, quelques puddings. Le second et le troisième cours sont pour la cuisine plus compliquée. Le quatrième est pour les plats friands, les salades et les desserts. Dans le cinquième, on apprend à servir; car pour commander il faut savoir exécuter : mes élèves savent donc nettoyer les tables, polir les planchers, balayer et épousseter, faire les boules de beurre, arranger les plats, les tasses, les verres dans les armoires, nettoyer l'argenterie, dresser l'ornementation des tables pour tous les genres de service, faire le thé russe, le thé anglais, le thé glacé, servir les invités, préparer les sandwiches, choisir les différents vins et les liqueurs

— en un mot le service à la française. Le sixième cours enseigne la cuisine pour les infirmières. Je vais avec les élèves dans un hôpital, et je leur fais au besoin la démonstration dans les salles de malades. Enfin je les habitue à faire le marché, à acheter leurs provisions dans les magasins. Elles savent ainsi le prix des choses. De temps en temps, des chefs cuisiniers français viennent m'assister : ceux des meilleurs hôtels de Boston, et quelquefois le chef d'un transatlantique français; celui de la *Touraine*, par exemple, est venu plusieurs fois de New-York, lors de ses voyages, donner des leçons à mes jeunes filles.

※

Une autre école plus importante, et qui se rapproche des deux premières par quelques points, s'appelle le *Simmons College*.

Dans la pensée du fondateur, l'institution est créée pour donner aux femmes l'instruction d'art, de science ou d'industrie nécessaire pour lui assurer un gagne-pain.

A cet effet, quatre cours ou départements sont prévus : le département de l'« économie domestique », celui des « travaux de secrétariat », celui des « bibliothécaires », enfin le département « scientifique ».

Chaque cours doit durer quatre ans. Cela paraît au premier abord un peu long... Mais les programmes sont chargés ! Jugez-en.

Pour faire une ménagère, une intendante, une économe ou une infirmière, ou un professeur d'économie domestique, il faut d'abord se présenter avec des certificats d'études préalables sérieuses; puis, suivre pendant quatre ans des cours de physique, de cuisine, de français, d'allemand, d'histoire, de mathématiques, de gymnastique, de chimie, de biologie, de physiologie, d'architecture et de décoration, de couture, de bactériologie, de chimie alimentaire, de diététique, de sociologie, d'hygiène, de comptabilité et de marché !

Si elle veut se lancer dans la voie du secrétariat, la jeune fille devra apprendre pendant quatre ans la sténographie, la machine à écrire, l'anglais, le français, l'allemand ou l'espagnol, l'histoire, l'hygiène, la gymnastique et la législation des affaires.

Si c'est bibliothécaire qu'elle veut devenir, elle prendra des leçons d'écriture, de machine à écrire, de cataloguage, d'anglais, de français, d'allemand, d'hygiène, de physique, de gymnastique, de bibliographie, d'histoire, d'actualité, de classement de bibliothèque.

Le prix des leçons, dans chaque cours, est de 100 dollars par année. Mais si on n'en veut que pour 8 dollars, on n'assistera aux cours qu'une heure par semaine.

Comme tout cela est commercialement compris, comme c'est pratique !

Les élèves n'ont le droit d'habiter que dans des locaux acceptés par la doyenne du collège. Et le collège offre, dans des bâtiments construits exprès, des appartements disposés pour deux étudiantes et consistant en une chambre à coucher, un cabinet de travail et une salle de bain. Le prix en varie de 1,200 à 1,800 francs l'an, selon l'étage et la situation.

Le collège reçoit déjà 140 élèves.

Les élèves sont, en général, des filles de commerçants, d'employés de toutes classes, mais il s'y mêle des jeunes filles riches : celle du plus riche millionnaire de Boston, miss Whitney, suit les cours d'économie domestique.

L'installation n'a rien de notable. En passant, je vois des jeunes filles en train de tapoter sur des machines Remington, d'autres qui classent soigneusement des fiches de catalogue dans des boîtes. La cuisine seule est amusante. Il y a là une douzaine de jeunes filles coiffées de bonnets de police en piqué blanc, avec un tablier blanc épinglé au haut du corsage; elles rient gaiement, de leurs voix claires, en buvant du thé et en suçant des crèmes et des glaces qu'elles viennent de faire elles-mêmes.

Ce qui me frappe toujours chez les jeunes filles américaines, c'est justement cette aisance, ce naturel, cette absence de timidité, sans pourtant l'ombre d'effronterie, qui désarment complètement l'ironie et la blague. On chercherait en vain des créatures d'allure plus libre, des figures plus fraîches et des manières plus naturelles. Il est vrai aussi qu'elles ont les pieds grands; mais on m'assure qu'elles sont un peu snobs et que, pour imiter les étudiants mâles, elles se chaussent, par mode, de ces larges et affreuses bottines à semelle débordante, qui donnent une démarche de canard!

BOSTON

(SUITE)

L'Institut technologique. — Un lauréat de l'École des Beaux-Arts, professeur d'architecture à Boston. — Cinq écoles dans une. — Pédagogie pratique. — L'ingénieur-ouvrier. — Le Conservatoire de musique le plus grand du monde ! — La leçon d'opéra. — Il signor Bimboni. — Dix-huit classes de piano. — Virtuoses accordeurs. — Treize classes d'orgue. — Orgues électriques. — Cours de journalisme musical. — Diplômes de critique. — La biologie, la trigonométrie, la chimie, le droit, l'éthique, etc., nécessaires aux professeurs de chant. — Elsas et Carmens surveillées. — École normale de gymnastique pour jeunes filles. — La danse esthétique. — L'athlétisme.

J'ai encore visité trois autres écoles à Boston.

D'abord l'Institut technologique, où m'a conduit M. Despradelles, jeune architecte français qui y enseigne l'architecture. C'est un artiste de haute valeur, élève renommé de l'Ecole des Beaux-Arts, qui répand en Amérique les traditions de notre art national avec une autorité, une probité, une compétence que nous voudrions trouver chez tous ceux de nos compatriotes

qui prétendent représenter la France à l'étranger !
Pauvre France !

L'Institut technologique de Boston est une machine colossale. Il renferme et résume à lui seul notre Ecole des ponts et chaussées, l'Ecole polytechnique (moins les militaires), l'Ecole des mines, l'Ecole centrale, le Conservatoire des arts et métiers et l'Ecole d'architecture ! Ceux qui ont quelque idée de nos écoles spéciales françaises, pourront se représenter l'importance d'un établissement qui les réunit toutes ! Pour moi, je n'ai aucune compétence pour les analyser, encore moins pour les critiquer. Les programmes qu'on m'a montrés paraissent très complets. Mais qu'est-ce qu'un programme? Des mots. Ce qu'il conviendrait d'étudier, c'est l'application de ces programmes, c'est l'esprit de l'enseignement. Et cette étude nous révélerait peut-être comment des hommes moins savants que nous, et d'une culture en tout cas moins générale et moins étendue, arrivent à dépasser de si loin, dans le domaine de l'invention, les meilleurs de nos ingénieurs et les plus industrieux de nos ouvriers.

Il y a justement un des aspects de l'enseignement que l'on donne à l'Institut technologique que j'ai pu saisir et qui m'a frappé : c'est le côté pratique des études et des expériences. En Amérique, un ingénieur n'est pas un clubman aux mains blanches qui n'a travaillé que sur le papier : c'est à la fois un homme qui pourrait passer pour un « monsieur », et un contre-maître. Il a étudié la science des chiffres et les théories scientifiques, mais il a aussi mis la main à la pâte, et, aux yeux de ses compatriotes, il ne serait qu'un ingénieur de carton s'il ne savait pas river un écrou ou faire tirer un poêle! C'est peut-être dans le caractère à la fois théorique et pratique de cette éducation qu'est le secret qui nous échappe.

Le professeur de mécanique appliquée m'a fait pracourir tous ses ateliers et m'en a expliqué le fonctionnement, dont il est fier. M. Lanza enseigne à ses élèves, par exemple, toute la théorie de la résistance des corps, il les dresse aux calculs les plus transcendants, et, quand ils n'ont plus rien à apprendre de la théorie, il les mène devant des machines spéciales, de vraies machines, compliquées et coûteuses, qu'il renouvelle constamment, qu'il a fait construire en vue des démonstrations, et il leur *montre* la torsion d'une énorme barre de fer ou le brisement d'une poutre de bois de vingt centimètres d'épaisseur sous la pression *effective* d'un poids. Dans une cour, il a fait bâtir une voûte de briques cintrée ; puis il a fait installer, à côté et au-dessus, une machine à pression de deux cents tonnes, qui, depuis deux ans, pèse sur la construction de briques. L'expérience doit vérifier bientôt un problème compliqué de résistance et de durée. D'autres machines encore expérimentent sous les yeux des élèves la force de l'air comprimé, la force hydraulique, la résistance des courroies de transmission, la pression des gaz. Il y a des chaudières qui servent aux expériences d'économie de vapeur, il y a d'authentiques freins Westinghouse qu'on éprouvera réellement... et j'en oublie certainement ! Dans toutes les branches de l'enseignement, la méthode est la même. Dans le cours des ingénieurs électriciens, il y a une centaine de machines de toute sorte, les derniers modèles brevetés dans le monde entier, et qui seront remplacées dès que d'autres plus perfectionnées les auront détrônées : cela coûte par an des centaines de mille francs à l'Institut. Vous trouverez la même abondance, le même souci de nouveauté dans tous les laboratoires de chimie, de physique, de biologie, de géologie, de minéralogie.

J'aime cet enseignement réaliste. Je le crois plus fécond que l'autre. Il ne conduit pas nécessairement à de grandes découvertes scientifiques, mais il paraît souverain dans les applications. Il y a toute une famille d'esprits qui ont besoin de *voir* pour comprendre, et pour lesquels les chiffres sont de la métaphysique, et les théories, de la littérature. Il leur faut des abstractions vérifiées par des réalités palpables. Ils ne comprennent qu'avec leurs yeux. N'est-ce pas là ce qui explique que, même chez nous, tant d'inventions industrielles pratiques ont été faites par des ouvriers ou des contremaîtres, et non par des ingénieurs ?

Quoi qu'il en soit, voilà une école scientifique comme j'en eusse souhaité une pour moi-même, au temps où, par des méthodes ingrates, on me fit haïr les chiffres et les sciences, quand j'aurais pu si bien les aimer.

***

Nous allons maintenant au Conservatoire de musique de la Nouvelle-Angleterre, « le plus grand du monde », me dit un fonctionnaire de l'immeuble.

Il est à deux pas de l'Institut technologique. Et je crains, avant d'y entrer, que les méthodes que je viens de relater, si vraies pour l'industrie, n'aient pénétré ici — où elles deviendraient fausses !

En tout cas, ce n'est pas dans la classe d'opéra qu'il y aurait quelque danger de les voir s'insinuer. Le maître de cette classe est le signor Bimboni, un petit homme tout en cheveux éparpillés et dressés sur la tête, l'Italien symbolique, exubérant et démonstratif. Quand nous entrons dans sa classe, il est en train d'accompagner un élève qui chante un air italien ; sur le piano, toutes les partitions de Verdi. L'élève est blond et porte des lunettes d'or. Le professeur le stimule, essaye de lui infuser de la chaleur. Une petite scène se dresse contre le mur, où deux ou trois personnages peuvent évoluer. Dessus, il y a un casque, un sabre de bois, un tambourin, et, sur une chaise, un vieux domino bleu fripé.

Le signor Oreste Bimboni nous accompagne aimablement à travers les couloirs et les classes. Il nous montre avec fierté la quantité vraiment énorme de pianos et d'orgues à soufflet que renferme l'établissement. Il y en a partout, une centaine pour le moins. On ne sait où les mettre. Dans chaque détour de couloir, j'en vois deux ou trois serrés les uns contre les autres, dans les angles, sur les paliers, partout. Les classes de pianos sont nombreuses : dix-huit professeurs les dirigent. Dans chaque classe, deux pianos. Un peu partout, j'en trouve de démontés, en quantité. Un immense tas de cordes métalliques, de boyaux et de petits marteaux de feutre, s'élève dans un coin. Je m'enquiers de leur usage. Ils servent à des leçons de choses : les élèves démontent et remontent les pianos pour bien en connaître la structure et apprendre à les accorder eux-mêmes. Les programmes d'études comprennent ces exercices *obligatoires !* Il y a douze orgues à tuyaux dans les classes et un grand orgue — « ce qui est plus du double — dit la brochure qu'on m'a remise — du nombre d'orgues réunis sous n'importe quel autre toit dans le monde ». Ces orgues marchent à l'électricité, c'est-à-dire que l'air introduit dans l'immeuble pour la ventilation est repris, au moyen d'appareils ingénieux, pour actionner les soufflets des instruments. Nous ouvrons quelques portes; devant un orgue aux longs tuyaux dorés, un jeune nègre s'escrime avec ardeur de ses mains et de ses pieds agiles; dans une salle à côté, c'est une jeune fille à lunettes qui joue un air lent et religieux.

Le Conservatoire contient 80 professeurs, dont 18 de piano, 2 d'orgue, 14 de chant, 4 d'opéra, de mimique, de danse et d'escrime; 3 de langues (italien, allemand, français), — le professeur de français est naturellement un Allemand, comme presque partout en Amérique, — 5 de violon, violoncelle et contrebasse; 8 d'instruments à vent; les autres sont des professeurs de composition, de solfège, de littérature, de rhétorique, d'histoire, d'expression, d'interprétation artistique, de développement de la voix parlée.

Il y a un cours de journalisme musical, de critique et de littérature musicales. Ce cours, dit le programme, comprend la connaissance générale de tous les chefs-d'œuvre du répertoire classique, la connaissance pratique des instruments de l'orchestre et de leur usage dans les œuvres modernes; la compréhension des différentes écoles de composition et la technique des exécutions; des exercices pratiques de critique et d'études, et toute la routine du travail journalistique. Ce n'est pas pour dire du mal de mes confrères européens, mais je crois qu'il y a là une idée : l'élaboration des compétences. Devenir compétent, quel rêve! Je sais bien qu'il ne suffit pas de savoir faire l'anatomie d'un piano pour jouer dans le sentiment une sonate de Chopin, ni de savoir lire une partition à livre ouvert pour juger de la valeur dramatique d'une simple phrase musicale; mais enfin ce serait quelque chose, dans l'anarchie où nous vivons, que de connaître un tantinet des œuvres du passé avant de juger celles du présent. Et puis, voyez quelle autorité ! On sort de là avec un brevet de critique, presque de professeur de goût... Et — côté pratique — on trouve immédiatement un emploi.

« Car il y a, dit la brochure, des demandes croissantes de critiques musicaux expérimentés dans toutes les villes des États-Unis. Quelques-unes d'entre elles, même parmi les plus grandes, sont à présent très pauvres à cet égard, les besoins étant beaucoup plus grands que les offres. »

Pour obtenir un diplôme de gradué du Conservatoire, ou de professeur, d'autres cours, outre les cours ordinaires, sont ouverts aux postulants, à l'université de Boston. Ce sont ceux de langues modernes et anciennes, mathématiques et sciences naturelles, géométrie, trigonométrie, physique, chimie, biologie, histoire, littérature, droit, économie politique, psychologie, logique, théorie de la connaissance, principes de métaphysique, éthique.

Comme on le voit, le programme est assez complet... Je voudrais bien savoir ce qu'en pensent nos professeurs de contre-point !

Le Conservatoire est très peuplé : 2,000 élèves ! Parmi ces 2,000 élèves, la plus grande partie n'est composée, naturellement, que d'amateurs. Les cours sont payants. La moyenne des prix est de 250 dollars (1,250 francs) par année, sans compter les leçons particulières. Les femmes sont reçues dans toutes les classes : il y en a beaucoup dans les classes de violon. Il y en a même dans les classes de piston et de trombone.

Le budget du Conservatoire est de 300,000 dollars (1,500,000 francs). L'immeuble a coûté 600,000 dollars (3 millions). Il a été bâti en un an. Il est fort bien aménagé, en vérité. Il comprend un magasin d'instruments, et un comptoir de musique. Postes, télégraphe et téléphone au rez-de-chaussée !

A proximité du Conservatoire, trois grands bâtiments ont été construits — à l'épreuve du feu, « fireproof » — pour loger les élèves femmes dont les parents ne résident pas à Boston. Des chambres meublées, avec salle de bain, sont à leur disposition, à raison de 40 à 60 francs par semaine. Les bâtiments renferment des salles à manger, des salons de réception, une infirmerie.

Les élèves femmes qui n'habitent pas ces bâtiments sont tenues de justifier qu'elles habitent avec leurs parents, ou dans des familles strictement « privées », où elles sont pourvues du logement et de la table.

Et c'est ainsi que se forment, pour l'édification de la vieille Europe, les pures Elsas américaines ! Mais où entraîne-t-on Carmen et Aïda ?

L'État a fondé en France, à Joinville, une école de gymnastique qui pourvoit l'armée française de professeurs et de moniteurs. Et nous considérons cela comme un luxe peut-être inutile. Une dame de Boston a fondé toute seule, de sa propre volonté et de son initiative, une école normale de gymnastique pour jeunes filles. Il y a là quatre-vingts jeunes Américaines, sorties des hautes écoles, âgées par conséquent de dix-neuf à vingt ans, qui ont décidé de passer deux ans à apprendre la science des mouvements et des sports pour aller la répandre à travers l'Amérique. Vingt professeurs sont attachés à l'institution. Les élèves payent 750 francs par an pour l'enseignement seul, plus une centaine de francs pour les livres et les instruments de dissection (*sic*), 50 francs de vêtements spéciaux et 11 fr. 25 de chaussures.

Je suis arrivé pendant une leçon. Au milieu d'une grande salle garnie de tous les appareils possibles de gymnastique, une quarantaine de jeunes filles, âgées de vingt à vingt-trois ans, habillées d'amples costumes de bicyclistes bleu marine, grimpaient à des cordes, escaladaient des échelles ou sautaient par-dessus des chevaux en bois. Puis, alignées sur deux rangs, elles obéissaient à la voix frêle, mais impérative, d'une monitrice, levaient les bras, les étendaient, fléchissaient sur leurs genoux, se courbaient, se redressaient, tournaient la tête, marchaient au pas, d'un pas rigide et net comme celui des soldats allemands, et s'arrêtaient court, les pieds joints.

Il y en avait, parmi elles, de jolies, et toutes étaient fraîches.

Puis ce fut le cours de « danse esthétique ». Un jeune homme se mit au piano sur une estrade et joua une sorte de valse lente. La monitrice indiquait les mouvements que les élèves imitaient : c'étaient des mouvements arrondis des bras, des jambes, en avant, en arrière, des ronds de jambes gracieux, des inclinations du buste à la manière des ballerines; une danse souple avec des pas de polka très dessinés et des gestes en amphore qui semblaient suivre la musique.

Je demandai si on enseignait la « danse esthétique » dans les collèges de jeunes filles?

— Dans tous à présent, me fut-il répondu.

Je m'informai du sens et de l'utilité de cette classe.

— C'est une application de la gymnastique, me dit-on, pour enseigner la coordination des mouvements et le sens du rythme. Les mouvements sont plus compliqués, moins localisés, plus affinés que dans la gymnastique proprement dite. Les résultats pratiques obtenus sont la grâce, l'aisance des gestes et du port, avec une augmentation considérable de l'endurance.

— Et quel est le programme de vos cours?

L'aimable dame qui me renseignait envoya chercher une brochure et me la tendit. J'y lus :

1re année : *Physique*, avec démonstrations, 30 heures. — *Chimie*, avec travaux de laboratoire, 45 heures. — *Histologie et physiologie*, avec laboratoire, 45 heures. — *Théorie de la gymnastique*, 100 heures. — *Anatomie descriptive*, 86 heures. — *Accidents*, avec instruction pratique de pansement et de bandage, 15 heures. — *Instruction gymnastique*, quotidienne. — Cours quotidien d'enseignement. — *Gymnastique corrective et cours de massage*, 45 heures. — *Jeux gymnastiques*, 45 heures. — *Enseignement de la danse esthétique*, 30 heures. — *Natation*, 12 heures.

Le programme de la deuxième année ne diffère de celui de la première année que par la répartition des heures et l'addition de quelques cours nouveaux : anthropométrie, symptomatologie, psychologie et escrime.

Je lus ces programmes avec un peu d'étonnement. Était-il possible qu'il fallût étudier tant de choses pour enseigner à se mouvoir et à développer les corps?

— Toutes ces études se justifient fort bien. La chimie est une préparation à l'étude de la physiologie, et il faut savoir la physiologie en détail si l'on veut enseigner intelligemment la gymnastique. Aussi nos cours sont-ils très complets.

Qu'on en juge.

Dans le laboratoire, on étudie au microscope l'histologie de l'épithélium, des cartilages, des tissus et des os, les éléments constitutifs du sang et de la lymphe. On dissèque des animaux; on fait l'ostéologie de l'épine dorsale, du crâne, du thorax, des pieds et des mains. On étudie le fonctionnement du cœur, des artères, des veines, des organes de la nutrition, de la digestion, de la respiration, le système nerveux, la sécrétion et l'excrétion.

On estime que les élèves ont besoin de savoir comment redresser une formation anormale du corps par des exercices et des massages, comment l'éviter par l'usage exclusif des mouvements naturels; comment se comportent les muscles et les organes durant les exercices; et c'est pour cela que l'anatomie, l'histologie et la physiologie leur sont enseignées. On les conduit dans des hôpitaux d'enfants pour la démonstration clinique des difformités et leur traitement. Dans les cours d'hygiène, on leur enseigne l'hygiène de l'habillement et des bains, les précautions à prendre contre les rhumes et autres maladies inflammatoires; on leur parle de la nourriture, de la fatigue, du repos et du sommeil.

Il faut aussi que les futurs professeurs soient aptes

à juger rapidement des symptômes de maladie qui peuvent atteindre leurs élèves, et même à décider si elles doivent ou non se livrer à tel ou tel sport, sauf à en référer à un médecin dans les cas douteux. Et c'est pourquoi on leur enseigne à distinguer entre les maladies aiguës et chroniques, on leur explique les maladies constitutionnelles, le rhumatisme chronique, musculaire, la goutte, le diabète, le rachitisme, l'obésité, la tuberculose, les maladies plus communes du système respiratoire, digestif, vasculaire et urinaire, les signes de l'anémie primaire et secondaire, les maladies des « pelvic organs ».

Pour compléter leurs études, elles vont à tour de rôle dans les écoles de Boston ou des environs et sur les pelouses de jeux, et font les cours elles-mêmes, sous la surveillance et la critique pédagogique des maîtres.

L'étude de la psychologie les initiera à la vie mentale, les entraînera à des habitudes d'observation et d'analyse, nécessaires à l'art d'enseigner.

Il y a aussi le cours d'athlétisme, c'est-à-dire de sport. On conduit les élèves chaque semaine dans un champ de jeux, près d'une rivière, et on les entraîne à tous les sports possibles : le canotage, le tennis, le hockey, le basket-ball, etc., etc., de façon à les familiariser d'abord personnellement avec tous ces sports, et ensuite à leur permettre de les installer partout où elles seront appelées à enseigner. Elles apprendront les lois qui régissent les matches intercollégiaux, les modes d'entraînement et d'organisation de l'athlétisme en général.

J'ai dit plus haut que, pour être admis à l'École normale de gymnastique de Boston, il fallait justifier d'une éducation générale équivalente à celle qui est requise pour la graduation dans les hautes écoles d'où on sort généralement à dix-huit ans. De plus, chaque postulante doit se soumettre à un examen physique. La moindre infirmité, la moindre maladie, le moindre désordre de santé est un cas d'exclusion. Enfin, elle doit passer au service d'anthropométrie pour y être mensurée. Les appareils dont on se sert là, comme dans tous les gymnases américains, sont des appareils français, très ingénieux, inventés et fabriqués par Demény. Ils tracent la forme totale du corps humain, depuis la tête jusqu'aux pieds; ils mesurent et dessinent la force de respiration et d'inspiration, la largeur et l'épaisseur du corps. Les schémas d'entrée sont comparés de temps en temps avec les schémas successifs. On y voit par conséquent, à un millimètre près, les progrès ou les déperditions, ce qui permet d'en rechercher les causes et, s'il y a lieu, de les combattre.

Depuis dix ans, l'école a formé 260 professeurs femmes, qui sont aujourd'hui répandues à travers tous les États-Unis d'Amérique, où elles enseignent la force, l'agilité, la souplesse et la grâce à des milliers de jeunes filles.

Et voilà.

J'avais épuisé tous les renseignements possibles. Les exercices étaient terminés.

L'œil brillant, la joue en feu, le front mouillé de sueur, la bouche entr'ouverte dans un joli sourire de contentement et de santé, les jeunes futures maîtresses, d'un pas agile, couraient vers la douche, où mes yeux les quittèrent.

BOSTON

(SUITE)

Une maison de correction pour les alcooliques. — A Foxboro. — Cure mentale et cure physique. — La gymnastique suédoise. — Le théâtre de détenus. — Sourds-muets alcooliques. — Le puritanisme. — La Nouvelle-Angleterre. — Difficulté de se procurer de la bière ou du vin. — Discipline exagérée. — Le mauvais hôtelier. — Voyageur affamé. — La salle à manger est fermée. — Défense de siffler dans les rues, de parler haut et de rire. — Les lois bleues. — Condamnations invraisemblables. — L'homme tombé à l'eau. — Défense d'allumer du feu le dimanche. — Défense de fumer dans les rues. — Le fouet public. — Culte exaspéré de la volonté. — L'œuvre admirable des premiers colons puritains. — Luttons contre le diable.

Je gagne, à une heure de Boston, une petite bourgade qui s'appelle Foxboro. C'est là que l'État envoie, dans un asile spécial nouvellement installé, les ivrognes invétérés, après plusieurs condamnations préalables. On les appelle : *dipsomaniacs* et *inebriates*. On m'avait dit que l'établissement de Foxboro était le plus nouveau, le dernier cri de la correction et du redressement scientifique, et j'ai voulu voir Foxboro.

Au milieu d'une vaste plaine solitaire, maintenant couverte de neige, s'élèvent cinq ou six bâtiments de briques rouges, précédés d'une construction en bois, plus petite, qui renferme les bureaux de l'administration.

L'un des médecins de l'établissement me guide. Il me montre d'abord la salle à manger avec ses dix longues tables, la boulangerie, la blanchisserie mécanique ; dans ce département, les professionnels sont aidés par les détenus, que l'on reconnaît tout de suite à leur air méfiant et sombre.

Comme je n'aperçois ni geôle ni barrière, je m'en étonne.

— Nous ne tenons nos « malades » sous clef que le premier mois, me dit mon guide. Passé ce délai, en dehors des exercices obligatoires, ils peuvent circuler librement dans l'asile et ses dépendances, *sur parole*. Ils nous donnent leur parole d'honneur qu'ils ne s'évaderont pas, et cela suffit.

— Aucun ne s'échappe jamais ?

— Si, quelquefois. Mais souvent ils reviennent d'eux-mêmes. On n'envoie ici que les malades qui sont susceptibles de guérison. Les autres sont reçus dans les asiles d' « insanes ». C'est très utile pour le progrès et l'émulation des autres. Autrement, les mauvais découragent les bons.

— Combien de temps les conservez-vous ici ?

— Ils y sont envoyés pour deux ans par les juges. Mais si nous constatons qu'après un an, par exemple, ils sont guéris ou à peu près, nous pouvons, sur leur demande et celle de leur famille, leur donner la liberté conditionnelle. A la première faute connue, ils sont réintégrés avec augmentation de peine. Nous sommes fréquemment obligés de résister, dans l'intérêt même des malades, aux sollicitations quelquefois pathétiques de leurs parents ou amis qui demandent prématurément leur liberté. Il y a de bonnes natures qu'un très court séjour ici, l'hygiène, l'exercice, paraissent avoir guéries comme par enchantement. Mais il faut se méfier, car la cure souvent n'est qu'apparente, et ils perdraient bien vite, à l'air libre, tout le bénéfice de notre traitement.

« Le temps nécessaire pour guérir un dipsomane est variable. La volonté l'a quitté, le contrôle sur soi-même n'existe plus, et sans doute un contrôle étranger est nécessaire. Mais il faut aussi lui laisser une certaine liberté. Sa coopération est indispensable à la guérison. C'est pour cela que, au bout d'un mois, nous lui donnons le droit de se promener librement dans l'asile et à travers les pelouses.

— En somme, quel traitement suivent-ils?

— Quand ils arrivent, le premier soin est de leur donner un bain et de les mettre au lit. Puis on les purge et on leur administre du bromure. Comme ils ont tous l'estomac fatigué, nous leur ordonnons la diète. Ils ne boivent que du lait pendant deux ou quatre semaines, ou même davantage, selon leur état, car très souvent, quand nous les recueillons, ils n'ont pas mangé depuis quinze jours. Ils ne vivaient que d'alcool.

« Le traitement proprement dit commence seulement lorsque l'appétit leur est revenu et qu'ils sont dispos.

— Mais quel est-il, ce traitement?

Et le jeune médecin m'explique ceci : l'alcoolique est un malade, qui s'est peu à peu empoisonné et qui a besoin de remettre son corps à neuf; mais il est aussi un malade qui a perdu le sens de sa volonté, de sa dignité et la faculté de l'attention. Il faut donc lui faire suivre un double traitement, ou du moins un traitement qui le cure mentalement et physiquement.

Pour le corps, j'ai énoncé les premiers soins qu'on lui donne. Sitôt debout, durant les saisons propices, il travaille à la ferme de l'hôpital, sous la direction d'un surveillant. Il laboure, bêche, apporte le fumier, sème, plante, coupe les arbres, sarcle, ratisse, cueille les fruits, soigne les étables, ramasse les œufs, etc., etc. L'hiver, il travaille à l'intérieur de l'hôpital aux choses de son métier, ou bien, s'il n'en a pas, il fabrique des balais. Il est tenu de se lever à six heures et demie du matin, de prendre ses repas à des heures régulières, et de se coucher à neuf heures, car à cet instant toutes les lumières s'éteignent. De plus, une heure par jour on l'oblige à faire de la gymnastique suédoise, systématique et progressive. Le professeur, M. Ernest Hermann, mensure chaque malade, un médecin l'ausculte, une fiche est dressée à son nom. On a l'indication de la largeur de sa poitrine, de la dimension de ses bras, de ses jambes, de ses muscles, afin de pouvoir en suivre les progrès.

Cette gymnastique suédoise est, en somme, le clou du système. On est convaincu, à Foxboro, que l'effort répété, l'attention soutenue, nécessaire pour les exercices, va redonner au malade la volonté, la présence d'esprit, la perception nette des choses, le contrôle de soi qu'il avait perdus et sans lesquels il ne pourrait lutter contre son vice... Et si, peu à peu, il redevient fort, adroit, rapide, son orgueil renaîtra, la notion de ses devoirs envers soi-même, envers les siens, envers la société, sera restaurée en lui. Il aura l'énergie d'éviter les mauvaises fréquentations et de fuir les tentations. C'est à cela, c'est à l'action de l'exercice physique que l'hôpital de Foxboro attribue la plus grande part des cures qu'il a faites.

Quelle est la somme de vérité contenue dans cette théorie? La privation de boisson pendant deux ans, le plein air, l'hygiène, ne sont-ils pas les facteurs les plus importants de la cure?

Je livre ce problème intéressant à nos spécialistes de Sainte-Anne et de Charenton, où l'on traite les alcooliques comme des fous.

Mon guide me dit :

— Si vous voulez assister à un exercice, je vais vous conduire dans la salle de gymnastique ; c'est l'heure.

Il me dirige vers une vaste salle remplie d'agrès, de cordes, d'échelles, de massues, de tremplins, de saute-mouton, de balles, etc. Au fond, une petite scène se dresse. C'est là que, de temps en temps, les malades jouent des pièces et chantent entre eux, ou bien que des personnes dévouées leur font des lectures et des conférences. Les décors — il faut les voir ! — ont été peints par les alcooliques eux-mêmes.

Mais voici la classe qui commence. Une trentaine d'hommes de tout âge, depuis vingt ans jusqu'à soixante, entrent au pas, tête nue, se mettent sur trois rangs et demeurent immobiles. Ils sont vêtus uniformément d'une vareuse grise et d'un pantalon gris retenu à la taille par une ceinture noire, et chaussés de pantoufles noires à semelles de caoutchouc.

Pauvres gens ! Je me surprends à les plaindre... Un instant je me demande pourquoi — si c'est de les voir malades, ou de les deviner humiliés. Les voilà qui obéissent docilement aux commandements impératifs, rapides et entraînants du professeur, les vieux comme les jeunes. Ils renversent la tête en arrière, bombent la poitrine et respirent largement; ils essayent de se tenir sur une jambe, puis sur l'autre; certains n'y arrivent qu'au prix de grands efforts qui les essoufflent et les font suer tout de suite. Je conserve devant les yeux le portrait d'un homme d'une soixantaine d'années, fort, chauve, à la grosse moustache grise, et qui peinait consciencieusement : « Une, deux! Une, deux! » Et le médecin me dit que c'est un ancien capitaine de pompiers du Massachusetts, tombé là et qui voudrait tant se guérir!

A côté de lui, un jeune homme de vingt ans peut-être, la face rasée, maigre, garde sur les lèvres une sorte de vague sourire hébété, et manœuvre avec difficulté.

La plupart sont coiffés correctement, la raie bien droite, les cheveux bien aplatis, avec une mine sérieuse et grave d'Anglais. L'un surtout, avec sa moustache blonde et ses yeux bleus, a un air de distinction parfaite. Je demande quel fut l'état social de la plupart de ces pauvres gens. Il y a de tout : un médecin militaire, des photographes, un clergyman, des ingénieurs, des épiciers, des cordonniers, des perruquiers, des employés, un journaliste, etc., etc. Et tous tâchent de leur mieux à obéir aux commandements. A présent, allongés à terre, ils essayent de faire des rétablissements sur les mains; puis je les vois encore qui courent comme des gamins après un ballon qu'ils doivent faire passer entre leurs jambes et se transmettre de l'un à l'autre pour le conduire le plus vite possible à l'extrémité de la salle. Et ils se dépêchent! Et ils s'amusent! Car ici il y a du sport, et, en eux, le goût sportif de la race se réveille.

Bientôt ils n'en peuvent plus, le professeur les arrête par ces mots.

— *Thank you very much, gentlemen!*

Et les voilà courant, en sueur, vers la douche. Là, dans un vestiaire bien aménagé, ils se déshabillent en hâte; la piscine s'emplit soudain de vapeur chaude, pour éviter les refroidissements, et les trente dipsomaniaques se dressent chacun sous une douche d'eau froide qui leur cingle la peau. On entend des cris : ce sont les nerveux qui ne peuvent s'habituer à l'eau froide. Quelques minutes se passent, et dehors je retrouve certains d'entre eux disséminés librement sur la pelouse, vêtus de leurs habits de ville, fumant leur pipe ou leur cigarette, roses et frais comme de braves bourgeois.

Nous continuons notre visite par les dortoirs de quinze lits, de huit lits, les chambres spéciales pour un seul malade, car il y a des pensionnaires libres, des gens qui demandent spontanément à entrer à Foxboro! Mais comme on ne peut les y admettre qu'après une condamnation, eux ou leurs parents vont solliciter du juge compétent un jugement qui leur permette de s'y faire recevoir.

— Ce sont des gens faibles, me dit le docteur, et qui n'ont pas assez de volonté pour lutter seuls contre leur vice, mais à qui il reste assez de conscience pour vouloir s'en défaire et qui ont besoin d'un entraînement et d'une surveillance. En entrant, ils versent un cautionnement de 500 dollars (2,500 francs) qui est perdu pour eux s'ils se sauvent.

Je m'informe si jamais il entre de l'alcool à Foxboro.

— Il y en a qui réussissent à s'en procurer, je ne sais comment. Mais quand on les prend, on les remet sous clef et la promenade leur est défendue.

Les couloirs et toutes les pièces sont chauffés à la vapeur sèche.

Nous traversons des salles de conversation où des malades se tiennent assis sur des chaises, causant entre eux, jouant aux échecs, aux cartes, ou lisant. Sur les murs, on a collé des maximes imprimées en gros caractères :

N'estime jamais comme à ton avantage quelque chose qui te ferait manquer à ta parole et au respect de toi-même.
Marc-Aurèle.

Il n'y a rien à chercher dans la vie que le caractère et la probité. Cicéron.

— Malgré ces bons avis, y en a-t-il qui se refusent à travailler ou à se plier aux exercices?

— Cela arrive, mais assez rarement. Quand le cas se présente, on met les paresseux à l'infirmerie et on leur applique le régime du lait pour toute nourriture. Ils ne résistent pas longtemps !

— Et quel est leur régime ordinaire?

— L'été, beaucoup de légumes et du lait en abondance; l'hiver, de la viande, du pain et de l'eau de source; du café le matin et du poisson le vendredi.

— Voilà donc toute la cure? demandai-je au jeune docteur.

— Oui. Il faut y ajouter, pourtant, la lecture. Nous avons installé à cette fin des bibliothèques dans chaque salle commune. Nous jugeons nécessaire de distraire le plus possible les malades de la pensée de leur ancien vice, et de leur éviter les conversations dégradantes que ces cerveaux affaiblis ne pourraient manquer d'avoir entre eux. De plus, l'habitude de lire, si nous réussissons à la leur donner, sera une arme puissante contre le désir de boire, quand le malade aura quitté l'hôpital...

— Je me permets d'en douter, fis-je.

— Nous devons l'essayer quand même, répondit le jeune savant. Mais ils ont aussi d'autres distractions : leur théâtre, par exemple. Cinq ou six fois par mois, il y a des dames de bonne volonté qui viennent leur donner des séances musicales de piano, de violon, de chant, ou bien leur faire des conférences. L'an dernier, une dame leur a fait le récit des beautés de l'Exposition de Paris en 1900, en l'accompagnant de projections; une autre a parlé de son voyage à bicyclette sur les côtes de la Méditerranée et dans la France centrale; il vient aussi des mandolinistes, des ventriloques et des escamoteurs. Le dimanche, il y a une prédication.

— Et finalement, quels sont vos résultats ?

— Voici nos statistiques dernières : sur 324 pensionnaires mis en liberté, nous en avons eu l'année dernière 117 qui paraissaient devenus entièrement abstinents, soit 36 p. 100; 129 qui boivent comme auparavant, soit 39 p. 100; 36 qui sont en progrès et boivent moins, soit 11 p. 100; il y en a 36 dont nous avons perdu la trace et 6 qui sont morts dans l'année. »

Notre tournée et mon enquête étaient terminées. Mon guide me reconduisait à travers les pelouses couvertes de neige, dans le froid du crépuscule qui tombait brusquement. Nous croisâmes trois personnes, dont l'une portait des lunettes d'or :

— Celui-ci est un de vos confrères, me dit le médecin, un journaliste des environs ; les deux autres sont des sourds-muets. Tous trois sont des alcooliques.

Que pouvaient-ils bien se dire ?

☙

D'où vient qu'en un pays neuf comme l'Amérique, peuplé de millions de Latins, on soit, malgré tout, forcé de convenir que les mœurs et l'esprit général ne se sont pas latinisés ? M. Cambon, l'ambassadeur de France, qui sut faire tant regretter son départ de Washington, soutient, et c'est une de ses thèses favorites, que l'Amérique n'est pas anglo-saxonne, et il donne à l'appui dix raisons qui toutes paraissent excellentes. Mais soutiendrait-il que la morale et les idées des États de l'Est américain, le long de la côte, de New-York au Canada, ne sont pas fortement imprégnées de puritanisme ? On y trouve, certes, beaucoup d'esprits libres ; mais, à New-York même, la presse critique ne dénonçait-elle pas, il y a quelque temps, comme immorale, *Magda*, une pièce que jouèrent à travers le monde Mme Sarah Bernhardt et Mme Duse, et que Paris et Berlin vantèrent, au contraire, comme hautement morale et hardiment réformatrice !

Parmi les impressions que reçoit l'étranger qui parcourt l'Amérique, celles que suscitent en lui les mœurs et les idées sont peut-être les plus profondes. Il finira par s'habituer au mouvement et au bruit de la rue, à la froideur et à l'indifférence des gens, à la brutalité des foules, mais il restera plus longtemps en arrêt devant les idées et les mœurs.

Quelle est donc, chez ce peuple indépendant et libre, dont les traditions devraient être si multiples et si contradictoires, la raison de cette sorte de rigueur extérieure, de cette sévérité générale qui pèse sur tout ce qui se voit, de cette obéissance *à la règle* qui devient à la longue obsédante et hostile?

Le voyageur étranger qui arrive dans le Massachusetts, le Connecticut ou le Maine, est incapable de discerner dès l'abord les traces de l'esprit puritain. A part le vin ou la bière qu'on se refuse à lui servir le dimanche, ou dans la semaine après onze heures du soir, ou même dans la journée si l'endroit où il se trouve est situé à moins de cent mètres d'une église ou d'une école, à part cette vexation qu'il finit par admettre en pensant que c'est une tentative de lutte contre l'alcoolisme, il n'aperçoit rien dans les mœurs ou dans l'aspect des gens qui choque son sentiment de liberté. Mais s'il fréquente un peu quelques milieux locaux, s'il peut causer librement avec des gens de souche anglaise, il perçoit peu à peu une moralité étrangère à la sienne, une sévérité de paroles et d'idées, un rigorisme, demeurés dans son esprit comme un souvenir historique ou littéraire d'époques abolies...

J'en avais ressenti pour ma part les premiers effets dans une petite ville du Massachusetts, à Northampton, où l'hôtelier, grave et barbu, s'était inexorablement refusé à me donner quoi que ce fût à manger, sous prétexte qu'il était neuf heures du soir.

— La salle à manger est fermée depuis huit heures, se contentait-il de me répondre.

— Donnez-moi au moins un peu de viande froide et de thé?

— C'est fermé.

— Mais j'ai faim! insistais-je, et je vous paye 30 francs par jour.

— Si vous avez faim, allez manger dehors, vous trouverez peut-être un bar encore ouvert.

Il neigeait; je fus obligé d'aller, à travers la ville, à la recherche du morceau de pain que me refusait mon hôtelier, puritain endurci, comme je l'appris ensuite et comme je l'avais supposé sans peine.

Mon deuxième étonnement, ç'avait été à Boston, quand on me montra, affiché au beau milieu d'une avenue, un règlement imprimé de la municipalité, où il était défendu de parler haut dans la rue, de rire et de siffler! Je ne pus pas lire jusqu'à la fin, parce que le soir tombait, mais les premières lignes signifiaient assez l'esprit du document.

Je m'étais informé de différents côtés des origines de cet état d'esprit, et partout on m'avait répondu : « Vous êtes dans la capitale du puritanisme. Le Massachusetts a été colonisé par les puritains du Yorkshire. Ce sont les vrais colons anglais. Ils se sont répandus dans le Connecticut, le Maine, la Pennsylvanie, New-York, et même beaucoup plus loin, et l'on peut dire que ce sont eux qui ont donné le ton depuis deux siècles à l'Amérique entière. Car ce sont eux aussi qui sont allés défricher l'Ouest et fonder, avec les capitaux de Boston, les grandes villes et les grandes entreprises de cette partie du continent. Les lois qu'ils ont faites ont servi de modèles partout, elles n'ont jamais été abrogées, et si aujourd'hui on ne les applique plus, en réalité leurs traces subsistent dans les mœurs et dans les esprits. Et quoique de cerveau étroit, c'étaient tout de même de fameux hommes. »

Les non-puritains de la Nouvelle-Angleterre se répètent les interdictions des fameuses « Lois bleues » (*Blue Laws*) qu'implantèrent les passagers du *May-Flower* en débarquant sur le sol américain :

« Il est défendu de travailler, de faire cuire des victuailles, de faire son lit, de se couper les cheveux, de se raser le jour du dimanche.

« L'homme n'embrassera pas sa femme, la femme n'embrassera pas son enfant, le dimanche ou les jours fériés.

« On ne montera pas à cheval, on ne se promènera ni dans son jardin ni ailleurs, excepté avec dévotion pour aller à l'église et en revenir, le jour du dimanche. »

Et l'on cite des jugements rendus par les magistrats de la Nouvelle-Angleterre au dix-huitième et même au dix-neuvième siècle, en application de ces textes de la loi : un homme de Plymouth durement fouetté pour avoir chassé un dimanche; un autre condamné à 5 shillings d'amende pour avoir abattu des pommes un dimanche; une femme, Elizabeth Eddy, condamnée à 10 shillings d'amende pour avoir, le même jour, tordu et mis son linge à l'air; un paysan condamné à une amende pour avoir porté un sac de blé moulu chez lui, et le meunier également condamné pour avoir laissé prendre le sac; deux fiancés sont accusés et poursuivis pour s'être assis ensemble un dimanche sous un pommier dans le verger des parents de la jeune fille; le captain Kemble, de Boston, est mis au pilori pendant deux heures pour ses « impudiques et inconvenantes manières ». Or, qu'avait fait le captain Kemble? Un dimanche, il avait embrassé sa femme qui l'attendait sur le pas de sa porte, au retour d'un voyage de trois ans! Et le criminel était un homme de richesse et d'influence, dit la chronique. Des quantités de condamnations sont relevées pour avoir circulé « sans nécessité » le dimanche. Un prévenu donne pour excuse qu'il allait visiter un de ses parents malade, son excuse n'est pas admise. En 1831, à Lebanon, dans le Connecticut, tout près d'ici, une dame se rendant chez son père est arrêtée au moment où elle allait entrer dans la maison, pour avoir voyagé sans nécessité le jour du sabbat.

Ce n'est pas tout! On était condamné à 5 ou 10 shillings d'amende, selon les États, pour non-assistance aux offices. Un homme condamné pour ce fait plaide qu'étant tombé à l'eau le samedi soir très tard, et ne pouvant allumer de feu le dimanche pour sécher ses habits, il était resté au lit, car il n'avait pas d'autres vêtements : en dépit de ces explications plausibles, l'homme est condamné à être publiquement fouetté.

Il était interdit de fumer le dimanche et, dans beaucoup d'endroits, même la semaine. Il y a quelques années à peine, dans de petites villes de l'ouest du Massachusetts, il n'était pas permis de fumer dans les rues, ni le dimanche ni les autres jours.

La vie des puritains, on le devine, se ressentait de ces coutumes. Ils commençaient à fêter le sabbat dès le samedi soir. Après le dernier repas du samedi, le puritain catéchisait ses enfants et ses serviteurs, et allait prier dans sa chambre. Le matin suivant, après les longues prières en commun, il se retirait de nouveau dans sa chambre et lisait la Bible. Il allait ensuite au temple, et, au retour, s'enfermait pour la méditation. On lui apportait un léger repas au milieu du jour, et il priait jusqu'à l'heure de l'office public de l'après-midi. Il s'y rendait avec toute sa famille et ses serviteurs — comme le matin — et, rentré à la maison, recommençait le sermon en famille. On priait. Puis, après le souper, on chantait un psaume, et l'on allait se coucher, après une dernière prière.

Qu'on se figure cette existence répétée durant toute l'année, pendant toute la vie, reprise et imitée ensuite par les enfants, et, sans la comprendre, on pourra se figurer un peu la mentalité anormale, en marge de l'humanité, de la race puritaine. Avec cela, pendant les premières années, le rude travail de défrichement, la lutte constante contre les sauvages...

— Oui (me disait une dame née ici de parents puritains, descendants des premiers colons du Yorkshire, jolie et ardente comme une Florentine), oui, j'ai en moi, quoi que je fasse, un instinct de vivre et de jouir : cela prouve que je suis une bête. Mais j'ai aussi en moi un sentiment plus fort que mon instinct, un sentiment de discipline et de devoir qui maîtrise, comme avec un mors, ma matérialité. On m'a appris, toute jeune, que je ne devais pas faire ce qui me donnait trop de plaisir; aussi, quand je m'aperçois que je me passionne, je me réfrène et je m'arrête.

— Si votre instinct était vraiment fort, vous ne pourriez pas l'entraver.

— Je me dis : *Il ne faut pas,* voilà tout.

Les dents serrées, le front plissé, le poing fermé, ma belle interlocutrice répétait :

— Il ne faut pas, il ne faut pas...

Je lui dis à quel point je trouvais cette morale abominable, si contraire aux lois naturelles de la vie !

— C'est possible, me dit-elle. Et peut-être, à mesure que je vieillis, je trouve que vous avez raison. Mais elle a été la morale de nos ancêtres, leur force, et je peux dire leur gloire. C'est grâce à elle que les héroïques émigrants du *May-Flower*, qui quittèrent au dix-septième siècle l'Angleterre pour leur foi et pour la liberté, ont pu fonder l'admirable colonie anglaise qui est devenue ensuite l'Amérique. Tâchez d'imaginer leur situation en débarquant sur le sol indien, avec leurs femmes et leurs enfants : des terres à défricher, des maisons à bâtir, des ennemis terribles à combattre et à surveiller jour et nuit, la vie de tous les jours à trouver... Quel stoïcisme et quelle énergie ne leur fallut-il pas ! Vous vous plaignez que vous avez froid... et vous avez une pelisse, et vous trouvez dans les hôtels de quoi manger et le *steam* pour vous chauffer... Eux n'avaient rien... Et ce n'étaient pas des paysans endurcis à la fatigue et au froid ; c'étaient des hommes bien nés, des gentilshommes pour la plupart, et les femmes ne s'étaient jamais servi de leurs mains pour travailler. Et les voilà, du jour au lendemain, les hommes occupés à bâtir des maisons et des églises, les femmes à faire le ménage et à travailler la terre, tout en élevant leurs enfants ! Croyez-vous qu'ils eussent pu résister à une telle existence sans une foi profonde, une morale rigide et une volonté surhumaine? Cette foi, cette volonté, cette morale, transmises de génération en génération, agrandies et fortifiées, ont donné à notre peuple de la Nouvelle-Angleterre une énergie sans égale et des reins d'acier... C'est la civilisation qui en a profité, et qui en profite encore.

— Soit, fis-je ; mais à présent qu'il n'y a plus de

sauvages et que ce sont les machines qui travaillent pour les hommes, et que vous avez le *steam* pour vous chauffer et les produits des quatre coins du monde pour vous nourrir, et des millions qui vous permettent le loisir et la douceur de vivre?...

Elle secouait la tête, ne voulant plus raisonner.

— Non, non, dit-elle encore, il ne faut pas être des bêtes, il faut toujours se posséder pour lutter contre le diable !

PHILADELPHIE

Dîner d'hommes d'affaires. — Le gasconisme américain. — Un cri national. — *The best in the World!* — Les usines Baldwin. — Une fabrique de locomotives monstre. — 2,000 locomotives par an. — Description des ateliers. — Les machines travaillent. — L'ouvrier fainéant. — Fonderie de cloches. — Salaires enviables. — Les meilleurs frappeurs d'enclume. — Les nègres à l'index. — Les forgerons les repoussent, les maçons les acceptent. — Le capital s'associe les capacités. — 60 locomotives fournies aux Compagnies de chemins de fer françaises en un an.

Un quart d'heure avant d'arriver à Philadelphie, la ville du fer s'annonce par d'immenses façades éclairées de mille couleurs par la réverbération des fournaises ; il y a des rangées de fenêtres bleues, d'un bleu idéal de féerie, il y en a de mauves, il y en a de rouges, il y en a de jaunes, et toutes aveuglantes de clarté.

Le soir même de mon arrivée, je dînais, un peu dépaysé, chez un des plus gros personnages de la colossale Compagnie de chemins de fer de Pennsylvanie. Il n'y avait que des hommes à ce dîner, une vingtaine, et des hommes d'affaires seulement : c'étaient des banquiers puissants de New-York et de Philadelphie, un ancien ambassadeur des Etats-Unis, des présidents, des vice-présidents de sociétés de transports, tous de nombreuses fois millionnaires. Le couvert était remarquable. Une massive vaisselle de vermeil, style Empire, alternait avec des porcelaines rares et compliquées, de toutes couleurs. Un jeu d'orgues de verres en cristal taillé étincelait devant chaque convive. La table était couverte de bégonias roses minuscules. Les vins étaient bons.

Le repas fut copieux et cordial. C'est ce jour-là que je fis la remarque que les Américains finissent par prendre le langage de leurs réclames : « Ceci est la plus belle, la plus rare, la plus grande chose qu'il y ait au monde. » Dans notre pensée à nous, lorsque nous disons : « Il n'y a rien de meilleur au monde », cela signifie seulement que, pour le moment, c'est la chose que nous préférons. Dans la pensée des Américains, cette formule implique l'idée de comparaison et d'écrasement.

Entraînés, par les besoins colossaux d'un peuple sans cesse croissant, à faire grand, démesuré, chacun de leurs efforts produit, en effet, un résultat de quantité écrasant pour la vieille Europe. Et ils ont sans doute les plus vastes usines, les plus grandes raffineries, les plus grands réservoirs de pétrole, les plus grandes fabriques de tout! Mais pourquoi l'eau minérale qui est devant moi serait-elle « la plus pure du monde », comme l'affirme naïvement son étiquette?

Pourtant, il faut bien se rendre à l'évidence, les statistiques sont là, les usines Baldwin que l'on me conseilla de voir le lendemain sont bien les plus colossales usines de locomotives du monde. Vais-je essayer de décrire cette chose formidable? Je ne saurais. Je n'y ai passé que quelques heures, et il faudrait y vivre une semaine pour prendre contact avec le monstre, comprendre ses gestes et son vacarme de cataclysme.

Je vous donnerai seulement les quelques indications que je tiens de l'aimable ingénieur français, M. Lefebvre, qui guide ma promenade.

Les usines Baldwin occupent 13,000 ouvriers; les ateliers sont ouverts jour et nuit.

On y fabrique entre 1,500 et 2,000 locomotives par an!

Quand nous entrons dans l'atelier de montage par où nous débutons, j'ai la sensation que jamais de ma vie je n'ai entendu un tel bruit. Il y a vingt, trente chaudières de locomotives dans lesquelles et sur lesquelles des centaines d'hommes frappent de terribles coups de marteau. Mon crâne résonne douloureusement, comme sous des coups de pierre. Impossible de dire ni d'entendre un mot. On se contente de gestes; encore a-t-on à peine envie d'en faire, tant l'énormité du spectacle et du bruit vous opprime. Mon guide me fait signe de regarder en l'air : deux grues de cinquante et cent tonnes, installées au sommet du bâtiment, transportent des locomotives complètes, d'un bout à l'autre de l'atelier. En voilà une, suspendue à 20 mètres au-dessus de nos têtes, avec ses roues, qui se balance lourdement en avançant avec lenteur. Un seul homme qui presse un bouton électrique suffit à cet effort effrayant. On songe malgré soi qu'elle pourrait tomber, et on est gêné de se sentir dans son plan...

Nous passons dans l'atelier de perçage. Huit énormes plaques de tôle sont couchées l'une sur l'autre sous une machine. Une sorte de large vrille les mord et les perce en quatre endroits différents. Deux ouvriers sont là qui les regardent, les mains dans les poches. De tous côtés, d'autres machines, horizontales, verticales, font leur besogne de perceuses, lentement. Le sol est jonché de copeaux de fer. Nulle part, l'ouvrier n'a l'air de faire un effort.

Ici, on cintre. Des plaques de tôle, épaisses de 2 centimètres, passent sous un laminoir gigantesque qui les ploie comme du carton. Là, on coupe des feuilles de fer comme du beurre. Cinquante, cent tours aux roues démesurées tournent, les uns à toute vitesse, les autres lentement, creusent des cylindres d'acier, scient et grincent. Partout des grues fonctionnent, soulèvent et déplacent de lourdes pièces, des pilons frappent le fer, partout des forges et des volants qui ont le vertige et vous le passent. Et des machines silencieuses rabotent de larges surfaces d'acier d'une marche continue et automatique. Quand elles ont raboté un millimètre ou un demi-millimètre sur toute l'étendue de la plaque, le rabot revient de lui-même à son point de départ, s'abaisse de la hauteur nécessaire et recommence. Un ouvrier les surveille.

— Il pourrait aussi bien aller se promener, me dit l'ingénieur, et revenir dans une heure. La besogne serait faite.

Nous enjambons des tas de bielles et de roues de locomotives. Deux ouvriers sont en train de monter les bandages d'acier sur les roues. Il reste de petites bavures et de la rouille sur le métal, dont la toilette ne me paraît pas achevée.

— Cela n'a aucune importance, me dit l'ingénieur. Je sais bien qu'en France on passerait une journée à polir tout cela. En Amérique, on ne *finit* pas. Ça ne se paye pas ! Nous donnons trois couches de peinture à nos locomotives au lieu de douze que donnent les constructeurs français. Nous pensons que c'est là de l'argent mal placé.

— Pourtant les locomotives françaises ne durent-elles pas plus longtemps ?

— Oui. Vos compagnies les font durer vingt et même trente ans. Ici, au bout de douze ans, nous les mettons à la réforme. Et nous préférons en changer. C'est ce qui fait qu'en Europe on a de vieux rossignols et qu'ici nous pouvons nous perfectionner constamment.

— Mais cela vous coûte plus cher?

— Non, car elles nous reviennent beaucoup meilleur marché que les vôtres, pour les raisons que je vous dis et pour d'autres encore. Ainsi, en France, on fait le foyer de la chaudière en cuivre, ce qui est très coûteux ; ici, tout est en acier. Et l'acier rend les mêmes services. Et puis, je le répète, vous dépensez trois ou quatre fois plus de main-d'œuvre, sans utilité réelle.

Nous arpentons des ateliers grands comme la moitié de la place de la Concorde où des fourmilières s'agitent sans hâte au milieu du bruit. Nous traversons une rue.

— C'est une rue que la ville nous a cédée. Nous manquions de place, il fallait nous agrandir, et c'était le seul moyen. La ville l'a compris et nous a vendu la rue.

Nous voici dans la chaudronnerie. Je croyais tout à l'heure que j'allais devenir sourd. A présent je le suis réellement. Il n'y a pas de mot qui puisse donner l'idée du vacarme infernal qui vous assourdit là. Les ouvriers eux-mêmes sont forcés de s'exprimer par la pantomime. J'ai hâte de sortir. L'atelier est rempli par une quarantaine de chaudières en construction.

A côté, se trouve la forgerie. Il y a quelques mois, on y comptait vingt-trois marteaux-pilons, mais, la place manquant, on les a transportés à 60 kilomètres, dans une autre usine. Il n'en reste ici que deux. Un fil téléphonique relie les deux usines, et aussi une voie de chemin de fer, de sorte qu'il n'y a jamais de temps perdu : les échanges sont incessants entre les autres forges et l'usine.

Dans un coin, sur un tas de cendres, deux nègres mangent leur déjeuner. Ils font griller leur pain au bout d'une pique, à la chaleur d'une forge.

Nous grimpons deux hauts étages pour arriver à la fonderie de cuivre. Les creusets sont pratiqués dans le plafond construit en briques réfractaires ! Il y en a vingt. De leurs gueules ouvertes s'échappent d'admirables flammes bleues et vertes. C'est là qu'on fabrique les cloches de cuivre des locomotives, car vous savez qu'ici chaque train s'annonce sur les voies par une sonnerie continue de cloches. Comme il n'y pas de clôture le long des lignes, c'est le moyen un peu primitif qu'on a trouvé pour éviter les accidents.

Il n'y a pas de grève chez Baldwin. Car on n'y accepte aucun membre des unions ouvrières. Si on apprend que l'un de ceux qui y travaillent en fait partie, on le met à la porte.

Les fondeurs travaillent six jours par semaine et gagnent 150 francs, soit 25 francs par jour.

Tous les autres salaires sont en proportion de ceux-là. Un bon frappeur d'enclume — ce sont les Irlandais qui frappent le mieux et le plus fort — gagne 100 francs par semaine. Les simples manœuvres, pour la plupart Hongrois et Slaves, touchent 9 dollars (45 francs) par semaine.

Les meilleurs ouvriers mécaniciens sont Américains ; les finisseurs sont Français et Allemands.

Les Irlandais ne consentent pas à travailler avec les nègres. Les maçons seuls les acceptent dans leurs équipes. En voici trois ou quatre, en effet, habillés de coutil bleu, dans un coin, isolés, qui attendent de l'ouvrage, avec des yeux peureux de bêtes traquées.

Sur des longueurs infinies, six étages s'allongent, entièrement occupés par des machines-outils. Du haut en bas, les machines, mues par l'électricité, travaillent pour l'homme. Devant des établis, des hommes mangent, surveillant à peine du coin de l'œil la marche des engins. C'est le tableau saisissant de l'asservissement de la matière par l'ingéniosité de l'homme.

Chemin faisant, mon guide me raconte l'histoire et l'organisation de cette colossale entreprise. Il faudrait un volume pour la donner en détail, et ce volume serait captivant.

Les usines occupent près de 8 hectares de terrain, et les constructions ont six étages de galeries circulaires !

En 1834, M. Baldwin fabriquait 5 locomotives ;

39 en 1847; 70 en 1859; 280 en 1870; 437 en 1873; 946 en 1890; 1,217 en 1900 et 1,531 en 1902!

On consomme plus de 2,000 tonnes de charbon par semaine et 3,500 tonnes de fer.

Les bureaux techniques renferment 20 ingénieurs et 100 dessinateurs.

Les usines sont éclairées par 4,000 lampes à incandescence et 400 lampes à arc.

En passant devant la dernière machine qu'on vient de monter, et qui va partir, l'ingénieur me montre le numéro qu'elle porte : 21,358.

Je demande à mon guide les raisons d'une telle prospérité et de sa continuité !

— Je crois qu'elle est due au mode de recrutement des *têtes*. Tous les dix ou quinze ans, les chefs de la maison choisissent, parmi les contremaîtres et les ingénieurs, celui qui leur paraît le plus méritant, et ils l'associent à leur fortune. C'est ce sang nouveau que s'infuse la société qui l'empêche de péricliter. Le nouveau venu se pique d'émulation et s'ingénie à trouver des perfectionnements. Une maison concurrente, qui, durant de longues années, lutta contre nous, vient de fermer. La direction s'était continuée de père en fils; les traditions se transmettaient religieusement, on ne voulait pas voir les progrès des autres, on s'endormait sur le passé, on a été vaincu...

« Ici, au contraire, grâce à ce recrutement incessant de forces vives, nous allons toujours de l'avant. Si on nous commande un travail spécial, nous n'hésitons pas à créer les machines nécessaires, au lieu d'essayer de nous servir des anciennes. Sans cesse, nous innovons, nous améliorons nos machines-outils et nos propres locomotives. Et à l'heure qu'il est, je crois bien que nous possédons les plus perfectionnées du monde.

— En quoi vos locomotives sont-elles supérieures à celles de la France, par exemple?

— En ceci qu'une machine que nous livrons, à la Compagnie de Pennsylvanie entre autres, peut faire le travail de trois de vos machines françaises. Elles charrient des trains beaucoup plus longs, ce qui est une économie notable, puisqu'il ne faut qu'un mécanicien et qu'un chauffeur au lieu de trois, mettez 25,000 ou 30,000 francs par an. Calculez en outre le produit du transport de trois trains réunis en un seul...

Je fis cette question naïve :

— Pourquoi peuvent-elles transporter les trains plus longs?

— Parce qu'elles sont plus fortes, naturellement, me répondit en souriant l'ingénieur.

— Mais pourquoi, en France, n'en construit-on pas de plus fortes?

— Parce que, en France, le gabarit des tunnels et des ponts est plus petit. Voyez ces machines : elles ont 5 mètres de hauteur sur rails et elles pèsent près de 140,000 kilogrammes avec le tender. Or, vos voies n'ont pas la résistance suffisante pour un tel poids, et vos tunnels ne laisseraient pas passer nos locomotives. Ici, quand on en a reconnu l'utilité, on a refait les voies, surélevé les tunnels et refait les ponts...

— Construisez-vous beaucoup pour l'Europe?

— Pour tous les pays, depuis l'Amérique du Sud jusqu'à la Russie. En 1900, nous avons fourni 60 locomotives à la France, dont 30 à l'Orléans, 10 à la Compagnie de Lyon, 10 à l'Etat. Pour les 30 de l'Orléans, nous avons commencé nos études en février, et le 30 juin elles partaient tout emballées pour Paris.

— Et combien vendez-vous ces monstres.

— De 20,000 à 100,000 francs. La moyenne est de 60,000 francs.

— Et si je vous commandais une locomotive spéciale aujourd'hui, sur un modèle à moi, combien de temps me demanderiez-vous pour me la livrer ?

— Un mois juste.

Un peu moins de temps qu'il n'en faut à un chaudronnier de province pour faire une douzaine de casseroles.

LES INDUSTRIES FRANÇAISES MENACÉES

LA SOIE

La lutte industrielle entre l'Europe et l'Amérique. — Le vin, les modes et la soie de France peuvent encore se défendre. — La soie menacée. — Statistiques. — Les fabriques se multiplient. — La consommation augmente. — New-York, marché des soies grèges. — Richesse des pays. — Prospérité générale. — Le luxe. — Patrons et domestiques. — Les idées de M. Duplan, fabricant lyonnais. — Fabriques françaises en Amérique. — Faut-il les encourager ? — L'esprit d'entreprise des Lyonnais.

Dans cette lutte gigantesque entre la vieille Europe et la jeune Amérique, qui n'est déjà plus un combat, mais un massacre, les seules forteresses qui n'ont pas été forcées sont — à part le marché des vins qui nous reste acquis, malgré les efforts des fabricants de vins allemands et des vignerons de la Californie — les productions de la mode française et les œuvres d'art françaises. Sur ce double terrain, bien étroit quant à la place qu'il occupe dans les totaux fantastiques des échanges, l'Amérique ne prétend même pas, quant à présent du moins, engager la lutte. En cela, elle fait preuve à la fois d'intelligence et de sens pratique. Les dames élégantes de New-York sourient quand on leur parle de la croisade entreprise par les couturières locales, qui ont essayé là un bluff original, mais un peu naïf. Quant à l'art de la peinture, de la sculpture, de l'architecture, quant aux arts industriels, tout ce que peut faire l'Amérique, après avoir à coup de dollars accaparé les chefs-d'œuvre, c'est d'envoyer chez nous les mieux doués de ses enfants, et d'attirer chez elle les moins nostalgiques des nôtres.

Ce règne de l'élégance et de l'art français est tout ce qui reste debout des anciennes prédominances du vieux monde dans le nouveau continent. C'est grâce à lui que la jeune et orgueilleuse Amérique s'incline encore, dans une expectative étonnée et impatiente, devant les acquisitions lentes des siècles passés et la force de la culture traditionnelle. Car l'Allemagne et l'Angleterre sont, à l'heure qu'il est, battues sur leur propre terrain : les machines américaines, les fers et les aciers américains pénètrent jusqu'à Manchester et jusqu'à Dusseldorf !

A côté de ces deux domaines — la mode et l'art — il restait pourtant encore à l'industrie française deux terrains où, il y a quelques années, elle pouvait rivaliser avec l'industrie américaine : c'est celle de la soierie, où nous étions les maîtres incontestés, et celle, plus neuve, de l'automobilisme, où nous sommes encore pour quelques temps sans rivaux.

Les chiffres qui suivent, pris à une source officielle, vous donneront mieux que des phrases, une idée du développement colossal de ce pays depuis trente ans.

Les États-Unis comptaient :

— En 1870, 86 fabriques de soie avec un capital de 6 millions 285,000 dollars, soit 31 millions et demi de francs;

— En 1900, 483 fabriques, avec un capital de 81 millions de dollars, soit 405 millions de francs;

— En 1902, 500 fabriques, avec 100 millions de dollars, soit 500 millions de francs.

A la fin de 1903, il y aura aux États-Unis, 45,000 métiers mécaniques en activité.

La valeur des produits fabriqués s'élevait :

En 1870, à 60 millions de francs;

En 1900, à 535 millions;

En 1902, à 625 millions.

Phénomène plus extraordinaire encore : pendant la même période, la consommation de la soie s'est accrue de telle sorte que l'importation des soieries d'Europe, loin d'être arrêtée, *n'a pas cessé de s'accroître !*

Elle était :

En 1870, de 120 millions de francs;

En 1900, de 130 millions;

En 1902, de 150 millions.

Lyon augmente encore chaque année ses envois aux États-Unis, malgré les droits très élevés qui les frappent à l'entrée. Si certains commerçants du Rhône ont vu leurs affaires diminuer avec l'Amérique, l'ensemble de l'exportation lyonnaise suit une marche ascendante. Les velours noirs, les taffetas noirs, les mousselines de provenance lyonnaise sont restés, *jusqu'à présent*, sans rivaux sur le marché.

Tous ces chiffres dansent devant mes yeux, pendant que j'écris au bruit montant de la rue, de la course frénétique et incessante des tramways qui grondent comme des monstres lâchés. Pour la première fois, des chiffres de statistique prennent à mes yeux un sens et une éloquence. Je les vois grandir et monter comme un flot irrésistible. Personne ici ne se soucie de ces chiffres : ce sont des totaux provisoires qui n'arrêtent pas un instant l'esprit de ce peuple. Il est en pleine action, il va devant lui, librement, anarchiquement si l'on peut dire, vers le travail et la richesse. Il faut *aller*, il faut marcher, il faut courir, voilà ce qu'il sait, ce qu'il sent. Et les lignes de chemins de fer se multiplient à travers le continent, les tramways pullulent dans toutes les villes comme des express en démence, les fabriques s'élèvent, les immigrants débordent de la vieille Europe sur ce sol prospère, comme autrefois les mercenaires à Carthage.

New-York est actuellement le premier marché des soies grèges du monde. Il achète plus du tiers de la production mondiale qui est de 16 millions 700,000 kilogrammes environ, soit 6 millions de kilogrammes. New-York est l'arbitre du prix des soies écrues. Avant trois ans, si la production américaine suit la progression des cinq dernières années, New-York achètera la moitié des soies grèges produites dans le monde entier !

Où cela s'arrêtera-t-il ?

En 1860, l'Amérique fabriquait 13 0/0 de sa consommation ;
En 1880, 38 0/0 ;
En 1890, 55 0/0 ;
En 1900, 80 0/0 ;
En 1902, 85 0/0.

Et quelle consommation!

Si l'on ajoute aux 625 millions de soieries américaines les 150 millions de soieries importées, on obtient le total formidable de 775 millions de francs, soit environ 10 francs par tête d'habitant, alors que sur les 500 millions de soie fabriquée en France, 156 millions à peine restent dans notre pays, ce qui fait à peine 3 fr. 50 par tête d'habitant.

A quoi tient cette consommation colossale d'un produit de luxe? On lui trouve, à l'examen, deux raisons.

D'abord, l'Américain travaille, gagne et dépense. Il n'y a pas de pays sur la terre où l'on soit moins économe et plus travailleur. En France, par exemple, dans toutes les rues, on voit une enseigne ou un vitrage où est écrit : « Ici, on répare. » Ici, au contraire, on ne répare pas. Quand un vêtement, des chaussures, du linge, des meubles ont ou paraissent avoir assez servi, on les jette; les machines de dix ans sont mises à la ferraille, les maisons sont démolies pour faire place à d'autres plus modernes et plus hautes.

Le luxe, avec des nuances, naturellement, est général. Pas une femme en Amérique qui n'ait une voilette, des gants et de la soie en une partie quelconque de sa toilette. De même qu'il n'y a qu'une classe dans les chemins de fer et dans les tramways, les filles de boutique, les modistes, les bonnes, ont les mêmes chapeaux (je veux dire les mêmes formes de chapeaux) que les misses et les ladies. Ils coûtent moins cher, les gants sont moins frais, mais le journal de mode pénètre dans les districts les plus reculés et les plus sauvages, et, façon à part, toutes les Américaines s'habillent pareillement. Les négresses ne sont pas affublées, comme on le croit d'après nos images d'Épinal, de turbans jaunes et verts, elles portent des chapeaux plus à la mode qu'à Paris, des boas de plumes et le corset dernier cri. Au surplus, il n'y a plus de négresses dans les États du Nord : il y a des « colored ladies ». Les domestiques sortent en général le dimanche, et souvent durant la semaine. Elles sont extrêmement coquettes, et plus d'un riche marchand de New-York, qui peste contre l'indépendance et les exigences de ses servantes, n'aurait qu'à fermer boutique si le personnel domestique des villes cessait de dépenser en parures des gages qui lui paraissent excessifs et qui, cependant, forment le principal élément de sa propre fortune.

La deuxième raison d'une si énorme consommation de soie en Amérique est l'augmentation incessante de la population, qui est en moyenne de 4,000 individus par jour, dont la moitié provient de l'immigration, c'est-à-dire d'individus adultes qui gagnent et dépensent dès leur arrivée dans le pays.

Ces chiffres ne sont pas très réjouissants pour les fabricants français. Et il s'agit d'une industrie française qui est encore prospère aux États-Unis; que serait-ce si nous examinions de près les autres! Alors, il ne s'agirait plus de lutter pour la prépondérance, mais seulement de combattre pour la vie... Car c'est jusque sur notre sol même que l'Amérique vient nous concurrencer. Pour la soie nous n'en sommes pas encore là, aujourd'hui, puisque j'ai dit que jusqu'à présent l'exportation lyonnaise augmentait chaque année. Mais en sera-t-il encore de même dans trois ans, ou dans cinq ans, ou dans dix ans? Ne serons-nous pas alors, même pour ce produit traditionnel de notre industrie, à la merci de l'Amérique triomphante ?

J'ai posé cette question à un jeune et intelligent fabricant lyonnais que j'ai eu le plaisir de rencontrer ici, M. Duplan.

Selon lui, les fabricants français ont deux moyens de prendre leur part de ce marché merveilleux des Etats-Unis :

1° Fabriquer des articles que les Américains ne font pas encore et continuent à acheter en Europe;

2° Installer des fabriques aux États-Unis, comme ont fait déjà un grand nombre d'Allemands, de Suisses et quelques Français, dont lui-même.

En effet, avec le développement continuel des chemins de fer, il n'existera bientôt presque plus d'industrie purement nationale dans aucun pays d'Europe. Les manufacturiers qui voudront vivre et prospérer seront forcés, s'ils veulent lutter, d'étendre de plus en plus leur rayon d'activité en dehors de leurs frontières nationales. C'est ce qu'a compris l'homme qui tient la tête de l'industrie soyeuse aux Etats-Unis, M. Robert Schwarzenbach, de Zurich, qui a des usines à Zurich, à Lyon, en Italie, en Allemagne et aux États-Unis où il possède quatre usines de 2,000 métiers !

J'ai dit que quelques-uns de nos compatriotes ont suivi cette voie. On s'étonne ici qu'un plus grand nombre ne les ait pas imités. Les Lyonnais ont fondé l'industrie de la soie en Russie; il est surprenant qu'ils n'aient pas profité des grandes facilités offertes aux fabricants par les États-Unis. Toutes les villes américaines s'imposent joyeusement des sacrifices pour attirer chez elles l'industriel qui apporte à la contrée du travail et des salaires, c'est-à-dire la richesse. En France, les municipalités font de ces sacrifices pour obtenir une garnison dont, en somme, elles ne profitent pas, puisque les hommes sont nourris par l'État et qu'ils ne dépensent rien. Aux États-Unis, l'industriel qui fonde des manufactures est exempté d'impôts pour un certain nombre d'années, on lui *donne* des terrains gratis, on établit des routes pour sa commodité, et même des chemins de fer !

Il est bon que les industriels français sachent cela. Il n'y aurait pas grand mal à ce que beaucoup d'entre eux vinssent ici édifier leur fortune et retremper leur activité dans cette colossale activité américaine. Ils y verraient un nouvel aspect de la lutte entre les peuples, et y apprendraient à se servir des nouvelles armes inventées par la jeune triomphatrice, je veux parler des trusts.

Déjà d'autres industries, comme la fabrique de gants Perrin, de Grenoble ; la fabrique de velours J.-B. Martin, de Tarare ; la maison Lumière, de Lyon ; la maison Rochet-Schneider, de Lyon (automobiles) ; M. Duplan (soieries), dont je viens de parler, ont fait comme ces touristes pressés, qui, dans certains restaurants de campagne, vont à la cuisine se servir de leurs propres mains : ils n'ont pas attendu que l'Europe se liguât pour les défendre, ils sont venus au-devant des envahisseurs, et les envahisseurs ce seront bientôt eux-mêmes.

LES INDUSTRIES FRANÇAISES MENACÉES

(SUITE)

L'AUTOMOBILISME

L'automobilisme français sans concurrence sérieuse jusqu'à présent. — Les marques françaises dans les rues de New-York. — La mécanique américaine peut-elle lutter ? — Conversation avec M. Clément, fabricant et mécanicien français. — Il admire les usines, les ouvriers, la discipline. — Les spécialistes. — Les Anglais sont inférieurs. — L'Amérique se défend. — Elle s'apprête à lutter. — Tâtonnements. — Ce que nous réserve l'avenir. — Timidité des capitaux français. — Hardiesse des capitaux américains. — Que faire ?

La France a repris aux yeux du monde industriel tout entier une partie de sa vieille renommée depuis l'invention de l'automobile et l'essor qu'ont su donner à cette industrie quelques Français actifs et entreprenants. Mais déjà l'Allemagne, avec son parti pris national d'imitation, court sur nos talons ; l'Angleterre et l'Amérique s'apprêtent à nous concurrencer dans ce domaine fertile. Allons-nous donc encore nous voir retirer cette supériorité qui est bien à nous, et qui, en se développant, pourrait atténuer la crise de l'industrie du fer en France?

J'entends tellement répéter par tout le monde depuis mon arrivée ici que les Américains ont un génie mécanique supérieur à celui de tous leurs concurrents d'Europe, que je m'étonnais de ne voir circuler dans les rues de New-York que des machines françaises auxquelles se mêlait par-ci par-là quelque lourde boîte de ferraille qui était une machine américaine. J'étais assez anxieux d'élucider ce problème quand j'appris que l'un de nos plus célèbres mécaniciens français et en même temps l'un des industriels parisiens les plus modernes, M. Clément, se trouvait justement au Waldorf-Astoria. J'avais de la chance, et je ne pouvais mieux tomber, car c'est M. Clément, tout le monde le sait, qui a donné à l'industrie de la bicyclette son colossal essor. Il a, depuis, fondé une usine d'automobiles à Levallois-Perret, et il était, hier encore, président du Conseil d'administration de la maison Panhard et Levassor.

M. Clément se prêta spontanément à ma curiosité. C'est un homme simple, calme et rond, d'une quarantaine d'années, à la barbe touffue, aux yeux souriants. Je passai avec lui une soirée tout entière au café Martin, et jamais je ne me suis tant intéressé à la mécanique. Il me raconta sa vie, son enfance passionnée aux choses de la serrurerie, puis son « tour de France » de mécanicien sur un haut vélocipède qu'il avait fabriqué de ses mains, au temps où, libre comme l'oiseau, il jetait en l'air sa casquette à la sortie des villes pour voir dans quelle direction le vent le poussait!

— Et je n'ai toujours eu qu'une passion, me disait-il, la mécanique ! Pour moi, visiter une belle usine, bien outillée, bien réglée, voyez-vous, il n'y a pas de jouissance plus grande au monde. Je préfère cela à l'Opéra, je vous assure !

Je voudrais vous dire avec quelle ferveur il ajouta :

— Et que j'ai vu de belles usines dans ce pays ! Je viens d'acheter pour 500,000 francs de machines. Elles sont magnifiques ! Ah ! c'est vraiment le pays de la machine ! Je parle surtout du Connecticut, du Massachusetts et de Rhode Island. A la bonne heure ! Voilà de la vraie mécanique ! Dans ces trois États, il y a plus d'hommes intelligents que dans tout le reste de l'Amérique. C'est là qu'on a fabriqué autrefois les premières armes, et un noyau d'ouvriers, on peut dire d'artistes de premier ordre, s'y est conservé de père en fils. Mais, si vous dépassez Cleveland, ce n'est plus grand'chose, et à Chicago, c'est déjà de la ferraille !

— Alors, ils sont si forts que cela ? fis-je, un peu étonné tout de même. En quoi consiste donc exactement la supériorité de leurs ouvriers ?

— Ils sont admirables. Ils ne pensent qu'à cela, comprenez-vous. Ils adaptent, ils perfectionnent sans cesse. Et surtout ils se spécialisent : voilà leur vraie force. Et chaque spécialiste, c'est-à-dire chaque ingénieur, chaque contremaître, chaque ouvrier se demande constamment ce qu'il faudrait faire pour que sa machine produise mieux et plus vite. Et c'est vrai du haut en bas de l'usine, depuis le groom du bureau jusqu'au directeur. Chacun ne s'occupe que de son affaire et en est responsable. Ils sont extraordinairement attentifs. En France, le patron passe pour un buveur de sueur du peuple. Ici, employeurs et employés sont amis, collaborateurs. Les ouvriers ne comprendraient pas ce que c'est que la haine de classes. Leur notion du devoir est réelle et sérieuse. Ils doivent huit heures de travail, c'est huit heures qu'ils donnent de travail effectif, et non pas sept heures trois quarts, mais jamais non plus huit heures et une minute. Voyez-les entrer à l'usine le matin, en un clin d'œil ils sont à l'ouvrage; chez nous, au contraire, nous entrons le plus lentement possible, nous tirons la jambe pendant dix minutes avant de commencer. Multipliez 10 minutes par les 1000 ouvriers d'une usine, cela vous fait 10,000 minutes, soit 166 heures de perdues matin et soir, soit 332 heures par jour! Comptez la perte totale au bout du mois. J'entre dans une usine en Amérique, pas un ouvrier ne lève le nez de sa besogne. Chez moi, quand je fais visiter mon usine, je sais d'avance que ce sont des heures de travail perdues!

« Ainsi, du haut en bas de l'usine, il y a un ordre merveilleux, une méthode si simplifiée, si pratique, pour toutes les opérations possibles! A Hartford, par exemple, le bilan d'une usine de neuf cents ouvriers peut s'établir en deux heures. En France, il faut quinze jours! Et c'est ainsi pour tout. Je voudrais que vous vissiez dans quelles conditions d'hygiène vivent les ouvriers américains, leurs lavabos de faïence aussi nets, aussi propres, que ceux des hôtels de milliardaires, leurs réfectoires qui ont l'air de salles de restaurants, leurs vestiaires, où chaque ouvrier a son armoire et sa clef, où il pend ses vêtements de ville et ses vêtements de travail, ce qui lui donne, quand il sort, l'aspect d'un gentleman.

« Et puis, continue M. Clément, ce qui nous tue, en France, ce sont les marchands de vins ; là, il n'y a pour ainsi dire pas de bars et très peu d'ouvriers s'y arrêtent. Ils préfèrent rentrer chez eux, puis, s'ils sortent, aller dans leurs clubs où ils trouvent des salles de gymnastique, de billard, des jeux de toute sorte, et aussi des cours du soir...

— On dit que les Anglais aussi sont de bons mécaniciens ?

— Les Anglais n'existent pas à côté d'eux ! Et ils sont complètement fichus, s'ils ne renouvellent pas leur matériel.

Je demandai à M. Clément où en est l'importation des automobiles françaises en Amérique ?

— L'an dernier, me dit-il, il y avait pour 400,000 francs d'importation. Aujourd'hui nous arrivons à un million de dollars.

— Les droits sont-ils très élevés ?

— 45 p. 100 de la valeur. On peut dire que le transport et les droits augmentent de 50 p. 100 le prix de la marchandise française qui entre en Amérique. Une Panhard ou une Morse vaut donc de 40,000 à 50,000 francs à New-York, une Mercédès 75,000 francs.

— La fabrication française a-t-elle à craindre une concurrence aux États-Unis de la part des Allemands et des Anglais ?

— Non. Nous sommes jusqu'à présent les maîtres du marché américain et même du marché anglais, car, en Angleterre, comme il n'y a pas de droits d'entrée, nous n'avons que les frais de transport, 150 francs, une bagatelle. Quant à l'Amérique, voici le résumé de la situation :

« Quand la France a eu lancé l'industrie automobiliste, les Américains se sont piqués d'originalité et n'ont pas voulu nous copier. Ils se sont dit que les moteurs à essence n'avaient pas d'avenir, et ils ont essayé des moteurs à vapeur et à électricité. Ils ont perdu cinq ans à leurs expériences de vapeur, puis ils les ont abandonnées. Ils sont alors passés à l'électricité. Ils y ont assez réussi : leurs petites voitures électriques sont pratiques, mais elles coûtent cher, si cher que le prix annuel de la force et des accumulateurs atteint le prix de la machine elle-même.

« Ils sont donc revenus à la machine à pétrole. Ils auraient dû comprendre cela tout de suite, puisque le pétrole est à leur porte, et qu'ils payent trois sous ce que nous payons onze sous. En consentant à se servir de pétrole, ils se sont encore entêtés à ne pas nous imiter. Mais une fois de plus, n'ayant rien trouvé de meilleur, ils se sont définitivement décidés à copier les moteurs de nos bonnes voitures françaises.

« Les Américains en sont là. Comme ils ne font que commencer, ils se trouvent en retard sur nous. Ils copient nos moteurs d'une année, mais nous sommes en avance de trois ans, et chaque année nous nous perfectionnons. Il s'agit donc de conserver cette avance le plus longtemps possible.

« Pour le présent, nous n'avons contre nous, pour importer les automobiles françaises en Amérique, que les énormes droits d'entrée. Pendant trois ou quatre ans encore, nous pourrons, malgré cela, imposer nos voitures qui sont indiscutablement les meilleures. »

— Mais dans trois ou quatre ans, que se passera-t-il?

M. Clément hocha la tête, et dit :

— Je crois qu'ils arriveront à simplifier nos

modèles. Et quand ils connaîtront bien l'application du pétrole, ils nous dépasseront, car ils sont plus forts que nous en mécanique. Et nous les verrons inonder le marché d'automobiles comme ils l'ont inondé de bicyclettes.

— Mais, répliquai-je, puisque nous avons l'avance, pourquoi ne la conserverions-nous pas?

— Parce que les Américains produiront meilleur marché que nous au moyen de leurs machines-outils perfectionnées, qui fabriqueront mille unités quand nous en fabriquerons cent!

— Et pourquoi n'aurions-nous pas, comme eux, ces machines-outils?

— Parce qu'en France, on ne peut pas les produire à si bon marché. C'est un cercle vicieux. En France, les constructeurs font tous les genres de machines, et, naturellement, ils ne peuvent pas les produire à si bon marché que s'ils n'en fabriquaient que d'un seul genre. Ici, au contraire, le constructeur de tours-revolvers, par exemple, ne fait que des tours-revolvers, c'est-à-dire un instrument qui comprend dix ou douze outils différents; il y a des fabricants de fraiseuses, des fabricants de perceuses, des fabricants de foreuses, etc., qui ne vendent que leur seul outil, ce qui leur permet d'en jeter par milliers sur l'Angleterre et la France et même l'Allemagne, à des prix bien inférieurs aux machines similaires construites en Europe. L'usine d'horlogerie de Waterbury n'est-elle pas arrivée à fabriquer 5,000 montres par jour — des montres qui marchent — et qui lui reviennent à 1 fr. 75 tout empaquetées et prêtes à partir!

« Et il y a encore une autre raison à notre infériorité. Les Américains mettent 10, 15 millions dans une usine quand, en France, nous y mettons 500,000 francs, ou, péniblement, 1 ou 2 millions. Les capitaux français sont timides. Les Américains, au contraire, savent dépenser. Ils ont mis 5 millions à ma disposition pour créer une usine ici, et m'ont offert 100,000 francs pour chaque visite que j'y ferais dans l'année. Mais j'ai préféré y employer mes propres capitaux et créer ici une fabrique française.

— N'y a-t-il donc pas de moyen de lutter?

— On lutte avec de l'argent, et nous n'en mettons pas au jeu, me répondit M. Clément. Je ne vois qu'un moyen empirique de lutter quand le moment sera venu, ce sera d'établir en France un droit protecteur sérieux sur les automobiles américaines. A l'heure qu'il est, ce droit est dérisoire, c'est un droit de carrosserie, 300 francs par voiture environ. Mais, je vous l'ai dit, on n'en importe pas encore!»

Par un sentiment assez naturel et assez naïf, je ne pouvais me décider à consentir à ce que l'ouvrier français fût définitivement inférieur à l'ouvrier américain. Il n'y a aucune raison foncière à cela. L'ouvrier américain est un ouvrier d'Europe, il est d'origine française, allemande ou anglaise. S'il dépasse ses cousins du vieux monde, ce ne peut être que pour des raisons provisoires qu'on devrait pouvoir étudier et analyser. Il s'est spécialisé, c'est vrai, et, s'il est plus zélé, n'est-ce pas ce que la prospérité de l'industrie permet de le mieux rétribuer?

— Certes, répondit M. Clément à mes objections, je ne crois pas qu'il faille désespérer. Nous sommes deux générations en retard sur l'Amérique, au point de vue mécanique. Il faut nous l'avouer et essayer de nous rattraper le plus vite possible. Pour cela, il est indispensable que nous envoyions en Amérique des enfants d'ouvriers bien doués et sérieux qui prendraient dans les usines américaines des goûts et des habitudes de travail et d'émulation qu'ils rapporteraient en France. Pour ma part, je vais le faire, en commençant par ceux de ma famille.

« Mais ce ne sera pas suffisant. Eussions-nous les meilleurs ouvriers de la terre, que nous ne pourrions pas encore lutter contre la production américaine. Il faudrait changer un peu les mœurs générales et les usages des pouvoirs publics. Il n'y a pas assez de moyens de transports en France, pas assez de canaux, pas assez de tramways, ni assez de chemins de fer.

« Pour aller à leur travail le matin, dans toute la France, à Paris comme ailleurs, des milliers d'ouvriers marchent une heure ou même une heure et demie. Ils y arrivent déjà fatigués. Comment donneraient-ils de bon travail, continu et attentif? Ici, il y a partout des tramways électriques qui marchent même toute la nuit, qui font 40 kilomètres en une heure, ce qui permet aux ouvriers d'habiter à la campagne à bon compte et dans des logements sains. Et puis, pour avoir une ligne de chemin de fer, chez nous, il faut des dix-huit mois d'enquêtes et de contre-enquêtes, les administrations sont effrayantes sous ce rapport. Ici, si vous bâtissez une usine, les directeurs de chemins de fer viennent vous demander quand ils devront installer leur ligne, ils la font passer au milieu de votre fabrique, aux endroits que vous choissisez vous-même. Quand on a su que je voulais installer une usine en Amérique, une ville m'a écrit pour m'offrir le terrain gratuitement, le dégrèvement des impôts et de la force ! On me proposait même de faire des routes dans l'État en question, pour permettre le développement de l'automobilisme.

— Vous oubliez de me dire, observai-je, qu'ici les ouvriers gagnent 15 et 20 francs par jour, et même plus.

— Tenez, me répondit M. Clément, voici un aphorisme économique que je remporterai d'ici : « L'ouvrier le plus cher, c'est le Breton abruti qu'on paye 1 fr. 50 par jour. » Car il ne mérite pas même ce salaire misérable. Ici, quand les ouvriers travaillent huit heures, ils produisent plus que chez nous en dix heures. On peut les payer.

— L'Amérique vous apparaît donc, en somme, comme le pays idéal de l'industrie ? demandai-je en finissant à M. Clément.

— Oh !... me répondit-il, il faudrait voir... Provisoirement, c'est vrai, mais je crois que l'ère des difcultés va venir. Les trades-unions et les grèves pourraient bientôt leur donner du fil à retordre. J'ai idée qu'une grande crise se prépare. Que sera-t-elle ? Comment finira-t-elle ?

« D'autres que moi pourront peut-être vous le dire. »

AU THÉATRE

Théâtres américains. — Goût discutable de l'ornementation. — Les pièces. — Peu d'inventions. — Imitations hâtives. — La gigue. — Ignorance de l'art du chant. — Public idéal. — Le talent des comiques. — Le sens de la musique chez les nègres. — Génie du rythme. — La mise en scène. — Quelques beaux artistes. — Mme Julia Marlowe, M. Mansfield, Mme Fisker, Mme Carter. — Les chorus-girls. — Un art vraiment national. — Le cake-walk idéalisé. — La mort du ballet. — L'avenir est à la danse américaine.

J'ai voulu voir les théâtres américains et ce qu'était l'art théâtral aux États-Unis. Les théâtres sont pour la plupart très bien, quoiqu'un peu trop chargés de dorures et de cabochons. Mais, vestiaire à part, ils ne sont pas plus confortables que les nôtres. Et même, ces vestiaires, on aurait du mal à les accepter chez nous. Il n'y en a qu'un ou deux par théâtre. De sorte qu'à la sortie, il faut faire la queue pendant cinq ou dix minutes avant d'avoir son pardessus.

Les pièces du cru sont d'une naïveté, d'une puérilité souvent extraordinaires. Le type de la pièce américaine est une sorte de vague opérette qui exige une demi-douzaine d'intrigues entre fiancés de vingt ans qui se brouilleront et se raccommoderont dans le mariage final, non sans avoir dansé des gigues à propos de tous les incidents possibles. Car — et ceci est très caractéristique — tous les artistes savent danser la gigue, hommes et femmes, premiers sujets et figurants, et tous, en accompagnant un chœur ou en chantant leur solo, doivent danser un pas, au son de quelle musique! Les voix sont presque toutes des voix de gorge, et peu de femmes savent chanter. Les hommes ignorent complètement l'art du chant.

Quelquefois, les pièces sont faites sur le patron de pièces françaises, mais malhabiles et mal travaillées. Ce qu'on peut admettre, au besoin, pour une locomotive — la rouille ou les bavures qui n'empêchent pas une chaudière de fonctionner — choque ici notre goût du fini et de l'art. Il n'y a pas un petit vaudevilliste d'un sou qui, en France, ne se donne la peine de composer une anecdote, de la faire progresser, de la compliquer et de la dénouer avec tout au moins des apparences de logique et de vraisemblance. Nous avons aussi le sens de la proportion, le goût de l'ordre, de la tenue, et nous les y mettons, chacun avec notre talent, dans une œuvre d'art quelle qu'elle soit. J'ai été constamment choqué du complet mépris que paraissent professer à tous ces égards les auteurs américains. Ils ont une éducation complète à faire à ce point de vue. Ils devront consentir à travailler vraiment, à mettre le temps qu'il faut pour parfaire une œuvre, à s'imposer le devoir de chercher, de combiner, de choisir!

Y consentiront-ils jamais? Ils se disent que tous

les théâtres sont pleins chaque soir, que le public s'amuse et paye.

Ce public est, en effet, le public idéal. Je n'en connais pas de meilleure humeur, plus complaisant, plus patient, plus facile. Comme le public gratuit du 14 Juillet, il prend ce qu'on lui donne, et s'en régale. Les artistes en font ce qu'ils veulent, *à la lettre*. Les comiques surtout, genre Fugère de la Gaîté, et les ingénues crânes, sont les maîtres de la salle. Ils n'ont pas besoin de jouer la pièce : ils n'ont qu'à dire quelque chose, à faire une grimace, une clownerie quelconque, un mauvais calembour, et tout le monde rit. C'est l'humeur de gens qui auraient été privés de plaisir pendant vingt ans et qui, après un bon dîner, iraient un soir au spectacle.

On comprend qu'avec un tel état d'esprit, le public ne s'attache pas à la pièce qu'on joue, ni à sa valeur, ni à la façon dont elle est montée. J'ai vu des artistes rester un quart d'heure à causer tranquillement de niaiseries, debout, sans faire un mouvement, sans bouger de place !... Quand je pense au mal que se donnent un Porel ou un Samuel pour faire mouvoir leurs personnages, pour préparer leur entrée, leur sortie, leurs évolutions sur la scène ! Ici, on ignore complètement ce que c'est. Et on n'a pas le temps de l'apprendre.

Dans leurs pièces comiques, il se trouve des inventions quelquefois drôles, sinon toujours originales. Et leurs artistes ont, au milieu des pires folies, un flegme, un sang-froid dont je raffole; ils arrivent souvent ainsi à l'art, et au meilleur.

Il y a ce qu'on appelle le genre *Vaudeville*, ou le genre *Variétés*; ce sont des programmes coupés, des pièces en un acte, à transformations, avec des hommes qui se déguisent en femmes ; des numéros de café-concert en duos, en trios ou en soli. J'ai entendu à Boston un nègre, ou du moins un homme de couleur, qui jouait sur le piano le Menuet de Paderewski, et parfaitement bien ; son frère chantait des chansons sentimentales, moitié nègres, moitié anglaises, avec une jolie voix vibrante et sonore comme du cuivre et un peu nasillarde, mais avec une émotion et un sentiment exquis. Je n'avais pas encore vu de ces nègres-là. Ils ont les yeux très bruns, leur nez n'est pas épaté, ni leur bouche épaisse, ni leur peau noire, elle est seulement dorée. Ils n'ont vraiment rien de répugnant. Au contraire, j'ai trouvé dans leur tenue, l'aisance de leur allure sous l'habit noir et le linge éclatant, une véritable distinction. Ils ont le génie du rythme et la passion de la musique. Une seule chose doit, à la fin, fatiguer : leur sourire trop aimable et perpétuellement ouvert sur leurs magnifiques dents blanches.

Dans les pièces à spectacle, les décors sont dans l'enfance ; les costumes sont souvent jolis, mais je les ai vus aux Variétés ! Quelques trucs ingénieux : des drapeaux qui palpitent vraiment, agités par un ventilateur électrique caché dans le mât et qui donnent l'illusion parfaite du plein air. On obtient des effets inattendus et souvent très beaux avec les projections de lumière électrique changeante ; mais ces effets ne sont pas ordonnés, ni choisis, ni opportuns. Ils sortent au petit bonheur, on dirait selon la fantaisie de l'électricien.

Je n'entends parler, bien entendu, que du théâtre national américain, de celui que l'on m'a conseillé de voir pour prendre une idée du véritable goût de la foule. Ce goût, je l'ai déjà constaté dans tous les théâtres de New-York, de Boston, de Philadelphie, de Washington, de Pittsburg. Mais, si j'avais le dessein d'étudier tout le théâtre des États-Unis, il me faudrait parler, avec détails, de quelques étoiles comme Mme Julia Marlowe, si belle, si intelligente et si pathétique, de Mme Fisker, de Mme Carter et de M. Mansfield. Or, je ne les ai vus qu'une fois, et je n'oserais m'aventurer à les juger. J'ai pourtant été très frappé de la belle et noble figure que M. Mansfield a su créer de Brutus dans *la Mort de César*, de Shakspeare : sa mélancolie hautaine, l'héroïsme tranquille et serein de sa mort me restent gravés dans l'esprit comme une des plus belles créations d'art que j'aie goûtées de ma vie.

Mais, dans ce tohu-bohu, quelque chose m'a frappé comme la création la plus originale et la plus délicieuse que j'aie rencontrée aux Etats-Unis : c'est la danse des *chorus-girls*.

Et j'ai bien peur que, s'il ne se défend pas tout de suite et sérieusement, le vieux ballet italo-français n'ait bientôt vécu.

La danse des *chorus-girls* a ressuscité l'art de se mouvoir avec ensemble, d'animer les gestes, de faire parler le corps tout entier, et cela avec une grâce, un charme, une séduction incomparables.

Nous avons bien en France, dans nos music-halls, quelque chose qui ressemble à cela : des filles en jupe courte qui lèvent la jambe et font des pirouettes. Cela nous est venu d'Angleterre avec des gestes raides, une absence d'expression lamentable. L'Amérique a pris le pas du vieux cancan français qui consiste, chez nous, à jeter la jambe en l'air et à faire le grand écart. Ce simple jeu de clown est brutal et sans beauté. L'Amérique y a ajouté le pas de la valse, et surtout elle l'a enrichi de cette danse qui vient d'arriver à Paris, et qui s'appelle le cake-walk, inventée par le génie rythmique des nègres. Elle a pris à cette danse nègre le geste ampoulé, contorsionné, comique et, peu à peu, l'a affinée, élevée jusqu'à la plus délicieuse des créations.

Un homme qui est un véritable artiste, M. Julian Mittchell, l'a perfectionnée encore. Il fait accompagner les chants des solistes et des chœurs par des mouvements de corps d'abord discrets et à peine visibles — et si troublants ! — puis par de véritables refrains de jambes, qui sont à la fois du chahut, de la ronde, de la valse, quelque chose de si cocasse et de si gracieux, de si admirablement rythmique et varié et juste, qu'il est impossible de rien rêver de plus enivrant. Eve Lavallière, aux Variétés, s'est fait souvent trisser certains de ses pas dans les ballets de *la Belle Hélène*, d'*Orphée* et des revues de fin d'année. Cette fantaisiste dansait d'instinct, créait, improvisait sa danse avec sa grâce personnelle, sur le rythme d'occasion que lui fournissait la partition. Qu'on se figure trente ou quarante Lavallière, aussi jolies qu'elle — ma foi tant pis ! — dansant ensemble avec des jambes divines, leurs contorsions harmonieuses et légères, dans une discipline inflexible de mouvement et de rythme. Et, en même temps, elles chantent d'une petite voix pointue à laquelle il faut s'habituer.

Chez nous, les choristes ont l'air de s'ennuyer et d'être lasses infiniment ; ce ne sont jamais leurs lèvres qui sourient, mais le rouge qu'elles y ont dessiné.

Ici, elles sont toutes jeunes et jolies. Elles sourient avec de la joie dans les yeux; elles jouent, elles dansent chacune pour leur compte, comme si toute la salle ne regardait qu'elles. Je crois que c'est cette discipline qui donne cette vie ardente à leur danse. Leur désir de plaire et de charmer, leur propre plaisir passent la rampe, et chaque spectateur en subit le magnétisme.

Cela tient peut-être à ce qu'elles ont toutes de dix-sept à vingt ans et qu'elles sont très grassement payées. Aucune d'elle ne gagne moins de 400 francs par mois; certaines, qu'on emploie dans des bouts de rôle, touchent de 700 à 800 et même 1,000 francs.

Cette combinaison du chant et de la danse fait de l'art américain un art nouveau, national, qui réunit toutes les conditions voulues pour devenir un art classique et remplacer celui que les siècles ont banalisé. Le ballet solennel et ennuyeux se débat depuis longtemps dans la convention et l'imitation de lui-même. A Paris, à Milan, à Pétersbourg, à Vienne, on essaye à peine de le rajeunir en y insinuant de temps en temps les costumes des époques modernes à côté des tutus, des jupes de tulle et des maillots roses. Mais l'expression en est bannie, les jambes s'agitent avec maestria mais sans éloquence, les lignes sont jolies, mais la vie est absente.

Le problème paraît dès à présent résolu. Avant trente ans, qui sait si la danse américaine n'aura pas droit de cité dans les académies de danse de la vieille Europe? Et vous verrez bientôt un directeur intelligent et hardi attirer jusqu'au boulevard les *chorus-girls* aux mains souples et aux pieds agiles.

J'ai vu, dans le *Figaro*, qu'il avait été question de

mettre le cake-walk à la mode dans les salons. C'eût été de la folie. Le cake-walk est une danse pour la campagne ou pour le carnaval. Tel qu'il est dansé par les nègres, il n'est que comique et admirablement rythmique. Mais voyez-le, sur la scène, transformé, idéalisé par de la grâce féminine, la grâce un peu sournoise et très excitante de ces filles de puritains !

Imaginez une Mariquita prenant la danse des *chorus-girls*, l'épurant encore avec le sens qu'elle a de l'art du mouvement. Et il n'y manquera plus rien. Ici on n'aura jamais le temps d'en faire un art parfait.

C'est qu'au théâtre, comme partout en ce pays, tout se fait trop vite, on ne prend le temps de rien préparer, de rien comparer ni choisir. On a l'air de camper hâtivement devant des spectacles appelés à disparaître demain comme des cirques ambulants. Et la vie totale se ressent de cette précipitation.

Je ne me fatigue pas de le répéter, parce que je le sens chaque jour davantage. On a la sensation de vivre dans des express, et de changer de train dix fois par jour, en toute hâte. Cette obsession fébrile est la plus continue, la plus tyrannique de toutes. Quoi qu'il fasse, l'Américain ne s'attarde pas, ne s'attarde jamais : qu'il mange, qu'il cause, qu'il soit en visite, il a l'air d'être en rapide et de battre un record.

Et je songe, avec un peu d'effarement, à l'effet que me fera, quand je descendrai de la gare Saint-Lazare, le placide : « Hue, Cocotte ! » du cocher de fiacre qui me ramènera chez moi.

L'UNIVERSITÉ D'HARVARD

Les sports. — Le voyageur ne se soucie pas de pédagogie. — Ce qu'il a vu à Harvard. — Un père de famille imbécile. — Il faut vaincre. — Tous les sports. — Le football. — Le base-ball. — Les ballons sanglants. — Le canotage. — L'entraînement mécanique en chambre. — Appareils hydrauliques. Régime des équipes de matches. — Pas de sucre ! — Pas de théâtre. — Le gymnase d'Harvard. — Un temple. — Cent exercices différents. — Appareils de torture. — Le Musée des Victoires. — La curiosité des jeunes filles blondes.

Je ne crois pas, *a priori*, que l'Europe ait quelque chose à apprendre des pédagogues américains. Notre expérience est plus vieille que la leur, nos méthodes sont plus éprouvées, et nos livres sont écrits par l'élite du personnel enseignant. Aussi, me suis-je tout à fait désintéressé du système scolaire proprement dit.

Les sports m'ont attiré davantage. On leur a souvent reproché de prendre en Amérique la place des études intellectuelles. Et vraiment, à regarder dans les rues de Cambridge ces épaules et ces cous puissants des jeunes hommes qui portent sous le bras une serviette bourrée de livres, on fait le rêve de voir leur cerveau aussi développé et aussi solide...

L'université d'Harvard se vante de mener de front cette double culture. Elle met, à battre sa rivale d'Yale sur le terrain sportif, un zèle souvent malheureux, mais ardent et tenace. Elle se venge en battant Yale dans les luttes de l'esprit. L'Américain, cependant, est plus frappé par les triomphes éclatants du football. Un père de famille, que je pourrais citer, disait il y a quelques jours à l'un de mes amis d'ici : « Si Harvard se fait encore battre l'an prochain au football, je mets mon fils à Yale. »

— C'est un imbécile ! s'est écrié un professeur d'Harvard, à qui je racontais le mot.

Evidemment! Mais ce cri indique un état d'esprit qui doit être assez répandu dans une certaine classe de parvenus habitués à triompher et qui mettent leur orgueil à ne jamais être vaincus, même au football.

Il faut donc vaincre. Et pour vaincre, il faut travailler. Et je vous assure qu'on travaille dur, à Harvard, le muscle, le souffle et l'adresse.

Il y a pour cela plusieurs sports principaux que vous connaissez déjà : le tennis, le hockey, le football, le base-ball, l'aviron et la gymnastique proprement dite, sans compter les sports secondaires.

Mais tous ces sports — la gymnastique et le hockey exceptés, — ne se pratiquent pas l'hiver. Je n'ai donc pu voir, en fait d'exercices, que ceux de la gymnastique.

Auparavant, il m'a fallu admirer l'organisation des autres sports.

J'ai commencé par visiter le champ de football et

de base-ball (1) qui se trouve de l'autre côté de la rivière, et qui est immense. De hautes estrades y sont bâties, comme à New-Haven où j'ai assisté au fameux match annuel que je vous ai raconté. Un bâtiment-vestiaire est construit sur le bord du champ, qui renferme un millier d'armoires grillées dont les élèves ont les clefs. Des douches nombreuses y sont installées. Je vois dans un coin une civière qui sert à ramener les blessés du champ de bataille. Je regarde les gros ballons de cuir : sur l'un d'eux, des traces de sang sont très visibles, — un rien, comme vous voyez.

A quelque distance de là se trouve le hall du canotage. J'ai compté 60 canots de course étendus sur leurs supports ; ils sont de 15 à 20 mètres de long et sont minces, effilés comme des aiguilles. Dans un bassin rempli d'eau, on a installé une sorte de radeau plat avec plusieurs sièges mouvants de la même forme que ceux des bateaux. C'est sur ce radeau que les élèves admis dans une équipe apprennent à ramer suivant des règles sévères. Le professeur se promène le long du bassin pendant les exercices, surveille, critique et rectifie les positions défectueuses et les coups d'aviron mal donnés. A l'étage au-dessus, une trentaine de sièges de canots sont fixés au ras du plancher ; de courts bâtons reliés à des appareils hydrauliques figurent les avirons : on s'y entraîne seulement au geste de l'aviron et à l'effort, car les appareils hydrauliques sont réglés de manière à donner de

---

(1) Le base-ball est un jeu de balle qui fait fureur en ce moment aux États-Unis. Il est très compliqué et je n'en ai compris que ceci : deux camps et une balle très dure qu'on lance en l'air avec une longue crosse qui se manie à deux mains. C'est un jeu ardent et quelquefois dangereux.

la résistance et remplacer l'eau absente. Au fond de la salle, un grand miroir permet aux rameurs de voir et de rectifier leurs mouvements.

Partout, il y a des douches, des vestiaires individuels, des séchoirs à air chaud pour sécher les costumes des équipes quand elles reviennent des exercices.

Dans un hangar séparé se trouve un canot électrique qui sert à l'entraîneur pour suivre les équipes dans leurs exercices d'entraînement, noter les fautes des rameurs et les faire rectifier ensuite.

Le régime d'entraînement au football et à l'aviron est des plus sérieux. Il dure généralement de deux à trois mois avant les matches intercollégiaux. Pendant ces trois mois, c'est le carême, ou à peu près, pour les membres des équipes; on les soigne et on les surveille comme des chevaux de course. On n'a pas le droit de fumer, ni de manger de sucre, ni de boire de l'alcool sous quelque forme que ce soit; le samedi seulement, on permet un peu d'ale. Pas de théâtre. On est forcé de se coucher à dix heures du soir et de se lever tôt pour les exercices d'entraînement qui ne doivent jamais être pris sur les heures de cours ou de conférences. Les rameurs sont ceux qui perdent le plus de poids à l'entraînement. Dans leur course annuelle contre Yale, les rameurs, qui ont quatre milles à couvrir en vingt minutes, perdent quelquefois neuf livres dans l'épreuve! Aussi, d'après les statistiques américaines, les rameurs sont-ils, avec les soldats de terre, ceux qui mangent le plus!

Il n'y a pas d'exemple que les membres d'une équipe aient manqué à la discipline de l'entraînement. Si, par impossible, l'un d'eux était rencontré avec une femme, ou ivre, un mépris si général et si absolu l'accablerait, qu'il serait obligé de quitter immédiatement l'université.

Passons au gymnase.

Au centre du *campus* se dresse un vaste bâtiment encombré d'entrées et de sorties incessantes, comme la porte d'une fourmilière en activité : c'est le gymnase, c'est le laboratoire des muscles de quatre mille jeunes Américains âgés de dix-huit à vingt-cinq ans ; c'est le temple !

Entrons.

Au rez-de-chaussée, un grand hall de gymnastique dont le sol est recouvert d'un linoléum très épais, presque élastique. Partout, des échelles de bois, de corde, horizontales, verticales, des tremplins, des chevalets, des anneaux, des trapèzes, comme dans toutes les salles de gymnastique possibles. Il est cinq heures, c'est l'heure de la grande fièvre. Une centaine d'élèves sont là qui s'exercent, vêtus de tricots de laine ou de coton et de culottes tombant au-dessus des genoux. Les uns sont pendus aux anneaux qui sont tendus dans la longueur du hall ; ils se lancent de l'un à l'autre par un élan des reins et parcourent dix fois, vingt fois, aller et retour, la longueur de la salle.

D'autres, par équipes de cinq ou six, sautent par-dessus des cordes tendues et arrivent à franchir des hauteurs extraordinaires ; ailleurs, d'autres, armés d'une longue perche, prennent leur élan et bondissent à des hauteurs plus folles encore pour retomber de l'autre côté de la corde, sur deux ou trois épaisseurs de matelas. Il y en a qui jettent le plus loin qu'ils peuvent de lourdes pelotes de fer capitonnées de cuir. Voici une classe d'une trentaine d'élèves, sous la direction d'un moniteur, qui font des exercices d'haltères de bois : ce sont des mouvements dans tous les sens et de tout le corps. Ce qui est particulier, c'est la vitesse de ces exercices; pas une seconde n'est perdue par le commandement; les élèves regardent le moniteur qui, tout en exécutant les mouvements, annonce le suivant, et ils se suivent tous sans interruption. Cette gymnastique finie, les élèves se précipitent vers des appareils genre Sandow fixés au mur et munis de contrepoids qu'on peut rendre à volonté plus ou moins lourds, et les voilà tirant avec ardeur les cordes dans tous les sens, en haut, en bas, de droite à gauche sans s'arrêter, durant deux ou trois minutes. Puis ils se débandent et vont en courant chacun vers son appareil favori.

Le long des murs se dressent et s'étalent les instruments les plus variés et les plus bizarres : des bicyclettes fixes avec appareils enregistreurs pour la vitesse et la durée; des chevalets inclinés où l'on est à moitié allongé et où s'exercent seulement les muscles latéraux par la traction de contrepoids fixés au bout de cordes de fer; des chevalets tout plats où l'on emprisonne ses chevilles, avec lesquelles il faut soulever des poids; des appareils pour l'exercice exclusif des poignets, des appareils pour l'exercice de la paume et des doigts; des chevalets munis d'une couronne de cuir à contrepoids qu'on se serre autour de la tête et qu'on tire pour fortifier les muscles du cou; des appareils pour les muscles longitudinaux, latéraux, pour les deltoïdes, pour les dorsaux, pour l'avant-bras, pour les muscles de l'abdomen, pour les jambes, tous d'un modèle très pratique; des cordes qu'on tire, des poids qu'on pousse; des haltères de tous les poids jusqu'à 100 kilogrammes, des massues, des perches, que sais-je encore?

Et il n'y a pas de poussière sur tout cela! Cent jeunes gens, deux cents, trois cents s'emparent de ces mécaniques qui ont l'air, les unes d'instruments aratoires, les autres d'instruments de torture, et, isolément, froidement, méthodiquement, chacun pour son compte, et sans même regarder le voisin, se fatiguent avec conscience de l'un à l'autre appareil, avec la régularité d'un Chemin de croix. Et c'est cela qui fait mon étonnement. Pas de cris, pas de rires, pas de conversations : c'est un atelier d'honnêtes travailleurs qui ne veulent pas voler l'argent de leur salaire et qui, sans discontinuer, peinent et suent à l'ouvrage. Un bruit pourtant se dégage de ce laboratoire de sueur : c'est celui du grincement des poulies, des contrepoids, des cordes métalliques, le geignement du bois des échelles, le choc sourd des corps qui tombent; c'est un bruit d'usine électrique, sans fracas, mais profond, continu.

Sur la galerie du premier étage, on en voit qui, de leur pas allongé et élastique, s'entraînent à la course. En bas, dans le sous-sol, il y en a qui boxent éperdument un ballon pour s'entraîner à la vitesse et à la sûreté des coups ; une quinzaine de jeunes gens jouent à la « balle à la main », envoient sur un mur de faïence une balle de caoutchouc en ne la laissant toucher terre qu'une fois : c'est le *hand-ball;* à côté, voici cinq pistes de joueurs de quilles, toutes en activité.

Nous montons à l'étage supérieur ; c'est là qu'est la salle de mensuration. Car, pour faire partie d'un jeu quelconque, base-ball, football, canotage, course à pied, golf, tennis, hockey, il faut réunir un certain nombre de points anthropométriques, de grosseur, de hauteur et de musculature : pour le base-ball, par exemple, c'est 600 points ; pour le football, 700, etc. Il y a un mensurateur spécial, et nous sommes dans son bureau, garni d'un somatomètre, pour la taille ; d'une balance, pour le poids ; d'un trapèze, pour mesurer la force des muscles élévateurs ; d'un compas, pour mesurer la largeur des membres ; d'un appareil pour écouter les battements du cœur ; de rubans gradués, pour l'épaisseur des muscles ; d'un appareil à soulever, pour apprécier la force des muscles du dos et des jambes ; d'un appareil pour mesurer la *capacité* des poumons — on souffle lentement dans un tuyau relié à un vase gradué contenant de l'eau ; — d'un appareil pour mesurer la *force* des poumons — on souffle brusquement dans un autre tuyau correspondant à un cadran où il faut atteindre un certain chiffre.

Sur les murs sont piqués des tableaux de mensuration d'élèves, des photographies de toutes sortes de sports, lutte, boxe, football. Dans un coin, deux statues de plâtre représentent les dimensions moyennes du corps de l'homme et de la femme.

A côté se trouve « la salle des Trophées ». C'est la collection des drapeaux, des coupes, des vases d'argent, des palmes que les équipes d'Harvard ont remportés dans les matches intercollégiaux, depuis de nombreuses années. Tous ces souvenirs sont soigneusement abrités dans des vitrines, avec des inscriptions. Dans une vitrine séparée, une centaine de balles qui ont servi lors des victoires de base-ball et de football, avec des notices soigneusement détaillées sur les conditions des triomphes.

Nous sommes sur la galerie du premier étage, et de là nous embrassons l'ensemble du tableau. La foule de ces jeunes gens rasés, au menton proéminent qui, dans une atmosphère de sueur humaine, sautent, courent, remuent méthodiquement leurs bras et leurs jambes, cambrent leurs reins, gonflent leurs cous sans émulation, sans spectateurs, pour le plaisir de devenir forts, vous fait malgré vous penser à la vie antique, harmonieuse et rationnelle. Il n'est pas possible que ces jeunes gens ressemblent aux nôtres, que leur façon de voir et de comprendre la vie soit pareille à la nôtre. Non seulement ils ont un idéal différent, mais leurs caractères et leurs mœurs doivent s'en ressentir. Ce soir, ils ne courront pas après les filles, et même ils n'y penseront pas. Ils seront fatigués, chercheront à se tonifier par quelques verres de whisky, qu'ils iront boire au club, et auront besoin de dormir tôt. Quelle psychologie résultera, au total, de ces mœurs? Voilà la question que je livre aux penseurs!

Leurs exercices finis, bien trempés de sueur, les jeunes athlètes courent se déshabiller dans des vestiaires, où chacun a son armoire grillée, et vont à la douche, dans une vaste piscine contenant plusieurs douzaines d'appareils. Beaucoup sont merveilleusement bâtis. Tous leurs muscles saillent comme sur des dessins anatomiques. En remontant, ils trouvent sur leur chemin une bascule où ils se pèsent pour suivre les progrès de leur entraînement.

— Comment se fait-il, demandai-je à mon guide, qu'avec des gaillards pareils vous n'ayez pas toujours la victoire sur ceux de Yale?

Il hocha la tête et soupira :

— Nous les battons tout de même dans la course

à pied et dans le saut, quelquefois même au football... mais rarement, c'est vrai.

Et je crus sentir une jalousie réelle dans le ton qu'il mit pour dire encore cette parole, évidemment injuste :

— A Yale, voyez-vous, on sacrifie tout à cela, y compris l'intelligence !

A la porte d'entrée, derrière les grillages de fer, une demi-douzaine de jeunes filles blondes aux longues tresses regardent avidement, en se hissant sur la pointe des pieds, les jeunes athlètes et leurs jeux.

L'UNIVERSITÉ D'HARVARD

(SUITE)

La vie des étudiants. — 4,000 élèves. — Les catégories d'élèves. — Les dormitories. — Pas de femmes. — M. Roosevelt et la chasteté. — Les clubs. — 135 sociétés d'étudiants. — Riches et pauvres. — Aristocratisme et démocratisme. — Journaux rédigés, composés et tirés par les étudiants. — Débats intercollégiaux. — Harvard triomphe dans les luttes de l'esprit. — Conférenciers français. — Louables efforts. — Molière, Corneille et Labiche joués en français par les élèves.

Comment l'étudiant américain passe-t-il sa vie? Dans quel milieu, dans quelle atmosphère? J'ai essayé de m'en rendre compte en venant ici, à quatre reprises différentes, vivre une journée sous la conduite de professeurs et d'étudiants.

On entre à Harvard presque enfant, vers l'âge de dix-huit ou dix-neuf ans, et on en sort presque un homme, c'est-à-dire vers vingt-trois ou vingt-quatre ans, à moins que l'on ne se dirige sur l'une des facultés de droit, de médecine, d'architecture, de théologie ou de sciences.

Il y a à peu près 4,000 élèves à Harvard : 2,000 au collège et 2,000 dans les facultés spéciales. La redevance à payer pour les élèves est de 100 dollars par an (500 francs).

Les élèves du collège se divisent en quatre classes ou années : les *freshmen* (les bleus), les *sophomores* (qui voudraient s'en faire accroire), les *juniors* (qu'on respecte déjà) et les *seniors* (grognards à qui tout est permis). Les *freshmen* sont tenus à beaucoup de considération pour leurs aînés qui, au contraire, affectent à leur égard le plus profond mépris. C'est ainsi qu'ils leur interdisent de fumer dans les rues, de porter un chapeau haut de forme et une canne, de « faire l'homme », enfin ! Et les « bleus » obéissent, sous peine de vexations bien pires !

En arrivant à Cambridge, l'étudiant cherche où il ira se loger. Il est libre de demander une chambre dans un *dormitory* du *yard*, ou d'aller en ville (on est forcé d'employer ces mots étrangers pour expliquer ces choses étrangères). Le *dormitory* n'est pas, comme on pourrait le croire, un dortoir ; c'est un immeuble qui a beaucoup d'analogie avec ce que nous appellerions un hôtel meublé. L'étudiant, en effet, trouve sa chambre chauffée et munie d'un bain, mais il l'habillera lui-même, à sa fantaisie. Il y mettra des tapis, un piano, des photographies, une douzaine de pipes et des rubans de tous ses clubs.

Il y a des « dortoirs » de différentes sortes ; ceux du *yard* sont sous la surveillance de l'université. (On appelle *yard* l'ensemble des constructions, des terrains et des pelouses qui appartiennent à l'université.)

Même, dans les grands « dortoirs » bâtis en dehors du *yard*, un professeur a sa chambre et il exerce une sorte de surveillance très large sur l'immeuble. Cette surveillance, en fait, se borne à intervenir en cas de tapage scandaleux — ce qui est rare — ou à empêcher l'entrée de femmes sans chaperon dans les chambres des étudiants. Car c'est ainsi : un étudiant qui se permettrait de recevoir une femme douteuse serait à l'instant expulsé et du *dormitory* et de l'université. Et celui qui oserait se montrer dans la rue avec elle se verrait méprisé de tous ses camarades qui lui tourneraient le dos, ce qui lui rendrait la vie impossible désormais.

D'ailleurs, ces choses n'arrivent pas, n'arrivent jamais dans une université américaine. Je l'ai demandé à cent personnes qui toutes m'ont fait la même réponse.

M. Eliott, président de l'université d'Harvard, comme M. Roosevelt lui-même, prêche la chasteté des jeunes gens jusqu'au mariage, et ils y croient. Le plus extraordinaire, c'est qu'ils ont raison d'y croire, pour l'immense majorité des cas. Je pourrais citer à l'appui de cette affirmation des cas nombreux et des conversations significatives, mais le sujet est un peu délicat et je ne me sens pas, ici, en possession de périphrases suffisamment atténuatives pour le traiter.

J'ai visité plusieurs *dormitories*. Il y en a de très luxueux. L'un des plus « chic » a sa salle de sport, où l'on joue à une sorte de tennis de chambre qui s'appelle le *squach*, un gymnase, des salles de bain, une piscine d'eau froide, des douches, des salles de lecture, un dépôt de bicyclettes, le téléphone ! Une chambre là dedans, avec salle de bain, se paye de

2,000 à 3,000 francs par an. Mais les étudiants pauvres trouvent ailleurs des chambres pour 500 francs.

Il y a donc dortoir et dortoir, comme il y a étudiant et étudiant et comme il y a club et club.

La vie de club tient une place prépondérante dans l'existence américaine. Les affaires et le club absorbent la plus grande partie de la journée de l'Américain, en général. La vie de famille ne vient qu'ensuite. Un Américain qui se respecte fait partie d'au moins trois ou quatre clubs. Il prend ce goût et cette habitude dès l'université. A Harvard, par exemple, j'ai compté *cent trente-cinq clubs* ou associations d'étudiants, et j'en ai peut-être oublié! Clubs pour s'amuser, clubs pour s'instruire, clubs pour se sélectionner, clubs pour boire, clubs pour se retrouver entre gens d'une même ville ou d'une même région, clubs allemands, espagnols, français; clubs de Californie, du Canada, de Chicago, de New-York, d'Hawaï et d'Indiana, clubs de tous les sports, clubs religieux, clubs politiques, clubs de banjo et de mandoline, clubs d'élèves dentistes et d'élèves zoologues, d'étudiants en droit, en médecine, en science, en électricité...

N'exagérons rien, pourtant, et empressons-nous de dire que la plupart de ces clubs n'ont d'un club que le nom, que leur local n'est souvent que la chambre de l'un des membres. Mais le bureau est constitué, avec président, vice-président, secrétaire, trésorier et membres du comité.

L'Américain se vante d'appartenir à une nation démocratique, et, en fait, sa constitution politique et ses mœurs lui donnent jusqu'à présent le droit de s'en vanter. Mais combien de temps en sera-t-il encore ainsi? Déjà les gens qui voyagent se plaignent qu'il n'y ait qu'une classe dans les chemins de fer, et les wagons Pulmann deviennent assez nombreux dans chaque train pour séparer complètement les deux publics. Mieux encore! les gens très riches se payent même le luxe d'un wagon personnel qui fait honte au « compartiment réservé » dont se contentent nos pauvres millionnaires d'Europe.

Le démocratisme est en baisse également dans l'université. Les cours sont communs, c'est entendu, mais on se rattrape dans les clubs. Ainsi, l'on admet bien à l'université les étudiants pauvres qui gagnent leur vie comme des garçons de restaurant; quand ils servent à table leurs camarades riches, on a pour eux des ménagements suffisants, on ne les bouscule pas, on ne leur fait pas de reproches, — mais ils ne sont pas reçus dans les cercles privés des étudiants.

Les cinq cents jeunes *freshmen* qui arrivent à Harvard peuvent, dès leur arrivée, postuler pour le *Polo Club* et le *Fencing Club* qui seuls leur sont ouverts. Mais il n'y en aura que vingt-cinq d'admis, qu'on passera à l'alambic. Ces vingt-cinq favorisés, à la fin de leur première année, ont le droit de briguer l'honneur d'entrer dans le *Zeta-Psi*, le *Porcellian*, l'*A. D.* et l'*Alpha-Delta-Phi*, clubs qu'on appelle secrets, on ne sait pourquoi, et qui sont simplement exclusifs. Et cela dure ainsi jusqu'à la fin des études. Les stages, les candidatures, les intrigues se continuent d'année en année pour passer d'un club dans l'autre.

Ceux qui font partie de ces clubs, dits secrets, peuvent espérer, dans leur deuxième année, entrer dans l'*Institute of 1770*, dans le *D. K. E.* Au cours de leur troisième ou de leur quatrième année, avec beaucoup de protection, ils arriveront peut-être au

Hasty-Pudding, ou « Pouding précipité », en souvenir du gâteau qu'y mangeaient autrefois, debout, en toute hâte, les étudiants en retard. Il date de 1795. Le *Signet*, l'*Amphadon* et le *O. K.* sont les plus importants des clubs littéraires. Les cotisations y sont assez élevées, mais on y admet quatre ou cinq membres honoraires tous les ans, pris parmi les élèves les plus distingués qui n'ont pas d'argent.

Dans ces clubs secrets, une seule boule noire entraîne l'exclusion.

Pour être admis au *D. K. E.* l'étudiant doit passer par une initiation fantaisiste et baroque. On fait le simulacre de le pendre, de le précipiter dans un trou sans fond, les yeux bandés, etc., etc. C'est une sorte de parodie de la franc-maçonnerie. L'initiation dure trois jours. Pendant ces trois jours, les membres du *D. K. E.* peuvent imposer au postulant les épreuves qu'ils veulent. On l'oblige à porter des costumes ridicules, à délacer ses bottines dans un tramway, à grimper au haut des poteaux télégraphiques, à aller saluer une dame qu'il ne connaît pas, à s'asseoir au milieu de la chaussée dans la boue, à se raser un côté de la moustache. On le fait lever au milieu d'une représentation publique, on lui interdit de se déshabiller et de se laver pendant plusieurs jours. On l'excède, on l'éreinte, on le surmène, à un point tel qu'il est quelquefois longtemps à se remettre de ces folies.

Le *Hasty-Pudding* est un club dramatique très fermé, puisqu'il ne reçoit que quatre-vingt-dix membres et qu'on y paye 50 dollars d'entrée. Les membres y jouent chaque année une pièce musicale de l'un ou de plusieurs d'entre eux. Chacun doit y tenir un rôle ou collaborer d'une façon quelconque à la représentation.

Le club comprend une assez grande salle avec une scène bien agencée, ornée d'une quantité de caricatures dont beaucoup sont, ma foi, très spirituelles et pleines de verve. Il y a aussi une salle commune pour fumer et pour boire, une bibliothèque où on ne va pas et un billard.

Les blackboulés du *Hasty-Pudding* peuvent se rejeter sur un autre club également dramatique, le *Pi-Eta*, moins recherché et d'accès plus facile.

Mais le plus fermé de tous est le *Zeta-Psi*, qui ne reçoit que trente membres. On y paye 75 dollars d'entrée (375 francs) et 10 dollars (50 francs) par mois.

A Harvard, on a vite fondé un club. Comme je l'ai dit tout à l'heure, si l'on n'est pas assez riche, on se réunit dans une simple chambre; ou bien, s'il s'agit de fils de millionnaires qui veulent s'isoler, on se groupe à une dizaine d'amis, on cherche un titre, on demande l'autorisation au Conseil de l'université, on loue une petite maison en bois avec un office; on y met quelques tapis, quelques tables, quelques canapés, un billard, une table de jeu, quelquefois des livres; on engage un nègre pour faire la cuisine et un domestique irlandais, et le club est créé. Les amis iront prendre là leur lunch et leur dîner, ils y trouveront des boissons qu'ils ne trouvent pas partout, et joueront leur partie de poker en avalant quelques verres de whisky.

C'est là que l'Américain prend cette habitude du club qui ne le quittera plus.

A côté de ces petits cercles fermés où se perd le sentiment démocratique qui ne pouvait naturellement être que provisoire dans ce pays en formation, il y a un grand cercle ouvert, au centre du *campus*, qui s'appelle l'*Union*, et dont chaque étudiant inscrit à l'université peut faire partie, en payant un assez minime droit d'entrée (25 francs). Celui-là est un vrai cercle, vaste, bien aménagé. Tout le monde en est, ou à peu près. On y déjeune pour 2 fr. 50, mal d'ailleurs. Et impossible d'y trouver autre chose à boire que de l'eau. Une grande bibliothèque au premier; dans le sous-sol, une douzaine de billards, une imprimerie où s'imprime le *Crimson*, journal des étudiants, quotidien à quatre pages, dont trois pages d'annonces, rédigé par un comité de rédaction nommé par les membres du cercle, et qui n'a rien de révolutionnaire.

En outre de ce journal quotidien, les étudiants publient plusieurs revues hebdomadaires et mensuelles, littéraires, juridiques, et même illustrées. Le directeur du premier journal satirique de New-York, *The Life*, M. Mitchell, a fait ses débuts dans le *Lampoon* d'Harvard, qu'il avait fondé.

Une autre institution des plus curieuses est celle des « clubs de débats ». Chaque année d'étudiants a le sien. On y discute les intérêts de l'université et des étudiants. Celui des « seniors » est organisé comme le Sénat des États-Unis. Chaque État est représenté par un étudiant. Les propositions de loi, les motions, les interpellations sont présentées, discutées, renvoyées à un comité, acceptées ou rejetées. Le Sénat est divisé en républicains et en démocrates, et chaque parti choisit son leader.

De plus, Harvard a fondé des débats intercollégiaux avec ses adversaires de Yale et de Princeton. Des sujets de discussion sont choisis par un Comité spécial et les débats ont lieu devant un jury qui rend un verdict en faveur de la thèse la mieux soutenue. Ici Harvard se venge de Yale! C'est Harvard qui presque toujours triomphe. Les thèmes sont des thèmes de politique générale, dans ce genre : « L'immigration aux États-Unis ne doit pas être restreinte », — « La puissance des compagnies de chemins de fer devra être ultérieurement limitée par la législation nationale », — « Le temps est venu pour les États-Unis d'abandonner la politique protectionniste », — « Les États-Unis devraient annexer les îles Hawaï »; etc., etc.

Sur 14 débats avec Yale, Harvard triomphe 8 fois; sur 7 débats avec Princeton, Harvard est vainqueur les 7 fois.

J'ai parlé tout à l'heure des cercles dramatiques où se donnent des représentations périodiques. On y joue, en effet, des pièces en grec, en latin, en français et en allemand. Le Cercle français est le plus ancien et le plus important; même, grâce à un jeune financier américain amateur de littérature française, qui fut un brillant élève d'Harvard, M. J. H. Hyde, bien connu à Paris, il est le plus riche des cercles étrangers d'Harvard. M. Hyde l'a en effet doté en 1898 d'un capital de 30,000 dollars dont les intérêts sont employés chaque année à attirer à Harvard des conférenciers français qui doivent y parler littérature. M. René Doumic, M. Brunetière, M. Edouard Rod, M. Henri de Régnier, M. Gaston Deschamps, M. Hugues Le Roux, M. Germain Martin et, cette année, M. Mabilleau, y passèrent.

A part ces conférences, le Cercle français organise chaque année des représentations théâtrales en français. Depuis quinze ans on y a joué du Labiche, du

Racine, du Corneille et du Molière. J'ai assisté à la dernière de ces représentations, qui m'a beaucoup amusé. On donnait *le Menteur*. C'étaient les étudiants eux-mêmes qui jouaient tous les rôles, même ceux des femmes, car sous aucun prétexte on n'admettrait de femmes à l'université. Je me demande comment on accepterait cela en France... Ces grands diables de vingt-trois ans, bâtis en Hercule, la figure rasée, maquillés, habillés de riches robes Louis XIII, Louis XIV; de dentelles et de rubans et coiffés de perruques, minaudant, avec des coups d'éventail et des œillades de Clarisses! Mais ici cela ne paraît pas extraordinaire. On sourit un peu, mais sans étonnement. Les costumes sont très beaux, soigneusement ajustés, exacts, les décors sont brossés par des élèves et l'orchestre des entr'actes est composé d'étudiants.

Ce qui est amusant, c'est d'entendre ces étrangers détailler les vers classiques avec un petit accent américain plein de saveur et un sens parfait des nuances. Il y avait même parmi eux un descendant de Champollion, dont la famille est en partie américanisée, et qui parlait un français excellent et sans accent.

Entendre réciter du Corneille et du Labiche, en plein Massachusetts, par des Américains, je vous assure que cela n'est pas banal! J'ajouterai même qu'au point de vue sentimental, c'est très touchant. Car ces jeunes gens et leurs familles, qui sont là à les écouter et à les applaudir, adorent notre langue. C'est pour eux une joie et une fierté de la comprendre et de la bien parler. C'est l'œuvre du Cercle français d'Harvard, et on peut lui en avoir quelque reconnaissance.

Au contraire, à l'université de Pennsylvanie, j'avais

été navré, quelque temps auparavant, en assistant à une représentation semblable, de comprendre à peine le français qu'on y parlait. Que pensez-vous de cette idée baroque de faire jouer à des Américains *la Farce de maître Patelin* en vieux français? L'accent des professeurs eux-mêmes était redoutable. On m'a dit qu'ils venaient de la Suisse allemande. Ils pourraient venir de l'Allemagne même, comme tant d'autres que je sais, et n'en seraient pas plus mauvais.

PETITES NOTES ET CROQUIS

Restaurants pour hommes pressés. — Savarin. — Tableau. — Un jeune homme sans gêne. — Politesse des domestiques. — Les dents en or. — Sang-froid américain. — Pas de parfums. — Abondance de manœuvres. — *Time is money.* — Pas de cannes. — Cuisine américaine. — Thérapine et patates. — Les Grecs marchands de fleurs. — Les étalages. — Le 31 décembre à New-York. — Le peuple s'amuse comme les enfants. — Mon réveil le 1er janvier.

Au restaurant Martin, à déjeuner, j'avais remarqué un homme qui se levait de table toutes les deux minutes pour aller consulter les cours de la Bourse qui se dévidaient automatiquement dans un appareil placé dans un coin. Un Américain à qui j'avais raconté cela me dit :

— Venez dans Broadway, vous verrez bien autre chose.

J'étais donc allé, un matin, déjeuner au restaurant Savarin, dans le sous-sol de « l'Équitable », où se trouve le centre même des affaires de la grande ville.

Une atmosphère enfumée. Pas une place libre. Une

agitation, un mouvement, une fièvre qui sont comme un reflet du dehors. De petites tables où mangent précipitamment des gens pressés. Pourtant ceux-là m'apparaissent comme des sybarites et des flâneurs. Car voici d'autres mangeurs, le chapeau sur la tête, serrés les uns contre les autres et debout devant un long comptoir de bois, avec l'air d'entendre le coup de sifflet d'un train qu'ils doivent prendre et qui va partir. Ils commandent brièvement, à des garçons vêtus de blanc, un mets qui leur est servi à la minute même. Car tout est prêt d'avance. Le garçon n'a qu'à plonger sa grande cuiller dans une marmite ou sa fourchette dans un tas de viandes à portée de sa main, et le client est servi. Il faut que cela soit ainsi, car ceux qui déjeunent ici n'y demeurent jamais plus de dix minutes, un quart d'heure au plus. Je fais comme eux : il faut bien vivre la vie des pays que l'on visite. Et en un quart d'heure j'ai avalé une assiette de hachis de bœuf — qui arrive tout préparé de Chicago — un pudding, un bout de fromage et une tasse de café. A côté de moi, un petit bonhomme mange de sa main droite, tient son pardessus sur son bras gauche et, dans sa main libre, une liste de chiffres qu'il dévore en même temps que son repas.

Je demande à mon guide :

— Quand digèrent-ils, ces gens qui travaillent depuis le matin et travaillent encore en mangeant ?

— Ils digèrent en travaillant. Regardez-les fuir à pas pressés. Ils remontent à leur bureau et, sans s'attarder une seconde à causer ou à flâner sur le trottoir, ils vont se remettre avec frénésie à la besogne jusqu'à six ou sept heures du soir. Après quoi, ils passeront à leur club boire un whisky, ou rentreront chez eux, prendront un bain, s'habilleront, dîneront, iront sans doute au théâtre, et avant minuit ils seront tous couchés. Demain ils recommenceront, et ce sera ainsi toute leur vie.

※

Tout le monde sait qu'à l'hôtel, le domestique que vous appelez siffle en vous servant.

L'autre matin, la porte de ma chambre s'ouvre sans qu'on ait frappé; je vois entrer un long jeune homme imberbe, coiffé d'un chapeau melon, avec une serviette noire sous le bras, et un air désagréable, et qui, sans dire bonjour et sans ôter son chapeau posé en arrière, prononce simplement :

— C'est vous qui avez demandé un sténographe?

Je lui réponds :

— Non.

Il n'ajoute pas un mot, ne fait pas un geste, et s'en va.

※

Vous connaissez cette habitude des domestiques allemands de dire cent fois par jour bonjour, bonsoir, au revoir, à chaque entrée, à chaque sortie de chaque client d'un hôtel ou d'un café?

Vous ne vous plaindrez pas de cela ici. On entre, on sort, personne ne prend garde à vous. Pas une fois, un domestique ne vous saluera du moindre mot ni du moindre signe. Le matin, le garçon vous apporte votre café au lait dans votre chambre, tire les rideaux, vous tend la note de votre consommation et un crayon pour la signer, et s'en va comme il est entré, sans même vous regarder.

On finit par s'habituer à ces façons. Et, quand on n'est pas de très bonne humeur, c'est même charmant.

❧

Dans les rues, dans les tramways, quand une bouche s'ouvre, vous voyez de l'or. Les premiers temps, c'est une continuelle distraction. La bonne qui fait ma chambre a deux dents en or. L'autre jour, j'ai vu un nègre dont *toutes* les dents était aurifiées. Tout cet or, dans cette face noire, faisait un effet diabolique. Les bouches ont l'air de caisses d'épargne.

❧

J'adore le sang-froid américain. Au restaurant, un client avait demandé deux fois au garçon de balayer le contenu d'un plat qu'il venait de répandre sur le plancher. Le garçon, occupé ailleurs, ne paraissait pas. Le monsieur, figure rasée, les cheveux longs et gris, un monocle à l'œil (la tête de Leconte de Lisle), se lève, traverse la salle du restaurant, revient au bout d'un instant avec un balai à la main, repousse vers la table voisine les débris qui le gênaient, et dépose froidement le balai à côté de lui.

Je crois que j'ai été le seul à m'amuser de cette petite scène. Personne ne l'avait même remarquée, ou n'avait paru la remarquer.

❧

Les hommes, ici, ne se parfument pas, excepté les hommes du peuple. C'est très mal vu.

Par contre, chez nous, les hommes qui se servent de la manucure sont volontiers regardés comme des petits-maîtres, ou du moins comme des raffinés. A New-York, pas d'usage plus répandu que celui de la manucure. Il y en a chez tous les barbiers. J'en ai vu qui opéraient pendant que leur client se faisait couper les cheveux et qu'un nègre leur cirait les bottines. Et ces trois opérations simultanées ne se gênaient pas l'une l'autre.

※

Dans Broadway, si vous voyez passer un homme avec une canne à la main, soyez sûr que c'est un Français.

※

Je regarde les gens manger au restaurant. Il me semble qu'on n'y a pas l'appétit splendide qui étonne chez les Anglais et surtout chez les Allemands. L'un des mets préférés des Américains, c'est la thérapine, sorte de tortue de mer qui devient, dit-on, très rare, et qu'on ne vous sert que pour vous fêter. C'est le mets national, auquel on finit par s'habituer, et dont il est aussi défendu de médire que de la bouillabaisse à Marseille. On aime aussi beaucoup les *sweet potatoes*, pommes de terre sucrées, autrement dites : patates — mets fade et écœurant, auquel il m'est impossible de m'accoutumer.

Les Américains se vantent qu'il n'y a que chez eux et à Paris que l'on boive de bon café. Le fait est qu'à New-York il est délicieux.

✦

Il paraît qu'en Amérique tous les fleuristes sont Grecs, et tous les plâtriers, Italiens.
On pourrait broder là-dessus de beaux développements !

✦

L'art de l'étalage est inconnu ici. Les cravates, les foulards, la soie, les mille bibelots de la toilette des femmes et des hommes sont rangés au petit bonheur dans les vitrines. On n'a pas le temps et on juge inutile de faire mieux. Pendant la semaine du Horse Show (Concours hippique), je me suis amusé à relever les imaginations des étalagistes dans les magasins de nouveautés : on voyait, derrière les glaces des devantures, des mors, des fers à cheval, des fouets, même de la paille, le tout posé n'importe comment. C'est là que le moindre trottin parisien se rendrait utile !

✦

C'est à New-York que j'ai vu pour la première fois de ma vie une femme de chambre avec des lunettes d'or. Depuis, j'en ai vu beaucoup.

✦

On n'y rencontre pour ainsi dire pas de mendiants. Depuis que je suis arrivé, on m'a demandé l'aumône juste deux fois, et c'était le soir, et c'étaient deux Allemands. On dirait que cette rareté de la mendicité la rend plus pénible. Et surtout, ce qui en aggrave la tristesse, c'est, je crois, sans compter la dureté du climat, la sensation de lutte forcenée, d'impitoyable combat qui vous entoure.

※

Le 31 décembre à New-York.
Je suis en train d'écrire le soir dans ma chambre, quand, vers onze heures, j'entends soudain monter de Broadway, qui passe presque sous mes fenêtres, une rumeur grandissante de foule qui s'ajoute au fracas coutumier des cloches des tramways, du chemin de fer aérien, et des sirènes et des sifflets de l'Hudson.

Je descends dans la rue pour me mêler à cette foule dont on m'avait parlé, et qui s'en va, comme c'est l'usage, vers l'église de la Trinité, dans le bas de la ville, pour saluer par des bruits l'avènement de l'année nouvelle.

Presque tous les promeneurs sont munis d'une longue trompe de fer-blanc peinte aux couleurs des États-Unis, et chacun, hommes et femmes, jeunes filles et enfants, souffle là dedans éperdument. Le son qui sort d'une de ces trompes ne peut être comparé qu'aux beuglements les plus forts des cornes de tramways de Paris ou des automobiles. Or figurez-vous cent mille, deux cent mille personnes, peut-être beaucoup plus, je ne sais, qui soufflent sans cesse de tous leurs poumons dans ces instruments, essayant d'en tirer le plus de bruit possible, et cela le long d'une seule rue de vingt kilomètres. Figurez-vous aussi la chaussée sillonnée de tramways électriques qui passent toutes les minutes dans les deux sens, à toute vitesse, en grondant sur les rails et en sonnant de la cloche, comme les églises un jour de Pâques. Et, de place en place, le chemin de fer aérien traversant la rue et les avenues avec un bruit assourdissant de ferrailles remuées.

Ceux qui n'ont pas de trompe ont des bruissoires de bois, de fortes crécelles, peut-être pires encore que les trompes.

Je me laissai porter par la foule pendant deux ou trois kilomètres, assourdi de vacarme, mais enchanté du spectacle furieux de ces vagues retentissantes, d'y être mêlé et de pouvoir observer cette sorte de plaisir du bruit que l'on ne conçoit chez nous que réglé par de la musique et des chefs d'orchestre! Cette joie est exactement celle des enfants quand on leur met à la main pour la première fois une trompette. Les gens soufflent le plus fort qu'ils peuvent, s'excitant aux bruits voisins, voulant les dépasser : c'est un sport. Quand ils sont essoufflés, ils s'arrêtent un instant, puis reprennent de plus belle. Ainsi pendant des lieues de marche. Et il n'y a pas que les jeunes gens qui s'amusent à ce match frénétique. J'ai vu des quantités d'hommes faits, d'hommes sérieux, portant barbe et lunettes, et des jeunes filles jolies et gracieuses, enflant leurs joues jusqu'à les crever! J'ai vu des nègres et des négresses qui ne se contentaient pas d'une seule trompe, qui en avaient deux où ils soufflaient à la fois. Il arrivait que des groupes se croisaient. Et alors, c'était à celui qui couvrirait le vacarme des autres.

Quand j'eus assez marché, je montai à grand'peine dans un tramway qui allait vers l'église de la Trinité. Le tramway lui-même était rempli de joueurs de trompe! Parfois, sur un parcours d'un kilomètre, Broadway était désert. Mais à un carrefour quelconque, un torrent de foule apparaissait au milieu de l'infernal tapage des milliers de trompes, des crécelles, des tramways et des cris. Jusqu'à Trinity Church, juste en face des bâtiments de « l'Équitable », le bruit alla croissant. Là, il atteignait son maximum d'intensité : c'étaient tous les braiments, tous les barrissements, tous les hurlements, tous les mugissements, tous les croassements de la terre ! Rien n'en peut donner une idée, qu'un cauchemar effrayant au milieu d'une forte fièvre.

J'ai demandé d'où venait cette coutume et à quoi elle correspondait dans les mœurs américaines.

— C'est notre carnaval à nous, me fut-il répondu. Nous ne nous amusons qu'une fois par an, mais ce jour-là, c'est pour de bon !

Et la coutume vient des Hollandais, gens de gaieté exubérante et bruyante, qui ont fondé New-York. A Boston, par exemple, capitale puritaine de la Nouvelle-Angleterre, on ne connaît pas ces réjouissances, et on ne se les permettrait pas.

Phénomène à noter : dans cette excitation folle, pas une brutalité, pas un geste inconvenant, douteux ou querelleur ; le plaisir du bruit, du plus de bruit possible, voilà tout. C'est comme une sorte de détente après des mois d'activité différente et de contrainte — retour de grands enfants aux instincts libres et innocents de l'adolescence.

A deux heures du matin, de mon quatorzième étage j'entendais encore le son des trompes se mêler au bruit des tramways qui circulaient toujours. Et même, le lendemain, premier jour de l'an, je fus réveillé par mon voisin qui s'amusait à souffler dans son fer-blanc pour faire rire la femme de chambre.

PETITES NOTES ET CROQUIS

(SUITE)

L'instinct de la tradition. — L'orgueil de Mme Alfred Vanderbilt. — Un musée curieux à Boston. — Reliques du siècle passé. — Catalogue dressé par le voyageur. — Le Français ne voyage pas assez. — Le marchand de tabac du train. — Sans-gêne exemplaire. — Où l'auteur invoque la philosophie d'Alfred Capus. — Guzman et son appartement de garçon de vingt mètres de façade. — Le pied des femmes. — Snobisme à rebours. — Un souper de demi-mondaines. — Perles et bijoux. — Orchestre de musiciens d'Hawaï. — Beauté. — Les nègres qui chantent. — Vision d'Afrique.

Comme il est curieux d'observer déjà, dans ce pays neuf, l'obsession de l'histoire et du passé! Autant le populaire y est indifférent — car on ne peut demander au million d'Européens qui immigrent chaque année en Amérique de se passionner pour les événements d'il y a cent ans, — autant la classe cultivée, travaillée par l'instinct de la tradition qui sommeille au fond de toutes les âmes, s'enorgueillit de la vieillesse relative des choses.

Les descendants des passagers du *May-Flower*, qui débarquèrent en 1620, ont la morgue des croisés, et j'ai retenu l'accent d'orgueil avec lequel la jeune et jolie Mme Alfred Vanderbilt me dit que ses parents habitaient l'Amérique depuis 1642.

Les églises qui remontent à cent ans sont ici des monuments historiques, et tout ce qu'on peut sauver des reliques de la guerre d'indépendance est recueilli pieusement.

C'est à Boston qu'il faut surtout étudier ce phénomène. Boston est la capitale de la Nouvelle-Angleterre fondée par les quakers, et c'est le berceau de l'aristocratisme naissant en Amérique.

Le musée historique de Boston se trouve dans la vieille église du Sud qui fut bâtie en 1729.

Le long des murs, sous des vitrines, on voit les choses les plus invraisemblables, les objets les plus inattendus, témoignant d'un culte pour l'histoire, naïf et balbutiant, qui fait sourire s'il ne vous attendrit pas. Comme il n'y a pas de catalogue, je me suis amusé à relever les principaux échantillons des vitrines.

Voyez cela :

Un morceau de bois de la première maison de pasteur protestant construite à Salem, qui fut la première capitale du Massachusetts. C'est là qu'eut lieu, en 1792, le supplice de vingt personnes condamnées pour sorcellerie ;

Un morceau d'orme quelconque qu'on abattit en 1874 et qui vivait depuis 1762 ;

Un fond de chapeau de paille, tressé par une vieille femme de quatre-vingts ans ;

Des lettres brodées il y a cent quarante ans sur une étoffe quelconque par on ne sait qui;

Une parcelle du cercueil de Washington, grosse comme un haricot;

Une fiole de thé en feuilles qui surnageait dans le port de Boston en 1773, après qu'on eut fait sauter un bateau anglais qui en était chargé;

Un simple livre de prière d'il y a cent ans;

Un morceau de bois d'un pont qui datait de 1775 et où avait eu lieu un combat entre Anglais et Américains;

Une épée de major d'il y a cent ans;

Quelques numéros de journaux de la même époque;

La photographie du crâne d'un général;

Des boutons de manchettes et des porte-monnaie de la Révolution;

Des sermons puritains écrits à la main;

Un livre de 1803 couvert avec des planches de bois;

Une assiette de porcelaine avec le chiffre de Louis-Philippe;

Un morceau de bois de la maison d'un ancien gouverneur de Boston, démolie en 1885;

Une vieille malle sans trace d'origine;

Une chaise où s'asseyait le prédicateur de l'église;

Un vieux chapeau de femme en accordéon, qui fut porté il y a cent dix ans;

Des assiettes, des pots quelconques;

La copie du testament du dernier survivant du *May-Flower* (1672);

Un vieux rouet, une vieille horloge, une bassinoire;

Une casserole faite avec le bronze de la cloche de la vieille église;

Une selle d'officier français en velours cramoisi, usée, poussiéreuse, aux clous de cuivre;

Une claymore (épée écossaise);

Un peigne à lin, des soufflets, un bureau à écrire, un vieux clavecin, de vieux bougeoirs.

Toutes ces pièces n'ont aucune espèce de valeur, puisqu'elles sont sans style, sans art, et n'ont pas de trace d'origine. On les conserve là simplement parce qu'elles sont vieilles. Que quelque chose puisse être vieux et subsister en Amérique, voilà qui suffit à étonner l'Américain. Ainsi on voit là, on ne sait pourquoi, cinq petits fragments de mosaïque de Pompéi et des Thermes de Caracalla. Je me représente une vieille maniaque chipant ces cailloux derrière les guides de Rome et de Pompéi, les rapportant précieusement à travers l'Océan et en dotant le musée de sa ville natale après sa mort !

De vieilles monnaies de papier;

Des autographes de Washington, de La Fayette, et des différents présidents des Etats-Unis;

Une paire de souliers de bal portés lors d'un mariage au XVIII° siècle;

Des menottes du siècle dernier;

Des boulets de canon sans mention d'origine;

Un morceau de verre provenant de la première verrerie fondée en Amérique;

Puis quelques pièces indiennes, un tomahawk, des colliers de verroterie, des sacs, des calumets, des carquois, une ceinture de jeune guerrier en cuir peint, avec son attirail complet : une poche pour le miroir, des poches pour les couteaux, des poches pour les couleurs à maquillage, la corne à poudre, le carquois et les flèches. Il y a aussi un berceau d'enfant portatif en jais multicolores. La mère attachait le berceau sur son dos.

Voilà à peu près de quoi est constitué le plus important musée historique des États-Unis. Comme on l'a vu, ce qui y domine ce sont les vieux morceaux de bois, débris d'arbres, de maisons ou de ponts. Cela suffit à montrer que la religion du passé commence à peine à naître, mais qu'elle naît. Ce qui l'empêchera de se développer très vite, c'est le réalisme un peu étroit des cerveaux de cette race d'hommes d'affaires, pour qui hier n'existe plus et qui ne vit que dans le présent, à peine dans l'avenir.

Conversation :
Une des dames les plus connues et les plus intelligentes de la société de New-York, Mme O. P. B..., me dit :
— Les Français ne voyagent pas assez : c'est leur seul défaut grave, car les autres se corrigeraient d'eux-mêmes au contact du reste du monde. Une mère trouve toujours que son enfant est parfait, et l'enfant lui-même, tant qu'il n'a pas bougé de chez lui, est de l'avis de sa mère. Mais s'il va au collège, il s'aperçoit qu'il y a d'autres garçons qui le valent, et il devient un peu plus modeste. Puis il entre dans le monde, son cercle s'élargit, et il voit qu'il est des gens bien

supérieurs à lui, et sa vanité étroite s'atténue encore. Enfin, s'il voyage à travers la terre, son esprit prend conscience de la vraie relativité des choses humaines, et ce n'est qu'alors qu'il vaut vraiment tout ce qu'il peut valoir.

« Le Français ne voyage pas assez. »

Sur certaines lignes de chemins de fer, dans le wagon des fumeurs — un immense car qui contient une centaine de places divisées par rangées de deux places — se trouve un employé qui vend aux voyageurs du tabac, des cigares, des cigarettes, des allumettes, des bonbons, du chocolat, des fruits, des magazines, des crayons, etc., etc. Il prend un siège ou deux pour y mettre ses marchandises, plus une place pour lui. Quand on est arrivé au terme du voyage, il remet ses corbeilles et ses boîtes dans une malle, et recommence ensuite le trajet inversement.

Cet employé est d'un sans façon charmant. Il siffle, il fume, il crache comme père et mère. J'ai même vu ceci qui ne me scandalisa nullement, j'ai hâte de le dire, mais que j'ai noté scrupuleusement pour bien montrer à mes compatriotes que, comme dit Alfred Capus, chaque peuple a ses usages : l'employé est assis sur une banquette, en train de lire son journal, les jambes croisées. Passe un monsieur qui va boire un verre d'eau à la fontaine qui se trouve à l'extrémité du wagon. L'employé, qui a des boîtes d'allumettes devant lui, dit au monsieur sans même mettre un doigt à la casquette qu'il a sur la tête : « Du feu, S. V. P. ? » Le monsieur, debout, s'arrête, fait tomber la cendre de son cigare, le tend vers le cigare de l'employé qui y allume le sien, et qui se remet à lire son journal en disant du bout des lèvres, sans lever les yeux : « Merci ».

※

Les maisons, je l'ai dit, sont très étroites à New-York. Les pièces sont distribuées en hauteur. Seuls, les archimillionnaires peuvent se payer le luxe des enfilades de salons. Mais il y a des Guzmans partout. Ici voici comment Guzman procède.

Il a loué, en plein centre mondain, trois appartements au même étage, dans trois maisons voisines. Il a fait percer des portes dans les murs, et comme les étages n'étaient pas exactement de la même hauteur, il y a une marche ou deux pour passer de l'une dans l'autre pièce.

— Ce n'est pas malin, n'est-ce pas? me disait-il en me faisant visiter son triptyque, mais il fallait y penser. Il n'y a pas beaucoup de monde à New-York qui pourrait montrer un appartement de vingt mètres de façade !

Et c'est vrai.

※

En Amérique, je n'ai pas remarqué que les femmes aient la coquetterie du pied. Dans les rues, si vous vous promenez une demi-heure à travers les voies les plus fréquentées, et que vous vous attachiez à ne regarder qu'à terre, vous ne voyez, sous les jupes, que des chaussures larges et aplaties du même format, à peu près, que celles des hommes.

C'est ce qui frappe l'observateur, ici comme en Angleterre.

Autrefois, les Anglo-Saxons ont dû avoir, comme les autres peuples, la coquetterie du pied cambré; ils envièrent sans doute le pied andalou, étroit et rassemblé, qui ressemble à un sabot de chèvre. Mais, comme ils n'y arrivaient pas facilement, ils se sont évidemment résignés, avec leur caractère pratique, à abandonner cette ambition et à faire du pied long le pied idéal, le pied chic! Ils y sont arrivés, et si bien, que chez nous la mode est depuis plusieurs années, aux chaussures en fuseau, d'autant plus élégantes qu'elles sont plus longues.

Mieux encore! Aujourd'hui, en vertu de la supériorité reconnue des modes anglo-saxonnes, vous voyez les Espagnols, les Espagnols *chic*, adopter les souliers longs!

De même encore, les Anglo-Saxons, planches rigides et sans grâce, sont devenus pour eux des colonnes majestueuses, types essentiels de dignité froide et de tenue. Ils ont fait un chic de leur raideur naturelle que les snobs imbéciles de tous les pays tendent à imiter, — jusqu'à nouvel ordre!

॰
࿉

Un souper chez M. K..., qui avait réuni « les plus belles femmes de New-York », miss R..., l'actrice qui passe pour la plus jolie des États-Unis; miss T..., entre autres. J'ai vu là les plus beaux joyaux, les perles les plus rares, les plus grosses, les plus pures, les plus rondes. Dans des vitrines, des coquilles d'huîtres perlières qui ont conservé leurs perles, de toutes formes, de toutes dimensions, complétées, arrangées avec des peintures qui en font des sujets d'ornement : une succession de petites perles forme le corps d'une libellule dont les ailes sont la nacre du crustacé, d'autres grosses perles doubles sont les seins d'une Amphitrite, l'une en a même trois, et d'autres coquilles encore par douzaines.

Pendant le souper, un orchestre de naturels d'Hawaï joue et chante des airs locaux. Une femme, moitié Japonaise, moitié créole, chante, accompagnée par la voix de six hommes et le son des guitares. Sa voix est pure comme un cuivre et douce comme de l'or vierge ; elle nous pénètre doucement jusqu'aux fibres profondes du cœur ; elle a l'air de sortir de ses yeux noirs et graves, car la bouche remue à peine et ses yeux sont si vivants et si mélancoliques ! Son chant a quelque chose de liturgique, de simple et de passionné, si mélodieux, si caressant, si beau. Autour de la table du souper, les hommes sont froids, les femmes paraissent comprendre. A ces accents, voilà des cieux chauds qui se révèlent et des solitudes ardentes et religieuses. Les voix pleurent et caressent, appellent, supplient et adorent. Sensation surprenante, inattendue et inadéquate de beauté et d'art.

※

J'ai, depuis, éprouvé une sensation analogue, le soir de mon arrivée à Pittsburg, en Pennsylvanie. C'était par une nuit glacée de février. Il était deux heures et demie du matin. En attendant mes bagages dans le large vestibule d'entrée de la gare, inondée de lumière électrique, je regardais et j'écoutais trois ou quatre nègres en train de laver le carrelage du sol. Armés d'une longue lavette, qu'ils promenaient avec de lents mouvements rythmiques sur le sol, ils chantaient. Leurs voix étaient sonores et douces. C'étaient des airs mélancoliques comme des psaumes de deuil; leurs voix, d'une justesse irréprochable, se mariaient à la tierce et à la quinte. Elles s'élevaient, rythmiques et pures, dans le vaste hall, et les murs de pierre et le sol de faïence s'en renvoyaient les échos. Quelque chose d'insurmontablement nostalgique émanait de ces chants et de ces faces noires. J'avais des visions de paillotes au bord de fleuves taris sous des cieux brûlants.

Dehors, une tempête de neige faisait rage.

Je serais resté là longtemps, mais mes bagages arrivèrent, et je dus les suivre dans la rafale glacée...

PETITES NOTES ET CROQUIS

(SUITE)

Ansonia. — Un immeuble de 300 appartements bâti par un architecte français. — 25 millions de construction. — Description. — Plus de domestiques. — Confort et commodité. — On trouve tout dans la maison. — L'Aquarium. — Poissons monstrueux. — La faune aquatique des Bermudes.

Ansonia. — Vous vous souvenez peut-être de cet hôtel Waldorf que j'ai essayé de vous décrire, et de ses 1,400 chambres. J'ai visité, depuis, un immeuble au moins aussi étonnant : c'est une maison de rapport qui a 17 étages et qui renferme 2,979 pièces, réparties entre 300 appartements !

Cette maison, la plus grande de New-York, s'appelle *Ansonia*. Elle est construite dans le haut de Broadway, entre les 73° et 74° rues, et elle occupe, à elle seule, la moitié du bloc. Avec les belles façades blanches de ses six pavillons en briques de terre cuite, aux ornements discrets, et les grilles bleu pâle de ses balcons, elle tranche heureusement, par sa hardiesse et son grand caractère d'harmonie, sur l'uniformité triste des immeubles environnants.

L'architecte, M. Paul-E. Duboy, qui est Français, a résolu là le difficile problème de faire de la jolie architecture avec une maison de 17 étages, d'en rendre les 3,000 pièces commodes et facilement accessibles, de les éclairer et de les orner avec goût, d'en différencier la décoration, de faire, en un mot, de l'art avec de l'immense et d'entrer dans l'esprit pratique et utilitaire des Américains en conservant ses qualités originelles d'élégance et d'harmonie.

Tout le rez-de-chaussée est occupé par les pièces communes de l'habitation : un grand palmarium où tous les locataires peuvent se tenir, des boudoirs pour les dames, des salons de réception, une salle de concerts et de réunions, un restaurant, un grill-room, un café, un bar, un magasin froid pour la conservation des fourrures, des boutiques de tabac et de cigares, de fleuriste, de papeterie, de mercerie, un bureau de poste, un pharmacien, un banquier, un médecin, un dentiste! Les couloirs, les vestibules sont d'une ampleur monumentale et d'un luxe étonnant : boiseries de chêne, murs aux revêtements de marbre, escaliers de marbre, tapis épais! Naturellement, il y a des ascenseurs partout, dans tous les couloirs, dans tous les angles, à toutes les portes de toutes les façades. A part les ascenseurs à l'usage des habitants et des visiteurs, il y en a huit pour les domestiques et les fournisseurs et deux pour les meubles, les malles, les pianos ; même dans une cour, j'en ai vu un de dimensions énormes sur le plateau duquel on plaçait une automobile et une voiture de déménagement qu'on descendait dans les sous-sols pour la décharger! Chaque appartement a son téléphone, cela va de soi.

Au 16e étage, on trouve une autre salle à manger pour 450 personnes. Les fenêtres sont de vastes baies qui ouvrent sur l'Hudson. Le point de vue est splendide. Tous les murs, toutes les boiseries sont couverts de fleurs peintes par un artiste français, M. Victor Dangon, dont la modestie égale le talent. Il a fait là des merveilles et un miracle! Il a peint 80 mètres de fleurs en guirlandes, en gerbes, en bouquets, en parterres, avec un rare bonheur de coloris. Toute la flore de l'ancien et du nouveau monde est là : les roses, les pivoines, les soleils, les œillets, les bégonias, les magnolias, les lis, les orchidées, les marguerites, les chrysanthèmes s'épanouissent parmi des feuillages élégants et décoratifs. Le plafond de la salle est vitré; des palmiers naturels se dressent de place en place, et l'on pourrait se croire dans une serre magnifique créée par le caprice de quelque nabab. Il n'y a rien de semblable dans toute l'Amérique. Et, comme on voit, l'art français se défend ici, malgré l'écrasante concurrence des architectes et des artistes indigènes qui se liguent et se serrent les coudes et qui ont naturellement pour eux le patriotisme et l'orgueil nationaux.

On trouve, dans *Ansonia*, des appartements de 20 pièces, pour le prix de 25,000 francs, et des appartements de garçon pour 3,500 ou 4,000 francs : deux salons, une chambre à coucher, une salle de bain. La moyenne des appartements est de 7,000 à 8,000 francs.

Ai-je besoin de dire que chaque appartement a deux salles de bain : une pour les maîtres et une pour les domestiques?

La maison fournit gratuitement le chauffage, l'électricité, le froid et l'eau distillée. Partout vous trouvez des robinets d'eau froide et d'eau chaude. Chaque logement est garni d'un buffet fixe, de poêles, de fourneaux et de glacières. Il y a des placards tout le long des murs des couloirs.

Dans les sous-sols sont installées des machines d'une puissance de 2,000 chevaux-vapeur pour la production de la chaleur, de l'électricité, du froid et de la force nécessaire au fonctionnement des ascenseurs; il y a aussi une piscine de 32 mètres de long sur 8 mètres de large, à l'usage gratuit des locataires. Cette piscine est alimentée d'eau douce, mais des conduites spéciales peuvent y amener à volonté l'eau de mer! A côté de la piscine, des chambres de repos et toute une installation d'hydrothérapie et de massage.

Pas un mètre de terrain de perdu, ni dans la surface ni dans la hauteur! On a tout utilisé, et on a tout prévu.

Même, comme le problème des domestiques n'est pas encore résolu en Amérique, on a pensé au cas fréquent où les mauvais serviteurs abandonneraient leurs maîtres à l'improviste (car ici ils sont libres de partir d'une heure à l'autre, et, les jours de réception, ils ne s'en privent pas!) et on a organisé un service de domestiques ambulants. Au premier signe, cuisinières ou valets de chambre passent du service général d'*Ansonia* au service particulier des locataires.

Ansonia a coûté 25 millions de frais de construction. Commencée en 1899, elle était déjà habitée au mois de décembre 1902!

Quelle est la valeur d'une telle spéculation? J'ai

voulu m'en rendre compte en détail. Et j'ai appris ceci : que le revenu de la location entière du bâtiment, appartements, magasins, blanchisserie (j'avais oublié la blanchisserie du sous-sol), se monte en chiffre rond à 850,000 dollars par année, c'est-à-dire à 4 milions et demi de francs.

Il y a naturellement à défalquer de ce chiffre les impôts et les salaires des employés. La chambre des machines nécessite à elle seule 42 employés. Il y a, en plus, le service des cuisines, des restaurants, les garçons d'ascenseur, deux femmes de chambre par étage, les chasseurs, les teneurs de livres, les caissiers. En plein rapport et le personnel au complet, les dépenses d'exploitation ne dépasseront pas 150,000 dollars. Cela suppose donc, déduction faite des frais d'amortissement, un bénéfice annuel de 2 millions et demi.

C'est appréciable.

°°

L'Aquarium.

Les choses purement jolies, c'est-à-dire jolies en elles-mêmes, jolies sans utilité, sans volonté de l'être, sont ce qu'il y a de plus rare en Amérique.

L'Aquarium de New-York est une de ces choses-là. Il passe pour posséder des spécimens de poissons extraordinaires; il fait l'admiration des étrangers curieux, et la foule s'y presse le dimanche; mais je crains bien que les *quatre cents* ne l'ignorent.

Je suis allé le visiter un dimanche après midi. Il est situé sur le bord de l'Hudson, à Battery Place, à la pointe extrême de la langue de terre où New-York est bâtie.

Au milieu de la salle centrale, on a creusé de grands bassins où s'ébattent des otaries et d'autres bêtes sans intérêt.

Tout autour, derrière les vitres glauques, vivent et s'ébattent des poissons de toute espèce qui promènent à travers les algues l'illusion de leur liberté.

Mais on passe rapidement devant ceux-là, pour arriver plus vite au beau spectacle.

C'est la section des poissons des Bermudes.

En voici de larges et de plats, avec, au lieu de tête, une sorte de lune; leur peau, d'un luisant satin, se zèbre de stries d'un bleu azur, d'un bleu idéal et angélique, et d'or; leur œil est en diamant noir. En voici, sabrés de stries vert pâle alternées d'argent mat : on dirait qu'ils ont au cou un collier de corail et que leur queue est de diamant. Le *hog-fish* a aussi un affreux groin au lieu de tête; il est mince comme une limande, mais large de vingt centimètres et très court; c'est une espèce de feuille agile aux yeux de turquoise morte. Puis voici des poissons *carrés*, à tête presque humaine, tigrés de tatouages noirs, aux constellations d'ambre jaune. La crevalle a une queue en sabre double, aux arêtes coupantes, qu'on dirait métalliques. Le *spotted-moray* ressemble à un serpent d'argent tacheté de sang noir; il a la tête aplatie et il replie sa queue en multiples nœuds comme une couleuvre effrayée; il reste la bouche ouverte goulûment et le gosier haletant, comme s'il allait mourir. Le *queen triagger* a deux petites dents, une en haut, l'autre en bas de la bouche; son corps est zébré de larges bandes d'émail bleu, son ventre a l'air d'une gaine d'or flexible et sa queue resplendit comme une plume de paon incrustée de pierreries. Son voisin est encore plus magnifique :

son corps est une armure d'écailles bleues et vertes, ses nageoires et ses ailerons sont de saphir translucide. Plus loin, il y a un poisson-ange : des ailes, de vraies ailes en gaze de nacre légère sont posées au-dessus de sa queue. Le *moon-fish* (le poisson-lune) est une bête ronde et plate comme une plaque d'argent, ses nageoires et sa queue sont aiguisées et coupantes comme des faux, sa tête est un groin plat, elle tient la moitié de son corps qui se promène sans cesse avec des mouvements convulsifs. A côté de ces poissons ronds et carrés, en voici un triangulaire ! Son dos est un talus à double pente, et son ventre est plat : un petit cochon d'Inde opalin, un rayon de lune délayé dans de l'absinthe.

Il en est d'autres, et d'autres encore, dont les formes sont des imaginations d'Apocalypse ou d'artistes japonais : quand ils passent dans la lumière laiteuse de l'aquarium, on aperçoit des ventres de soleil et des dos qui sont des arabesques de pierreries, des toiles d'or et des ailes de scarabées, des moires mouchetées d'émeraudes et des écharpes de l'Inde. Quels croisements paradoxaux ont produit dans les eaux tièdes des Bermudes ces fabuleuses fleurs marines, ces soles monstrueuses qui flamboient comme les ceintures de gemmes des maharadjahs, ces anguilles aux ailes de papillons bleus, ces maquereaux au pelage bouton d'or soutaché d'améthyste !...

COMMENT LES COMPTES SE RÈGLENT

COMMENT ON DÉFEND SON ARGENT

Un compte de six cents millions réglé en quinze minutes. — Pour une erreur d'addition. — 25,000 coffres-forts. — Une cave qui ne s'ouvre pas facilement. — En cas d'émeute. — La vapeur bouillante. — Employés détectives. — Les lingots. — Les machines brevetées. — Les coffres-forts de M. Georges Gould et de Pierpont-Morgan.

Le Clearing House.

On m'a assuré que cette institution financière ne fonctionnait qu'à New-York, et son organisation m'a paru à la fois tellement simple et tellement extraordinaire que je ne peux m'empêcher de vous l'expliquer en quelques mots.

Le Clearing House est une institution privée — c'està-dire existant sans charte de l'État — dirigée par les banques de New-York pour faciliter leurs transactions. On y fait sans peine, en *quinze minutes*, ce qui prendrait autrement *quatre* ou *cinq jours!*

Toujours la même préoccupation, admirablement rationnelle, d'économiser du temps et de simplifier l'effort humain.

On sait que les chèques tirés sur une banque sont souvent payés par d'autres banques avant de parvenir à celle sur laquelle ils ont été tirés. Pour régler leurs comptes entre elles, ces banques sont donc tenues, soit à des correspondances, soit à des courses que nécessite le remboursement de l'argent ainsi avancé. A New-York plus que partout ailleurs, il se fait un échange quotidien énorme de chèques, car il est d'usage courant de payer tout avec des chèques, jusqu'à ses notes de restaurant. C'est pour faciliter cette comptabilité colossale et éviter la perte de temps qui résulterait du règlement de banque à banque qu'a été créé le Clearing House, c'est-à-dire la Chambre des compensations.

Dans Wall Street — si je ne me trompe, — une salle éclairée par en haut, meublée d'une soixantaine de petits pupitres derrière lesquels se tiennent les employés des soixante banques comprises dans l'association. Les employés arrivent un peu avant dix heures du matin. Chaque banque a deux employés présents : l'un assis derrière son pupitre, l'autre debout, muni des chèques payés la veille par sa banque pour le compte d'autres banques. L'employé assis est là pour recevoir, des banques qui les ont payés, les chèques tirés sur sa banque.

A dix heures précises, le président, qui se tient derrière une espèce de haut balcon d'où il domine toute la salle, annonce l'ouverture du Clearing House. Les employés des différentes banques, attendant debout, en ligne, porteurs de liasses de chèques, défilent alors tour à tour devant chacun des pupitres et y font la livraison des chèques dont je viens de parler. Chaque liasse de chèques est accompagnée d'un relevé donnant la somme totale qu'ils représentent. Au fur et à mesure que ces liasses sont remises à l'employé assis, il les met de côté et en porte le total sur une feuille qu'il a devant lui. Quand toutes les livraisons sont faites, il additionne les sommes qu'il a inscrites et obtient ainsi le total des chèques tirés sur sa banque et qui ont été payés la veille par les autres banques de la cité.

Chaque banque connaissant ainsi le total des sommes payées *pour* elle la veille, par les autres banques, et ayant remis à celles-ci le chiffre des chèques payés *par* elle pour leur compte, se trouve devant sa situation exacte de débit et de crédit. Elle sait, ou bien qu'elle doit un million de dollars, par exemple, ou bien qu'on lui doit un million de dollars. Or, selon les règlements de l'institution de New-York, chaque banque débitrice doit verser à la caisse du Clearing House, avant une heure et quart, le jour même, le million de dollars représentant l'excédent payé pour son compte par les autres banques de l'Association, faute de quoi elle sera aussitôt déclarée en faillite.

Les relevés de chaque banque sont soumis au clerc du Clearing House qui fait lui-même un relevé de leurs comptes respectifs. Ces comptes doivent nécessairement se balancer, et ainsi, sans que la moindre petite erreur soit possible, on a réglé, en quinze ou vingt minutes, des transactions financières représentant des sommes immenses.

Peut-on rien rêver de plus simple que ce système et de plus magiquement appliqué?

Détail typique : un employé qui se tromperait une seule fois dans ses additions, serait implacablement mis à la porte.

Et le jour où j'assistai aux opérations du Clearing House, le total des opérations qui s'y effectuaient se montaient à 113 millions 925,479 dollars, soit près de 600 millions de francs !

※

La *Safe Deposit Company* est une institution qui, depuis sa fondation, fut très imitée en Amérique, et qui a son pendant dans les grandes capitales européennes. Mais nulle part il ne s'en trouve d'aussi importante et d'aussi perfectionnée que celle que j'ai visitée dans le bâtiment de l'*Equitable,* à New-York.

On descend dans le sous-sol.

Il y a là 25,000 coffres-forts, enfouis dans un sous-sol machiné comme une scène de féerie : c'est une bastille de rêve ! On sent partout des yeux autour de soi, — et du silence. Dès que vous mettez le pied à proximité de la porte d'entrée, sur un tapis de caoutchouc, une sonnerie que vous n'entendez pas et dont vous ne voyez pas le mécanisme dissimulé sous le tapis, avertit aussitôt un gardien qui apparaît trois ou quatre secondes après derrière une grille aux barreaux énormes. Pour que vous puissiez entrer, il faut que la porte s'ouvre, et pour que la porte s'ouvre il faut que le dallage de marbre dans lequel la porte est encastrée s'abaisse de 30 centimètres au-dessous du niveau du sol ! La porte elle-même, bardée d'acier, a 50 centimètres d'épaisseur.

A l'intérieur, ce sont des petits couloirs bordés de

cabines minuscules où l'on s'isole pour vider son coffre-fort — ou l'emplir. Il y a des cabines spéciales pour les femmes. Une femme de chambre est à leur disposition.

Avant d'entrer, chaque client doit dire au gardien le mot de passe qu'il a choisi et qui se trouve consigné sur un registre. Il arrive que des gens perdent leur clef ou oublient leur mot de fermeture. Il faut alors briser les portes et payer de 25 à 50 francs pour leur réparation.

L'ouverture des coffres-forts nécessite trois clefs différentes. En cas de décès des déposants, on trouble la combinaison, et le coffre-fort ne peut être forcé qu'en présence de tous les héritiers.

Le prix de la location va de 5 dollars à 800 dollars, selon les dimensions du coffre. Des sociétés financières ont des coffres personnels, d'une épaisseur énorme. Il y en a qui sont des chambres où l'on peut se tenir debout et circuler. Voici celui de la famille Gould, qui a bien 3 mètres de hauteur. C'est un bloc colossal d'acier lisse et luisant comme une plaque de blindage, que les obus n'écorcheraient même pas...

On a pris une série de précautions inouïes pour donner confiance aux déposants. Des tournées de surveillance ont lieu toutes les heures, jour et nuit. Un cadran spécial indique et contrôle les heures des tournées.

Je demande au chef des gardiens :

— S'il y avait une émeute à New-York et qu'une troupe de gens voulussent entrer ici, qu'arriverait-il ?

Le gardien sourit, et, me montrant toute une robinetterie :

— Vous voyez, au-dessus de la porte, ces tuyaux ?

Eh bien, grâce à cela, au premier signal, on peut remplir la pièce de jets de vapeurs brûlantes qui aveuglerait et brûleraient tous les êtres vivants qui s'y seraient aventurés. Ils seraient morts en moins d'une minute...

— Et si on voulait mettre le feu ou inonder vos caves ?

— Quand les portes sont fermées, ni l'eau, ni le feu, ne peuvent pénétrer. Nos murs et nos plafonds ont un mètre d'épaisseur. Les plafonds sont en acier bardé de cuivre.

— Ne craint-on pas les employés infidèles ?

— Tous nos employés doivent fournir au moins dix ans de références parfaites. Tous sont des détectives assermentés.

Et il me montre, sous le revers de son gilet, une plaque d'argent qui est le signe de sa fonction et qui lui donne le droit d'arrêter des gens et de se faire au besoin prêter main-forte.

En nous promenant à travers le labyrinthe des étroits couloirs, nous croisons des déposants qui vont ouvrir leurs coffres. Ils ont l'air préoccupé, ils ne nous regardent pas. Nous les voyons ensuite dans les cabines, penchés sur les tables, dans l'attitude attentive et classique des avares comptant leur or.

Le gardien nous montre une boîte ouverte, en fait jouer le mécanisme follement compliqué et essaye en vain de nous le faire comprendre. J'y renonce tout de suite.

Nous descendons un étage encore, le gardien ferme toutes les portes derrière lui. Nous marchons sur d'étroits escaliers d'acier, nous frôlons des murs d'acier ; on aperçoit d'épaisses grilles de fer, on peut se croire dans les sombres oubliettes d'un château fort. On ne voit rien derrière les grilles. Mais le gardien presse un bouton et la geôle s'éclaire : les cachots sont des trésors ! Des lingots d'argent qui ont la forme de gueuses de fonte, d'autres lingots qui sont des poids de 20 kilogrammes sans anneau, d'une blancheur mate, s'entassent contre les murs. Chacun de ces lingots vaut environ trois mille francs et j'en compte, derrière une seule grille, à peu près cinq cents.

Ces lingots sont déposés là par des spéculateurs qui attendent que le prix de l'argent monte.

Dans d'autres cachots, derrière d'autres grillages, je vois des objets bizarres, des pièces métalliques démontées, séparées ou enveloppées.

— Qu'est-ce que c'est que cela ?

— Ce sont des machines brevetées que les inventeurs ont déposées là pour être sûrs d'être à l'abri des imitateurs. Chez eux, on les volerait trop facilement.

J'ai hâte de remonter à la clarté. On étouffe dans ce trou sans air, sans lumière ; on se sent écrasé par quelque chose de lourd, d'insurmontable, qui n'est sans doute que la sensation de cette masse d'acier hermétiquement close qui vous enserre et vous opprime.

Mais là-haut, on tient à nous montrer quelque chose encore de plus extraordinaire et de plus nouveau.

En effet, la *Safe Deposit Company* garantit même d'autres coffres-forts placés ailleurs que chez elle, dans les bureaux des grandes banques et des sociétés financières. Ainsi, la Société assure le coffre-fort de M. J.-P. Pierpont-Morgan, situé à quelque distance de là, au coin de Wall Street.

COMMENT ON DÉFEND SES CAPITAUX

Mais des conditions spéciales sont imposées dans ces cas. Ainsi le coffre-fort doit être ouvert et fermé tous les jours à l'heure précise fixée par les conventions. Un représentant de la Société est présent à l'ouverture et à la fermeture. Un système de signal automatique est installé dans la serrure même du coffrefort de M. Morgan et correspond à un cadran placé dans un bureau de la *Safe Deposit Company*. De sorte qu'à la seconde même où le coffre-fort est ouvert ou fermé, la Société en est prévenue. M. Morgan ouvre son coffre-fort tous les jours, à 10 h. 15. Le matin de ma visite, il y avait une minute de retard, l'employé me montra que le cadran marquait 10 h. 16. A 4 h. 1/2 exactement, le coffre-fort devait être fermé. Le samedi seulement, l'heure change, c'est à 2 h. 1/2. Le dimanche, il est impossible de l'ouvrir.

Si, par un hasard inadmissible, il arrivait que le coffre-fort était ouvert par fraude, un système électrique en avertirait instantanément le surveillant de la Société et le poste de police voisin.

Et c'est ainsi que savent se défendre les capitaux américains.

LA VIE DE CAMPAGNE

Le goût du plein air. — Les jeux du samedi. — Les « parties » à la campagne. — Les chaperons. — L'hospitalité américaine. — Liberté. — La vie large et abondante. — Chez J.-H. Hyde. — Les jeux. — Les chevaux. — Les voitures. — Le *squach*. — La roulette. — Les charades. — Un piqueur français. — La *Revue des Deux-Mondes* dans les écuries. — La grande tradition. — Whisky and soda. — Chez M. Cochrane. — Banjo et cake-walk. — Chez M. George Gould. — A Lakewod. — Le jardin de Versailles. — Fontaines et statues. — Les palais italiens démeublés. — Le *Court*. — Le manège. — La piscine. — M. George Gould. — Les affaires et l'hygiène. — Le dîner. — Mme George Gould. — L'intérieur de la villa. — Richesses. — Chez Mrs Clarence Mackay. — Le château de Maisons-Laffitte. — Les tapisseries du prince de Sagan. — La bibliothèque. — L'escalier. — Les salons. — Les chambres. — Le cabinet de toilette. — La baignoire.

Nous avons vu les Américains dans la rue, au restaurant, chez eux, il nous reste à les voir au repos, — si l'on peut employer ce mot lorsqu'il s'agit des gens d'ici, — c'est-à-dire à la campagne.

Ces terriens d'Europe venus en Amérique avec l'idée fixe de faire fortune et dont l'activité, sous l'impulsion première de l'énergie et de l'ambition, est devenue presque mécanique, n'ont pas perdu malgré cela, comme on pourrait le supposer, le goût ancestral des arbres et de la verdure. Mais ils apportent dans la nature, au lieu de notre flânerie tranquille et reposante, la même fièvre de mouvement et de bataille qui les énerve à la ville.

En effet, dès le samedi, à une heure, tout travail étant arrêté dans les bureaux et les magasins, les villes se dégorgent dans les banlieues ; les équipes de patineurs, de hockey, de football, de base-ball, de cross, de coureurs, de cyclistes, emplissent les trains en même temps que la foule des spectateurs — des jeunes femmes surtout — qui vont assister à leurs jeux. Et l'on peut dire que c'est, depuis les prairies gelées du Nord et de l'Est, jusqu'aux Eldorados ensoleillés de la Louisiane et de la Californie, une véritable exposition des muscles du nouveau monde.

Ces jeux publics sont ceux de la classe moyenne et de la classe inférieure. Les riches, eux, passent un instant à leur bureau le matin du samedi, et s'en vont dans leurs propriétés jusqu'au lundi, quelquefois jusqu'au mardi matin.

Qu'y font-ils ?

Ils organisent ce qu'ils appellent une « party ». En Amérique, on s'invite beaucoup et on voisine pas mal. On assortit le mieux possible célibataires et gens mariés. Comme on ne peut pas se passer de jeunes filles et qu'on ne se croit pas obligé d'inviter toute leur famille, l'usage s'est établi du « chaperon ». Une jeune fille peut fort bien répondre à l'invitation d'un célibataire, jeune ou vieux, même demeurer plusieurs jours chez lui, à la condition d'y être « chaperonnée », c'est-à-dire d'y être invitée en même temps qu'une femme mariée de sa connaissance qui assume le rôle de « chaperon », rôle purement théorique, car les hommes sont d'une telle timidité, d'une telle réserve, qu'il faut qu'ils se sentent pour ainsi dire provoqués pour risquer la moindre attaque... Mais nous tenterons d'expliquer cette psychologie plus tard.

J'ai visité plusieurs campagnes américaines dans l'Est, le Sud et l'Ouest. Comme elles se ressemblent beaucoup, je ne m'arrêterai qu'à deux ou trois des plus typiques.

Et d'abord, je voudrais, en lui rendant justice, payer ma dette à l'hospitalité américaine. L'Américain, qui est un homme d'affaires féroce (les anecdotes qu'il raconte lui-même le prouvent), qui, pendant les journées qu'il passe à la ville, se transforme en machine à écraser l'adversaire, quand il devient maître de maison, s'attache du mieux qu'il peut à sortir de son farouche égoïsme et à rendre à ses semblables les devoirs de la civilisation. Il est en cela souvent aidé d'ailleurs par des femmes qui bénéficient, ici comme chez nous, des qualités charmantes de bienveillance et de sociabilité. Mais je connais des célibataires qui savent être pour leurs hôtes les plus délicats, les plus parfaits des maîtres de maison.

Quand votre hôte est allé ou vous a envoyé chercher à la station la plus proche, en coupé, en coach ou en automobile, et qu'il vous a conduit à votre chambre, vous n'êtes plus chez lui, vous êtes chez vous. La maison vous appartient (ah ! le prendre au mot, celui que je sais !) Il a l'air de ne plus s'occuper de vous pour ne pas offenser votre liberté, mais son œil ou son domestique a veillé à tout et tout prévu. Vous trouvez vos valises vidées, vos affaires rangées dans les tiroirs, vos vêtements et votre linge de rechange étendus sur le lit ; une fleur éclatante avec une épingle est posée sur une console. Le bain est prêt. Les domestiques sont à vos ordres. Je sais que ces façons hospitalières sont imitées de l'aristocratie d'Europe, mais j'admire avec quelle rapidité elles furent assimilées par ces nouveaux aristocrates.

Vous descendez le matin à table pour le premier déjeuner ou bien vous le faites monter dans votre chambre. Chaque invité vient à son heure. Il dort tant qu'il le veut, aucun cri, aucun bruit ne le réveillera.

Veut-il sortir à cheval, ou en voiture ? Veut-il conduire lui-même ou se faire accompagner. Il va à l'écurie, choisit son cheval ou fait atteler le morning-phaéton, le dog-cart ou le tandem ou le buggy. Pour plus d'exactitude, il a même pu inscrire ses ordres la veille sur un tableau d'écurie.

Je viens de dire qu'on retrouve dans la vie de campagne américaine les mêmes signes d'activité morbide qu'à la ville. Pendant les jours que j'ai passés, soit à Bay-Shore, chez M. J.-H. Hyde, soit à Lakewood, chez M. George Gould, soit à Roslyn, chez Mme Clarence Mackay, plus curieux de regarder les autres que de les imiter, j'ai pu observer les allées et venues des invités, jeunes gens et gens mariés.

Tout est arrangé dans les villas pour pouvoir à chaque instant remuer, agir, *faire quelque chose*, pour n'être pas obligé de parler. A côté des Américains, nous sommes les pires bavards ! Quand on n'est pas dehors, quand on ne joue pas au ping-pong, au squach, à la roulette, on sent très vite naître l'ennui. Aussi, le zèle des maîtres de maison s'ingénie-t-il à trouver sans cesse des motifs d'aller et de venir, de remuer, d'agir, pour « tuer le temps ».

Une jeune fille de dix-sept ans, l'héritière d'un des noms les plus célèbres dans les chemins de fer d'Amérique, enfant charmante et frêle, petite et gracieuse, sortait le matin, après son premier déjeuner, à cheval; rentrée vers midi, elle changeait de toilette pour descendre à table. Sitôt le lunch terminé, la voilà en voiture, conduisant elle-même un tandem ou un coach. Six quarts d'heure après, elle était de retour, car il faut cultiver la variété de nos plaisirs. Elle faisait une apparition au salon de repos, et je la voyais mobiliser un jeune homme quelconque, le premier venu, peu lui importait, pour une course à pied. Mais elle revenait bientôt, une demi-heure ou trois quarts d'heure après, se mettait à la table de ping-pong.

Pourtant la journée n'était pas complète! Elle n'avait pas joué au tennis. Et, pendant une heure, dans le hall grillé attenant au salon de repos, elle jouait ce jeu fatigant de tennis de chambre qu'on appelle le *squach*, et qui consiste à lancer avec la raquette la balle contre un mur, de façon à empêcher l'adversaire de l'attraper au retour.

On pouvait supposer qu'après une journée ainsi remplie la jeune fille voudrait se reposer. Mais, après le dîner, c'était de nouveau le ping-pong, et même une fois je la vis s'essayer à jouer du cor de chasse.

— Vous ne lisez donc jamais, mademoiselle? lui demandai-je.

— Oh! oui, certainement.

— Mais quand?

— Quand j'ai le temps.

— Et à quel moment causez-vous?
— A cheval, en voiture, en coach, à table.
— C'est-à-dire pendant que vous faites autre chose...

Chaque millionnaire a son « dada » préféré. M. Rockefeller et M. Carnegie ont dépensé des sommes considérables dans l'aménagement de prairies pour le jeu de golf; M. George Gould met sa coquetterie dans son champ de polo et dans son « court » de Lakewood; M. James Hyde a un faible pour ses écuries.

C'est à Bay-Shore, près d'une plage triste aux flots morts, et dont la mélancolie a de la grandeur, que M. Hyde a sa villa, autrefois bâtie par son père, fondateur de l'*Equitable*. C'est une sorte de vieux château en bois, de style colonial comme tout ce qu'on a bâti jusqu'à présent dans ce pays. C'est là que M. Hyde a la plus grande partie de ses chevaux. Et j'ai souvent entendu répéter que les écuries de Bay-Shore sont les plus parfaites de l'Amérique. « C'est tenu ! » Une salle spéciale pour les harnais luisants et nets comme une argenterie de table; dans une vitrine, les mors, les gourmettes, les grelots, les étriers, les fouets; une autre salle pour les couvertures d'où sort un parfum entêtant de camphre; une autre salle pour le nettoyage des cuirs et des aciers; une autre pour le séchage; une autre encore pour la maréchalerie, avec forge et enclume; dans la salle des selles, des vitrines en bois sculpté contiennent un véritable musée de mors, d'étriers, de cors de chasse, de vieux fouets de postillons, de vieilles brides écussonnées, en cuir rouge fané qui ont l'air un peu dépaysés au milieu de cette éclatante et toute neuve élégance; un grand hall pour les voitures; j'en ai compté de vingt-huit sortes différentes : coaches, breaks, omnibus, victorias, phaétons, cabs, dog-carts, tandems, buggies, cutters, traîneaux et d'autres dont les noms m'échappent.

L'écurie elle-même est tenue comme une salle à manger, les stalles sont cirées, les mangeoires reluisent, les litières sont fraîches, des ruisseaux en pente entraînent les eaux, aucune odeur dans ce sanctuaire. A côté de l'écurie, dans une autre petite salle, un bassin est creusé, alimenté par de l'eau chaude et de l'eau froide où l'on conduit les chevaux qui, ayant fourni une longue course, ont besoin d'un bain de pieds. Des mécaniques ingénieuses envoient l'avoine du grenier dans les mangeoires.

Le personnel de l'écurie, très nombreux, est gouverné par François Guillot, Parisien de Chaillot, qui servit dix ans chez M. W.-K. Vanderbilt et fut le piqueur du général de Boisdeffre au couronnement de l'empereur Nicolas II. Il est fier de ses états de service. Logé dans l'écurie, ses appartements sont d'un luxe à faire envie à de gros bourgeois français: la *Revue des Deux Mondes* est sur la table du salon, un piano est ouvert dans un coin. François Guillot est dans la grande tradition. Une dame visitant les écuries s'extasiait devant lui sur la beauté d'un cheval. Il répondit à la dame :

— Vous n'avez qu'à dire à monsieur qu'il vous plaît, je suis sûr qu'il vous le donnera.

J'entends encore le rire sonore de M. James Hyde en me racontant cette anecdote.

Le maître de céans a son bureau dans l'écurie, un bureau rempli de téléphones et de sonneries sans nombre, comme partout dans le reste de la villa d'ailleurs. Des tapis sur le sol, des canapés et des fauteuils, de vieux cuivres, étains, vieilles faïences, meubles d'acajou anciens, photographies sportives, cors de chasse, des souvenirs hippiques, rubans gagnés aux concours, des itinéraires de coach en France, 10,000 kilomètres de routes françaises, car M. Hyde vient chaque année chez nous et il y exerce son sport favori, le « coaching », où il est passé maître. A côté du bureau, la cuisine : ce qui permet, certains soirs où la veillée s'est un peu attardée, de venir souper dans cette écurie « modern style », plus librement et plus gaiement, grâce au décor, que dans le castel. J'ai souvenir d'un joyeux souper que nous y fîmes, un soir où le thermomètre marquait dehors 15° sous zéro ; les dames, coiffées de vieux chapeaux de postillon ou de bonnets de toréador, jouaient du cor de chasse, et tout le monde dansait le cake-walk.

A la campagne, on ne craint pas d'abuser du whisky. J'ai vu filer dans une seule soirée quatre-vingt-dix bouteilles de soda, et nous n'étions pas plus d'une dizaine d'hommes. Le maître de maison, pris au dépourvu, en était lui-même un peu étonné. C'est qu'à partir de dix heures du soir, le whisky est la grande distraction campagnarde. L'Américain est, en général, froid. De plus, il est fatigué par la double vie d'affaires et de sports qu'il mène. D'autre part, il est peu cérébral. C'est un réaliste pratique. Sa journée finie, il lui reste peu d'imagination pour s'amuser et pour amuser les autres. Il a donc besoin, pour s'animer, pour s'exciter, de ce maïs et de cet orge fermentés qui lui délient la langue et font sortir un peu de liant et même d'effusion de son âme fermée.

Les femmes sont plus naturellement gaies. Complètement dénuées de gêne et d'embarras, d'une simplicité vraiment idéale dans leurs manières et dans leurs paroles, elles sont des compagnes charmantes, toujours prêtes à se distraire et à rire. Les hommes, plus engoncés, plus lourds, s'animent à leur contact et à leur exemple, mais ils les suivent et les imitent, plutôt comme des instruments que comme des partenaires.

Les charades qu'on joue quelquefois le soir sont animées par l'entrain, la vitalité, l'amour du plaisir des femmes. On ne perd pas beaucoup de temps à choisir des idées ingénieuses ou rares, jolies ou spirituelles; on prend au hasard un proverbe, on le met en œuvre, à la quatre-six-deux, et on le joue très simplement sans que personne songe jamais à se moquer ou à blaguer. De là, ce naturel délicieux que l'on trouve ici et qu'on ne trouve ailleurs que dans les pays du Nord.

Je me souviens d'une « party » qui avait été organisée chez le célèbre avocat Cochrane, dans sa propriété de Long-Island, le jour du Thanksgiving, qui est le jour de la fête nationale américaine. On était venu chez lui de tous les coins de l'île, car M. Cochrane est un des hommes les plus aimés des femmes d'Amérique. J'ai entendu parler de lui, avec des accents qui ne trompent pas, par les plus jolies femmes de son pays. Il a des « clientes » dans toutes les grandes villes des États-Unis. C'est à celle qui se dira sa « plus vieille amie ». Avec ses yeux voilés et sa bouche gourmande, l'illustre orateur sait trouver, par le chemin du cerveau, celui du cœur des belles Américaines : il peut se vanter de sa domination, elle est réelle.

Ce jour-là, une aimable dame m'avait conduit chez lui où une quarantaine de personnes se trouvaient déjà. Le *banjo* résonnait dans le salon. La guitare nègre rythmait les airs de cake-walk les plus populaires. Et des hommes sérieux, des avocats, des banquiers, des « magnats », des magistrats, des médecins et des littérateurs, cédant à l'irrésistible entrain de la danse, battaient le plancher de leurs jambes folles, les bras lâches et les mains mortes, les reins cambrés, la bouche souriante : ce fut ma première révélation du cake-walk.

Mais je fis là une autre constatation, plus importante : c'est qu'on peut avoir des occupations graves, manier des affaires colossales, être un grand financier, un juge, un orateur célèbre, un savant, et s'amuser comme un homme, sans craindre l'ironie des autres et sans démériter à leurs yeux.

On n'a pas idée de cela en France !

Chez M. George Gould, un samedi.

C'est aussi dans Long-Island, à Lakewood, que se trouve la propriété de M. George Gould, le chef de la famille Gould, depuis la mort du fondateur de la dynastie.

On croit généralement chez nous, et j'étais allé en Amérique avec cette idée, que les fils des grands milliardaires sont déjà dégénérés, comme ont prouvé qu'ils l'étaient certains fils à papa de chez nous, niaisement grugés par les filles, escroqués par des bandes de parasites. Il est convenu, en effet, en France, qu'un homme qui a hérité de quelques millions décherrait s'il s'occupait d'affaires, s'il allait à un bureau, si, en un mot, il se rendait utile et justifiait sa fortune par plus d'initiative, par des idées plus larges et plus hardies que les autres.

Cette idée que j'apportais là-bas devait me ménager quelques surprises.

Après avoir traversé pendant une heure un paysage monotone et pauvre, semé de maisons de bois, quelques villages qui n'ont pour gare que des bâtisses hâtives n'abritant que les marchandises devant lesquelles les gens attendent, les pieds dans la neige, l'arrivée du train, on stoppe à Lakewood, station d'hiver de New-Jersey, peuplée de maisons élégantes et de villas qui bordent de belles avenues.

La voiture longe une grille qui n'en finit pas, et entre par une porte monumentale de pierre et briques; à droite, le bâtiment des écuries avec son haut clocher arrondi a l'air d'une église de village; devant un péristyle couvert, des domestiques en culotte courte attendent, prennent vos bagages, et, en attendant l'arrivée des hôtes, vous faites le tour du propriétaire.

On a devant soi un immense jardin français dans le goût de Versailles, très joliment dessiné et dont le dessin est souligné par de petites haies de verdure qui bordent les parterres géométriques et les allées rectilignes. Comme la propriété est toute jeune, les arbres du jardin sont bas, ce qui permet d'en embrasser l'ensemble d'un coup d'œil. Au centre, c'est une large allée de gravier bleu, encadrée de deux autres petites allées parallèles séparées entre elles par des bandes de gazon fin. A l'extrémité où je me trouve de l'allée centrale, un grand bassin de marbre est creusé, orné d'une fontaine monumentale que je trouve magnifique : deux chevaux de marbre se cabrent éperdument sous la lanière d'un jeune demi-dieu de bronze, nu et superbe, debout dans une conque à laquelle se retiennent deux sirènes de marbre blanc qui soufflent dans des coquillages. Tout le long de l'allée, des vases de marbre Renaissance, des bancs et des fauteuils de marbre du seizième siècle italien, si nets et si blancs, et dont les bras sont des chimères, les pieds des lions ailés, les dossiers des armes ducales et des fleurs de lis. On aime à se figurer un marquis d'Este ou un cardinal Trivulce, assis sur ces chefs-d'œuvre.

A chaque angle des parterres, et ils sont nombreux, s'élèvent des statues ou des vases sculptés de sujets mythologiques. Même sur un socle, j'ai vu l'*Enlèvement de Proserpine par Pluton*, de François Girardon, qui vient, dit une pancarte, de Versailles, pavillon Montesquiou.

Il y a de la neige sur tous les parterres : seules les allées sont déblayées, et c'est une jolie harmonie que celle de cette neige pure, de ce gravier bleu, de ces arbustes verts et de ces statues de marbre. Mais il n'y a pas que des statues, des bancs et des vases, il y a aussi des fontaines et des vasques sculptées, des portiques de marbre de douze colonnes placées en demi-cercle, de hauts candélabres de bronze qui abritent des lampes électriques. Quel chemin ont dû faire ces chefs-d'œuvre avant d'arriver là? Des agents sont allés les chercher durant de longs mois dans les villas de Florence et du Pausilippe, ou dans les vieux palais de Rome et de Venise. L'Européen, à regarder cela, éprouve une sensation que les Américains ne peuvent pas comprendre : celle d'une visite chez un vainqueur ami des arts et un peu pillard qui aurait râflé sans scrupule le mobilier de ses ancêtres.

Tout autour de ces blancheurs bleutées par le reflet du ciel, s'étend la forêt, jonchée de feuilles mortes, des sapins, des jeunes trembles dont les branches fines se dessinent nettement sur le fond limpide de l'air.

Un grand silence plane sur ce spectacle, seulement troublé par le bruit des râteaux que des jardiniers promènent dans les allées, et par les sons lointains des trompes des coaches.

C'est la deuxième sensation de beauté que j'ai éprouvée en Amérique.

Tout en haut de ce jardin de Versailles s'élève le *Court*, c'est-à-dire une vaste et large bâtisse de pierre dont le toit est vitré et qui abrite tous les sports possibles.

D'abord, une salle de manège grande comme une piste de cirque, où peuvent circuler et tourner à l'aise deux ou trois attelages de coaches : c'est là qu'on dresse les chevaux. Ensuite, une salle de gymnastique où se trouvent tous les instruments et tous les agrès inventés par l'ingéniosité maniaque des Américains ; une salle de *squach* (tennis de chambre) pour deux joueurs ; une autre salle de tennis pour quatre joueurs ; une salle immense pour le jeu de paume avec ses murs garnis d'auvents en pente ; une autre salle, plus vaste encore, pour un autre jeu de balle dont j'ai oublié le nom ; un garage pour automobiles, où je compte cinq voitures dont une, toute mignonne, pour les enfants. Dans un coin, je vois un tas énorme de serpents gris enroulés comme une famille de couleuvres gigantesques : ce sont des pneus de rechange. Une salle de billard, garnie de sofas et de canapés et dont les murailles sont couvertes de vieilles gravures anglaises coloriées.

Mais la merveille du lieu est la piscine, un vaste et profond bassin de marbre de quinze ou vingt mètres de long sur dix de large, où court une eau claire et tiède. Des ballons flottent sur l'eau pour les jeux de la natation. Pour plonger, on a élevé huit marches de marbre au-dessus du bassin. Des bancs de marbre contre les murs. Le long des bords de marbre blanc sont posés des arbustes en fleur, des azalées, des camélias, des orangers avec leurs fruits d'or, des palmes. Une natte épaisse de caoutchouc tapisse le chemin de circulation.

A côté de la piscine, les étuves de bains turcs, vapeur sèche et vapeur humide toujours prêtes à fonctionner, et dont on peut manœuvrer soi-même le facile mécanisme en tirant de simples cordons!

Ce voisinage de chefs-d'œuvre en plein air, cette atmosphère de sports et d'activité physique, ce luxe et ce confort balnéaire parmi des fleurs et des plantes méridionales, évoque, l'éclair d'un instant, l'idée d'une Rome renaissante.

Au retour de ma promenade, j'avais rencontré Mme George Gould, qui revenait d'une course en coach; souriante et gracieuse, elle m'avait fait monter à côté d'elle et nous étions allés au *Court* que je viens de vous décrire. Là, nous trouvâmes M. George Gould — et il s'en excusa — en peignoir de bain. Il venait, en effet, de faire sa partie de *squach* quand j'arrivai, et s'était douché ensuite. Ses deux fils aînés, en peignoir comme lui, étaient à ses côtés.

M. Gould est un homme brun d'une quarantaine d'années, à la courte moustache noire, à l'œil vif et intelligent, au masque sérieux et énergique. Il m'accueillit dans un excellent français, avec les plus aimables et les plus simples formules d'hospitalité.

Au cours de ma visite dans le *Court*, nous nous étions un instant arrêtés dans le bureau de M. George Gould, car, même à la campagne, il faut que les millionnaires travaillent. Ce bureau est relié par des fils téléphoniques directs non seulement avec toutes les parties de la propriété, mais aussi avec son bureau de New-York! De sorte qu'à chaque minute il peut être tenu au courant des moindres événements qui l'intéressent. Les murs et les tables du petit bureau étaient couverts de cartes et de plans. Comme je regardais curieusement un tracé bleu de plusieurs mètres de long qui pendait de la table au plancher, M. Gould me dit.

— Ceci est le plan d'un chemin de fer que nous rectifions. Il y avait trop de montées dans le parcours, on allait lentement et on ne pouvait traîner que peu de wagons. Nous allons donc faire pour deux ou trois cents millions de travaux, percer quelques montagnes et aplanir quelques sommets, et, au lieu de vingt wagons, nos locomotives pourront en traîner soixante. Désormais tout le blé du Centre passera par l'Arkansas, pour être embarqué à la Nouvelle-Orléans.

Son doigt fin se promenait le long des lignes blanches, et je vis qu'il savait profondément les choses dont il parlait.

— Travaillerez-vous donc toujours, monsieur? interrogeai-je. Et à quel chiffre vous arrêterez-vous?

— Je ne travaille pas pour gagner de l'argent, me répond mon hôte sur un ton très simple. Je suis en effet assez riche pour satisfaire tous mes goûts. Je travaille pour agrandir mon pouvoir, pour la satisfaction de voir prospérer mes chemins de fer, de voir naître des villes le long de mes rails, pour ainsi dire à ma volonté, pour voir s'élever, à la place des forêts vierges, des champs de coton, et finalement pour envoyer beaucoup de coton, beaucoup, beaucoup, sur les marchés de Londres, de Liverpool, partout, partout !

— Et cela vous fait heureux, complètement, jusqu'à ne rien désirer d'autre ?

— Oui. Je suis heureux, je peux le dire. J'aime mes affaires, ma maison, mes enfants, ma femme, mes amis, le sport. Je suis heureux.

Ce luxe sportif et ce jardin royal n'étaient rien cependant à côté des richesses que je devais contempler le soir, dans la grande villa.

Le dîner, qui eut lieu dans une belle salle à manger verte aux tentures de velours couleur de mousse, fut splendide et exquis. Aux deux bouts de la table couverte d'orchidées, M. et Mme George Gould présidaient, entourés d'une douzaine de leurs amis. Ma qualité d'étranger m'avait valu la place d'honneur à la droite de la maîtresse de maison, et je pus, durant tout le repas, après m'être surtout promis d'observer, me laisser aller tout simplement au charme égoïste de voir des gens heureux nager dans un luxe princier avec une simplicité bon enfant et le désir évident de faire partager leur joie autour d'eux.

Mme George Gould est dans tout l'éclat de la beauté épanouie : sa voix douce et musicale, ses longs yeux de velours noir, une peau un peu ambrée, d'un ton chaud, sur laquelle un collier de perles miraculeuses mettait la caresse de ses reflets, ses traits réguliers, ses attaches fines, évoquent je ne sais quoi d'italien qui s'accentue quand on voit de profil son nez et son menton d'un dessin très pur. J'ai remarqué ce soir-là, en la regardant, que les bijoux très riches ne vont qu'aux physionomies heureuses et souriantes.

La conversation roula en partie sur les trusts, sur les bons et les mauvais trusts. Le trust des pétroles, par exemple, est un bon trust puisqu'il profite au public qui le paye moins cher; au contraire, le trust de la viande est un mauvais trust, puisque, en trois ans, le prix de la viande a augmenté de 25 p. 100. Mais ces trusts-là sont des trusts occultes que l'Etat a le droit et le devoir de surveiller. On est, d'ailleurs, en train de les étouffer en ce moment.

On discuta aussi sur la sensibilité ou la non-sensibilité des femmes américaines comparées à leurs sœurs latines. Vaste sujet, et bien délicat, qu'il faudra bien traiter un jour.

Un orchestre jouait dans une pièce voisine, qui dispensait les conversations d'être suivies. Une jeune fille superbe fredonnait à l'oreille de son voisin l'air fameux du *Bamboo Tree* qu'on chante en ce moment dans toute l'Amérique : « If you like me like I like you... », etc.

Mme George Gould n'entend pas le français, mais elle a voulu que ses enfants le parlent.

Après le dîner, il vint une liseuse de pensées qui nous étonna tous par sa lucidité.

On se coucha vers minuit.
Le lendemain, je pus visiter la maison en détail.

Je vous ai décrit le jardin merveilleux et le *court* situé à l'extrémité du jardin, comme l'Orangerie au bout du jardin des Tuileries, auquel on ne peut s'empêcher de penser d'ailleurs. Il me resterait à vous montrer la villa de George Gould, les salons, les corridors et les vestibules peuplés d'œuvres d'art, le grand Rembrandt, les Corot, les Lawrence, les Cuyper, les Van der Neer, les Reynolds, les Rousseau, les Millet, les Greuze, les Fortuny, les Gainsborough, les Watteau, les Ghirlandajo, les Franz Hals, les Hobbema, les Jacquet, les Fromentin, les Gérard Dow, les Thaulow, les Meissonier, les bronzes de Houdon, les Barye, que sais-je encore ! Sans compter les deux beaux portraits de la maîtresse de maison par Chartran et Carolus Duran.

Une telle description serait un long catalogue d'œuvres d'art avec des chapitres pour les vieux livres précieux, les missels enluminés, les collections d'estampes rares, les enluminures persanes, les vases d'argent et de vieux chine, les coffres de bois sculpté à fond doré, les armures florentines, les tapis de Perse.

Je me contenterai de vous donner une idée de la disposition et de la couleur de l'habitation.

Un grand salon ouvre sur le large vestibule d'entrée de la villa. Des armures Renaissance damasquinées se dressent, armées de lances, à la porte.

Ils se taisent, pas un ne bouge, c'est terrible.

Quatre piliers de porphyre soutiennent un balcon de marbre à grille dorée qui court au premier étage et d'où tombent des étoffes rares brodées d'or et d'argent. A droite, en entrant, une grande cheminée de marbre italienne, à colonnes, ornée de sculptures dorées, surmontée de deux anges de marbre cuirassés d'argent. Sur le manteau de la cheminée trois grands vases de sèvres bleu et or, deux petites figures de marbre d'une telle grâce qu'on les dirait de Falconnet. Autour de la pièce, sur la corniche, se développe une fresque de Sargent. De la rampe de l'escalier — dorée aussi — qui prend sur le salon, pendent encore des étoffes merveilleuses. A terre, des fourrures de tigre et d'ours blanc. La pièce est meublée de hauts et larges fauteuils de bois doré, tapissés de velours rouge brodé d'or.

Une demi-douzaine de salons et un jardin d'hiver se succèdent au rez-de-chaussée : l'un est tout en tapisseries de Beauvais du dix-huitième siècle ; sur les murs sont peints des sujets gracieux, des bergerades, des femmes en toilettes Louis XV, des motifs du temps, légers et badins ; — l'autre, toute en tapisseries d'Aubusson, est orné d'une cheminée de marbre doré surmontée de vases de vieux sèvres ; dans des vitrines, des tabatières, des statuettes d'ivoire, des éventails, des drageoirs à miniature de toute beauté, des étuis d'or niellé, des bonbonnières, des cachets, des coupe-papier d'ivoire d'un travail merveilleux, des boîtes à mouches encadrées de brillants, un petit cabinet de saxe, des médailles, de vieilles dentelles, des broderies, de vieux émaux sans prix... De côté et d'autre, sur le cristal des vitrines, des roses languissent dans des vases.

Dans une rotonde, au fond de la villa, se trouve le jardin d'hiver dont le toit est vitré. Partout des plantes vertes, des palmiers, des orangers ; des orchidées pendent de la voûte de verre, des roses magnifiques, des violettes parfument délicatement l'atmosphère tiède ; dans un coin, une grotte artificielle, couverte de mousse et de verdure qu'arrose l'eau murmurante d'une source. Des figures souriantes d'enfants de marbre regardent à travers les feuilles.

Au premier étage sont les appartements. Voici une chambre mauve, de style Louis XV ; le lit est en marqueterie, un Corot sourit sur la muraille ; à côté, une autre chambre rose et blanche : le lit doré est surmonté d'un baldaquin couronné de roses en guirlande ; de larges bandes de dentelle pendent des tentures et courent tout le long de la glace à trois compartiments ; des fourrures blanches tapissent le sol ; dans un coin, un paravent de Boule, des sièges bas garnis de vieilles étoffes d'un rose délicat. Dans le boudoir voisin, rose également, mille bibelots de prix sont éparpillés ; la garniture de la toilette, tout en or, est un chef-d'œuvre de ciselure Louis XV ; des tableaux de Jacquet, des crayons de Millet et de Rousseau voisinent sur les murs.

Plus loin, voici les chambres des enfants, toutes fraîches, toutes claires, toutes simples. Un petit lit de bois, un livre d'heures sur la table de nuit, une croix d'ivoire clouée au mur. Des descentes de lit en renard blanc. Des photographies du père et de la mère sur une console. Dans une pièce voisine, des poupées merveilleuses, des jouets de toute sorte. Ces enfants — ils sont cinq — sont, d'ailleurs, charmants, parfaitement élevés, doux et simples, sans aucune timidité, mais avec la retenue qui convient. Leur père traite les garçons en camarades — l'aîné doit avoir quatorze ou quinze ans — et paraît se soucier énormément de leur éducation. Les filles, déjà, ont l'air plus décidé que leurs frères, aussi naturelles qu'eux, d'ailleurs, mais plus vives peut-être.

Pendant ces deux jours que je passai à Lakewood, ce fut une vie et un mouvement extraordinaires autour et dans la demeure princière. Les équipages allaient et venaient par les chemins couverts de neige. Chacun et chacune choisissait ses chevaux, ses voitures, sa salle de sport et son heure de natation. On joua aux cartes, au ping-pong, au billard, on fit même de l'escrime. Et tout cela librement, gaiement, sans embarras et sans anicroche. Les domestiques se multipliaient, dressés d'ailleurs, à merveille, à obéir aux moindres désirs des hôtes.

Je fis une promenade aux environs de la propriété.

L'autre façade du Court donne sur le champ de polo, vaste et uni comme une plage couverte de neige et borné au loin par des bois qui avaient l'air de nuages d'ouate blanche. D'une longue terrasse bordée de balustrades de marbre, les invités peuvent assister aux ébats de la pelouse.

La propriété est éclairée à l'électricité. Une usine électrique pour la fabrication de la lumière a été bâtie à quelque distance de la villa, au milieu des bois. On entend à peine, de la route, le bruit des machines. Le bâtiment est couvert de lierre et peut ressembler, de loin, à un ermitage.

Et le lundi matin la villa était vide. Tout le monde était rentré dans la fournaise, à New-York, pour ses affaires, jusqu'au samedi suivant.

Au déjeuner du lundi, nous étions deux hommes seulement, entourés de quatre ou cinq femmes. Et bientôt, honteux nous-mêmes de notre désœuvrement, que le silence de la villa soulignait, nous reprîmes le premier train pour New-York.

Chez Mme Mackay.

Je suis invité à déjeuner à Roslyn, dans Long-Island, cette longue et étroite bande de terre qui fait face à New-York et s'étend parallèlement à la côte atlantique. Pour y arriver il faut d'abord traverser l'Hudson en ferry-boat et faire une heure de chemin de fer. Le train s'arrête à Harbor-Hill. Mme Clarence Mackay a pris la peine de venir à la gare au-devant de moi et m'attend dans une victoria attelée de deux chevaux magnifiques. Je suis à la fois flatté de cette attention charmante et ravi du trot accéléré des bêtes et du bercement élastique des ressorts et des pneumatiques. Il fait un froid de loup, j'ai beau m'envelopper dans ma pelisse et partager avec ma voisine les couvertures de fourrures de la victoria, je sens mes oreilles se recroqueviller et mon nez diminuer de volume. Mme Mackay, au contraire, sourit en causant comme si elle était au coin du feu. Elle est à peine rose sous sa large voilette de dentelle et son vaste chapeau de plumes noires. Le Paris mondain connaît bien l'élégante et si jolie silhouette de Mme Clarence Mackay : vingt-deux ou vingt-trois ans, une taille élancée, d'admirables cheveux noirs et des yeux d'obsidienne. Elle parle français comme une Parisienne, sans aucun accent, est au courant de toute notre littérature et écrit elle-même en anglais des imaginations d'une philosophie discuteuse, sentimentale et hardie.

C'est un repos exquis pour le voyageur étranger

qu'une telle rencontre à quinze cents lieues de son pays... Mais ce froid coupant gèle des formules qui voudraient être chaudes. Le train rapide des chevaux à travers une véritable forêt que la neige recouvre, me laisse pourtant jouir du joli dessin des chemins en pente qui gravissent, avec de longs méandres ondoyants et pittoresques, la côte vallonnée... Il y a deux ou trois ans, ce parc immense était une forêt vierge. On a coupé une quantité d'arbrisseaux et de broussailles, et ne voulant pas attendre vingt ans que les chênes grandissent, on en a planté d'énormes apportés de forêts plus vieilles! Des hommes travaillent dans les taillis; à notre passage ils saluent.

— J'ai eu bien du mal à les y décider, me dit Mme Mackay. Dans ce pays, les ouvriers n'ont aucune politesse. Il m'a fallu plusieurs fois descendre de voiture, m'approcher d'eux et leur expliquer longuement qu'employés dans une maison et bien traités par les maîtres, ils leur devaient, ainsi qu'à leurs hôtes, les égards ordinaires que se rendent les gens civilisés.

Les deux chevaux magnifiques s'arrêtent bientôt devant le perron du château monumental. Ce spectacle d'hiver est d'une tristesse glacée. Les bois couverts de givre, les pentes environnantes revêtues d'une neige immaculée, et tout au loin la mer, l'Océan gris, ou peut-être le ciel, car l'horizon, malgré le soleil, est noyé sous des vapeurs opaques.

La façade est d'un style simple et de haut goût, dans le genre dix-septième siècle, avec des toits presque verticaux couverts d'ardoises. Des bancs de pierre et deux lions de marbre jouant avec des sphères ornent le large perron. Le château est, paraît-il, construit sur le modèle de celui de Maisons-Laffitte, bâti par Mansart.

Un vaste et large corridor de trente mètres de long s'étend devant les salons du rez-de-chaussée. Des domestiques en livrée se tiennent à la porte. Dans le premier salon, où brûlent dans une cheminée des arbres entiers, on ne marche que sur d'énormes peaux d'ours blancs et bruns ; le meuble est en velours rouge et les boiseries sont de chêne sombre. Sur les murs, j'ai compté trente-trois têtes de cerfs aux ramures magnifiques. Plus loin, un vaste hall de la hauteur de deux étages, sorte de salle des gardes imposante, aux boiseries de chêne, au plafond à caissons, aux hautes colonnes de marbre vert, à la cheminée de pierre monumentale, admirable morceau de sculpture Renaissance ramené d'Italie ou de France à grands frais. Du plafond au plancher pendent quatre merveilleuses tapisseries mythologiques qui furent achetées au prince de Sagan. On se promène dans cette salle, on regarde les murs, comme on se promènerait dans un château qui serait un musée. On n'y sent pas d'intimité, ni même de vie personnelle. On y souhaite des hallebardiers et des pourpoints de brocart brodé de blasons, un bruit de bottes et d'aciers, des simarres et des frocs de guerre, des fraises goudronnées ou des perruques, quelque chose de vivant et d'ornemental, de fastueux, de grouillant et de décoratif. Et, en effet, les châteaux français ou italiens n'ont-ils pas été conçus pour la vie de gens de loisir qui passaient, en nombreuse compagnie, des mois entiers dans leurs fiefs ? En Amérique, jusqu'à présent, la race des gens de loisir n'existe pas. Tout le monde travaille. Il serait impossible à une maîtresse de maison américaine d'avoir chez elle, à la campagne, une société d'hommes au milieu de la semaine; le samedi et le dimanche, oui, mais c'est tout.

Voici, à droite, un salon Louis XV garni de meubles en splendides tapisseries de Beauvais — si je ne me trompe — avec le portrait de la maîtresse de maison par Chartran; un jardin d'hiver ouvrant sur un portique qui regarde le parc; des bancs de bois de style grec peints en blanc, d'un effet inattendu et joli; à terre, des peaux d'ours encore, et, parmi des palmiers et d'autres plantes vertes, des oiseaux aux mille couleurs qui sifflent et volètent dans l'air chaud. A travers les vitres on voit un grand bassin de marbre blanc gelé, surmonté d'une fontaine silencieuse. Derrière, la forêt à l'infini.

Attenant au salon Louis XV, se trouve le bureau de Mme Mackay : symphonie de vert. A terre, des fourrures; sur des socles, des statues. Je coule un regard dans la bibliothèque basse, et je retiens les noms de Flaubert, de Renan, de Mirbeau, de Musset, de Mæterlinck, de Byron, de Taine, de Molière, de d'Annunzio, de Montaigne.

En revenant vers l'entrée, on trouve un escalier monumental dont la rampe de chêne est une véritable merveille de sculpture. Nous voici à présent dans les appartements privés : il nous y faut passer vite, entre des murs tendus de soie mauve, à travers des meubles pâles, sur des fourrures de tigres, de lions et d'ours; voici le boudoir où s'érige royalement un baldaquin de soie mauve brochée artistement drapée, des chaises longues, des meubles bas, d'une tonalité adoucie et caressante à l'œil; puis des chambres aux tentures et aux tapis de rose pâle, de gris rose, de bleu éteint — du moins m'apparurent-elles ainsi dans la lumière du soleil couchant, — meublées de meubles d'un goût parfait, sobre, harmonieux, où l'on sent le passage d'un esprit artiste; puis la chambre de bain, qui est la merveille des merveilles. A l'angle d'une pièce doucement éclairée, la baignoire : dans un immense bloc de marbre blanc, rose et jaune, veiné de noir, on a creusé cinq ou six marches et le corps ovoïde de la baignoire profonde. A la tête de la baignoire les veines sombres se pressent plus nombreuses et plus puissantes, et dans l'ellipse qu'elles dessinent elles donnent au bassin l'air d'une grande valve d'agate où flotteraient des algues caressées par le flot! Ce bloc colossal a été apporté là d'Italie. Mais, auparavant, deux s'étaient fendus avant d'arriver ou au cours des travaux, et celui-ci est le troisième! Sur des tables couvertes de dentelle, les mille bibelots de la toilette féminine, en or ou en ivoire.

Je ne vous parlerai pas des appartements d'amis (chambre pour madame, chambre pour monsieur, et chambre pour le domestique), ni des écuries, ni des cuisines, dirigées par un des premiers chefs parisiens, et je passe mille détails pittoresques ou rares qui demanderaient des pages encore. Je vous dirai seulement que le château de Roslyn a été offert à sa bru par le défunt John-W. Mackay, le fameux créateur des câbles transatlantiques, qui l'adorait. Sans qu'elle se doutât du cadeau royal qu'il lui destinait, il lui demandait ses idées et ses goûts, et y faisait obéir scrupuleusement par ses architectes. La nature artiste de la jeune femme s'exalta à la reconstitution de cette belle œuvre architecturale, augmentée de richesses sans prix, et elle passa une année à la meubler à son goût... Des millions, des millions encore fondirent entre ses jolis doigts. Mais, en se promenant avec moi tout à l'heure dans le parc, elle me conduisit devant une petite cabane de bois brut construite sur le bord d'une pente à pic, où la solitude est complète, et elle me dit :

— C'est là que je viens tous les jours écrire ; là seulement je suis heureuse.

UN DRAME DE MME CLARENCE MACKAY

Une grande dame écrivain. — Philosophie individualiste. — Théorie de la liberté. — Héloïse et Abélard. — Développement littéraire et philosophique.

Au cours de ma visite au château de Roslyn, ma curiosité avait été vivement éveillée par une confidence de la maîtresse du lieu : Mme Clarence Mackay passait ses meilleures heures dans une petite cabane de bois, pareille à une hutte de garde-chasse, à l'endroit le plus solitaire et le plus sauvage de son immense parc.

Et là, elle écrivait.

Mais que pouvait bien écrire la grande dame américaine ? Quelles idées, quels sentiments assez forts s'imposaient donc à elle avec assez de violence pour la distraire des jouissances de son incalculable fortune, de ces centaines de millions qui lui assuraient la satisfaction instantanée de ses fantaisies les plus impossibles ?

Mme Clarence Mackay s'est mariée, il y a peu d'années, au jeune fils du vieux W. John Mackay, fondateur de la dynastie. Absorbé par la gestion d'affaires colossales, M. Clarence Mackay est souvent en voyage. Quand je passai à Roslyn, il se trouvait dans le Far-West où il étudiait la création de nouvelles Compagnies de télégraphe ou de câbles.

Par sa propre famille et par celle de son mari, par sa beauté, son élégance simple, sa culture, elle tient dans la haute société de New-York l'un des tout premiers rangs. Elle paraît se trouver par conséquent dans la situation idéale des êtres privilégiés de la vie qui n'ont qu'à en accepter les douceurs et les joies.

Quelle peut donc être la littérature d'une multimillionnaire américaine ?

La conversation de Mme Mackay m'avait séduit par l'abondance copieuse de ses idées et par la hardiesse de ses observations morales. Elle m'avait paru surtout profondément individualiste — comme d'ailleurs toutes les femmes américaines — et passionnée de la liberté des sentiments et des idées.

Je lui avais demandé quel était le sujet actuel de ses travaux. Elle m'avait répondu que c'était, d'après les lettres d'Héloïse et d'Abélard, une sorte de drame dialogué sur l'amour.

Quelque temps après, une importante revue américaine publiait le drame en question. Je le lus avec une grande curiosité.

C'est un thème de l'amour libre, de la supériorité de « l'amour intégral » sur l'amour platonique, mêlé de réflexions philosophiques, panthéistes et individualistes d'un modernisme outrancier. Et je pense que le public français lira avec intérêt l'analyse rapide de l'œuvre.

La voici :

Pour avoir mis en doute le caractère rationnel de la doctrine de la Trinité, Théophile (le héros du drame) se trouve en butte aux poursuites de la Cour de Rome. Entraîné par la juvénile ardeur de Gabrielle (l'héroïne), il se décide à lutter. Mais il ne voudrait pas lutter seul. Il veut associer à son œuvre celle qu'il aime, celle qui le soutient et l'inspire, et de qui, bientôt, doit naître un enfant.

— Seul, et avec vous, lui dit-il. Car, depuis le jour — il y a de cela un an — où je suis venu dans cette maison pour être votre professeur, j'ai eu deux pensées dans mon esprit, deux amours dans mon cœur, deux vérités dans mon âme : mon œuvre et vous. Comme ils grandissaient ensemble, j'ai connu votre puissance et je l'ai comprise... Je vous aimerai à l'infini et j'aurai besoin de vous près de moi.

« Épousez-moi, laissez-moi vous épargner la honte du sévère jugement du monde. Soyez mienne devant tous. Épousez-moi pour vous, pour votre enfant. Pour ne pas supporter l'amertume de cette question que vous entendrez lorsque deux yeux semblables aux miens regarderont les vôtres et diront : « Où est mon père ? »

A ces prières, Gabrielle répond par une série d'arguments en faveur de la liberté de l'amour :

— Rappelez-vous ce qu'un sage a dit du mariage. Écoutez ce que saint Jérôme écrivit : « Un sage ne devrait jamais se marier, car une femme et la philosophie sont un fardeau trop lourd pour des épaules humaines ».

« L'union est-elle possible entre le livre et le rouet, entre la table de travail et le berceau?

« Y a-t-il un homme qui puisse concentrer les forces de son cerveau pendant qu'à ses oreilles résonne le cri d'un enfant nouveau-né et le chant de sa mère qui le berce? Votre philosophie mourra et notre amour s'écroulera à côté de son cadavre. L'obligation, le devoir du mariage, étoufferont nos aspirations idéales. Nous ne pourrons plus rêver dans l'inconnu alors comme maintenant. Notre libre amour ne peut respirer dans la routine ennuyeuse des jours, des années. Non, je ne serai pas votre femme légale.

THÉOPHILE. — Pour nous, pour l'amour de notre enfant, épousez-moi!

GABRIELLE. — Pour le progrès de la science, pour le maintien de notre amour, non.

THÉOPHILE. — Au nom de la sagesse universelle et de l'expérience humaine, soyez ma femme.

GABRIELLE (*se levant et marchant vers Théophile, puis lui parlant, les mains sur les épaules de celui-ci*). — Écoutez. Je vous aime plus que moi-même, plus que mon passé, plus que mon avenir. Vous êtes tout cela pour moi. Je vous aime de mon plein gré, pour vous-même. Vous m'avez toujours trouvée prête à vous donner ce que vous cherchiez. Je suis et votre amie et votre amante. Je sens vivement vos insuffisances et vos virtualités. Votre perfection est la fin de mon amour. Développez-vous, vous le devez; vivez, vous le devez; et vous remplirez votre devoir envers la puissance créatrice qui vous donna votre génie. Si je vous épousais, l'amour pourrait absorber votre personnalité, votre puissance d'action, il pourrait affaiblir votre activité, entraver votre pensée. Par la fusion de notre vie quotidienne l'inspiration pourrait cesser. Il n'y aurait point de séparation entre mon âme et votre cerveau. Le rapprochement de notre être affaiblirait la sensation, en anéantissant l'étincelle qui donne la vie. Parce que je ne suis pas vôtre entièrement, vous craignez de me perdre. Je suis assez loin de vous pour vous apparaître comme une muse éthérée. Si vous faites de moi votre épouse, je serai bientôt à votre contact un être de chair et de sang, et ma lyre inspiratrice s'émiettera pour faire place aux préoccupations vulgaires de l'existence journalière.

Théophile rêve pourtant de l'emmener dans son vieux manoir, au sommet de sauvages collines battues des flots. Une vision du passé traverse son imagination et il l'exprime dans un des passages les plus poétiques de la pièce :

— C'étaient des femmes charmantes, brunes et blondes, qui me faisaient penser aux lilas et aux roses blanches, aux marguerites et à la lourde senteur des hyacinthes. Je touchais la tige de chacune d'elles, la prenant dans ma main, mais, tout en l'effleurant, je continuai mon chemin sans cueillir une seule fleur. Aucune chaleur n'avait pénétré mon cœur, je ne pouvais aimer. Oh! comme ma route était solitaire! Comme j'étais hanté par les figures d'amis que j'avais dépassées, par les amours que je ne pouvais ressentir. Alors, je vous vis. Vous fûtes pour moi comme une gerbe de fleurs variées, et au milieu des lilas et des violettes, des orchidées et des pensées, se trouvait une rose écarlate. C'était tout votre être, c'était votre cœur brûlant qui tressaillait à mon contact, c'était votre amour qui me faisait frissonner. A présent il me faut votre cœur pour toute la vie. Donnez-le-moi, ma bien-aimée. Laissez-moi vous emmener à mon foyer.

Gabrielle cède enfin, à une condition, c'est qu'elle partira en secret vers cette campagne lointaine, où, secrètement elle donnera le jour à son enfant. Et, en consentant elle dit ces jolies choses :

— J'aime cette perspective d'un hiver paisible, et je bénirai la neige qui assourdit le bruit et amortit les pas. Si le jour vient où vous vous souciez de l'heure, vous ne me verrez plus longtemps à vos côtés... J'irai non comme épouse mais comme amante, comme la seule fleur que vous désirez enfermer dans votre cœur et faire vôtre. Les autres vous donnent peu parce qu'ils ne connaissent pas la joie profonde d'aimer leur amour plus qu'eux-mêmes. Aussi longtemps que vous aurez besoin de moi, je demeurerai avec vous.

Théophile va donc la conduire au château de ses pères ; il y demeure vingt jours à ses côtés, puis retourne à Paris pour se donner tout entier à la science. Il reviendra bientôt. Et l'acte se termine par le récit d'un rêve où apparaît la même inspiration du début : explication de l'amour par l'attirance d'atomes jadis unis qui, précipités du ciel sur la terre, doivent s'y réunir de nouveau.

Voici pour le premier acte. La thèse est posée. Au deuxième, les événements ont changé. Seule, sur le balcon du château où elle demeure depuis huit mois, Gabrielle songe à son ami, à ses travaux, aux lettres reçues de lui. Elle lève vers le ciel ses mains sur lesquelles brillent les rayons du soleil :

— Soleil doré, il te faudrait presque toutes les heures de ta vie pour éclairer ta route, depuis ce morne rocher jusqu'à sa demeure! Porte-lui de ma part un message d'amoureux et mes tendres souhaits. Parle-lui du petit inconnu qui repose dans ma chambre et qui s'éveilla ce matin sous tes rayons indiscrets.

« Peut-être, ce soir, s'il se penche à cette fenêtre qui domine Paris, il se sentira seul et comprendra le message de ta lueur dorée. S'il s'attarde à son labeur et si ton heure est écoulée, dis à l'Etoile du Soir ce que tu vois en ce moment, pour qu'elle puisse murmurer à mon amour : « Les vagues se brisent sur les rocs, elle vous a attendu pendant de longs et nombreux mois ! »

Elle tourne les pages d'un livre et lit :

Ne m'engage pas à te quitter
Et à revenir sur mes pas qui te suivaient,
Car où que tu iras, j'irai,

Où tu demeureras, je demeurerai.
Ton peuple sera mon peuple
Et ton Dieu, mon Dieu.
Où tu mourras, je mourrai,
Et là, je serai enterrée.
Le Seigneur fera cela pour moi
Et plus encore
Si la mort seule me sépare de toi.

Comme elle arrive aux vers « Et ton Dieu mon Dieu », les rideaux de la grosse porte sont tirés lentement par Théophile qui écoute sur le seuil :

— Viens à moi bientôt, apporte-moi de nouveau tes yeux clairs, tes mains vigoureuses, ton cœur tendre. Viens, mon amour !

Théophile parlant de la porte, dit :

— Je suis ici.

Les deux amants reprennent leur discussion sur la nature de l'amour. Mais il y a quelque chose de changé dans l'âme de Théophile, et Gabrielle le sent :

— Quelque chose que j'aimais en vous a disparu, et une étrange ligne barre votre front... Avez-vous trouvé la philosophie en perdant l'amour ?
— Je n'ai rien perdu.
— Avez-vous trouvé le bonheur ?
— Le seul réel bonheur de la vie nous vient des joies intellectuelles.

Théophile est devenu l'apôtre de l'idéal mystique et platonique.

Leur discussion est interrompue par l'arrivée de Grégoire, le père de la jeune fille. Depuis huit mois, il cherchait cette sombre retraite.

A ses emportements furieux qui réclament vengeance et réparation, l'héroïne oppose le calme hautain de ses réponses :

— Je l'aimais, je lui ai donné tout ce que j'avais. Il n'y a pas de péché à donner l'amour. Il n'a pas pris, j'ai donné... Vous pouvez le traquer, le poursuivre, le tuer... Mon amour est plus fort que votre haine.

Elle se résigne pourtant, sur les supplications de son père, à épouser Théophile qui le lui demande aussi, à condition que le mariage ne soit connu que d'eux seuls.

Le troisième acte nous transporte dans un jardin en ruines, près d'un monastère. Théophile rêve sur un banc de marbre, près des statues d'Anaxagore et d'Empédocle, au milieu des fleurs et des arbres dont les branches se reflètent dans les eaux d'un petit lac à demi caché. Il songe à Gabrielle, croit entendre sa voix au milieu des fleurs et des eaux. Puis le rêve se fait réalité, et la femme, aimée jadis, fait place au fantôme évanoui.

Un double changement a transformé l'âme des deux amants. L'amour de Théophile est mort. Sa vie se passe désormais en paix dans le royaume de la raison. Si Gabrielle l'aime encore, elle doit le lui prouver en prononçant ses vœux. Tous deux vivront dans ce monastère, marchant la main dans la main, dans cette oasis de paix, en attendant l'Éternité, après avoir triomphé de l'Amour par la Science.

Mais depuis la mort de son enfant (l'enfant a vécu quelques mois seulement) la conception de la vie s'est transformée chez l'héroïne. Tout ce qui, inconsciemment, satisfaisait sa puissance d'aimer, s'est évanoui. Ne peuvent-ils donc tourner une nouvelle page du livre de la vie, et y chercher la plénitude de l'amour ? Leur vie, avec le printemps, peut être une résurrection; ils peuvent aimer encore le soleil qui donne la jeunesse, chanter avec les oiseaux et comprendre la gloire de l'éternelle nature...

Ce rêve d'une existence nouvelle n'a pas d'écho dans l'âme refroidie et spiritualisée de Théophile. Et, résignée, mais persuadée que l'amour et la jeunesse sont assez forts pour conquérir la vie, Gabrielle préfère à la paix du cloître l'harmonie de la nature et la grande voix de l'Humanité. C'est donc vers la porte du jardin qui s'ouvre sur la vie qu'elle se dirige, après avoir exprimé, dans son dernier adieu, sa foi dans la Nature, la Vérité, la Mort :

— « Je crois dans la Nature, dans le Créateur universel et intangible de l'être spirituel et matériel.

« Je crois en la Vérité, qui nous montre notre chemin sur la terre.

« Je crois en la Mort, car elle révèle à la raison le mystère de l'Infini.

« Adieu ! ô Passé ! Vous m'avez révélé quelle part vous aviez dans ma vie. Je vois le soleil briller sur mon chemin ; le premier pas que je ferai seule sur cette terre, je le ferai sous son ardente chaleur ; tandis que l'hymne glorieux de la Nature résonnera à mes oreilles. Adieu, Théophile ! je marche désormais sur la Grande Route de la Vie, sentant au-dessus de moi le bruissement des ailes puissantes de la Vérité dans les vents de l'éternelle Liberté !

Telle est la conclusion du drame de Mme Clarence Mackay.

Délibérément dépourvu de péripéties, il n'a pas la prétention d'être un drame jouable, excepté peut-être devant un public d'amis pour qui les idées comptent plus que le reste. Et, en effet, il fut question, je crois, de le représenter à Lakewood, chez Mme George Gould.

J'espère que nos lecteurs auront goûté l'analyse, malheureusement trop brève, de cette œuvre au moins originale. En dehors de sa valeur littéraire, que je ne me permets pas de juger, puisqu'elle est écrite en anglais, elle les aura intéressés par la hardiesse énergique des idées et par l'inattendue curiosité d'esprit qu'elle révèle chez son auteur. Et, enfin, n'est-il pas à la fois paradoxal et significatif de voir fleurir dans le milieu le plus pratique du monde, au sein des sociétés de milliardaires, un tel poème de la divinisation de l'amour, et, dans une contrée puritaine, éclore des théories aussi humaines que celle-ci : « L'Amour, c'est toute la vie de la Femme ! »

IL Y A AUSSI DES PAUVRES

Les mendiants sont rares. — Où vont les épaves. — Spéculation d'un philanthrope pratique. — Les Mill's hotels. — Description. — Règlements. — La propreté. — La nourriture. — Les chambres. — Un bon toqué. — L'apostolat par la boxe.

J'ai déjà noté la sensation douloureuse qu'on ressent à New-York, plus qu'ailleurs il me semble, au spectacle de la misère. Les mendiants y sont très rares, et on dirait que les pauvres se cachent. Un Américain orgueilleux m'assure qu'il y a de l'ouvrage pour tout le monde en Amérique, que même les bras manquent, et il me montre, à l'appui de son dire, les colonnes des journaux remplies d'offres d'emplois. Il paraît avoir raison : les malheureux ne doivent pas s'aventurer dans ce torrent d'énergie qu'est la ville d'affaires, où leur faiblesse serait broyée, où leurs plaintes ne seraient pas entendues. Le flot d'activité prospère de la grande ville porte les misérables vers des golfes éloignés connus d'eux seuls. C'est un compatriote qui y a trouvé quelquefois des épaves françaises qui m'a conduit vers un de ces asiles.

C'est un Mill's hotel.

On appelle ainsi d'immenses hôtels garnis qu'a bâtis à New-York un millionnaire un peu philanthrope, un peu spéculateur, où l'on reçoit à la nuit, moyennant vingt sous, les hommes sans domicile et d'où les femmes sont exclues. Vingt sous à New-York, c'est moins que dix sous en Europe; vingt sous, c'est à peu près l'unité du pourboire, c'est le prix qu'on vous demande pour blanchir une chemise, ou quatre mouchoirs, ou quatre faux cols.

On entre dans une vaste maison de huit étages dont les portes sont ouvertes. Au rez-de-chaussée, deux guichets où l'on délivre les clefs des chambres, moyennant le versement préalable des vingt sous. Une cour centrale, abritée par une verrière, et qu'enferment les quatre côtés de la construction, sorte de grand puits très clair, au fond duquel grouille, pendant le jour, la clientèle de Mill's hotel.

Mais j'ai hâte de voir les « chambres ». Il y en a 1,554 qui sont occupées tous les soirs. On en refuse même des centaines par jour.

Des ascenseurs rapides montent et descendent constamment du haut en bas de l'édifice.

Les chambres s'alignent le long de couloirs de pierre et de fer, étroites comme des cabines, longues de 7 pieds sur 6. Les portes ne touchent ni le sol ni le plafond, elles sont séparées les unes des autres par une cloison de la même hauteur que la porte, de sorte que, pourtant indépendantes, elles communiquent toutes entre elles par le plancher et le plafond.

Il n'y a personne dans les « chambres » à cette

heure. Elles doivent être évacuées dès le matin neuf heures, et restent libres jusqu'à cinq heures du soir. Pendant ce temps, on fait les lits, on change les draps et on nettoie.

— Mais si, un matin, quelqu'un se dit malade?

— C'est une affaire de jugement. Nous tâchons de voir s'il est sincère ou non. S'il est sincère, nous lui conseillons l'hôpital, car nous ne pouvons pas conserver de malades ici, dans l'intérêt de la santé des autres.

On ouvre pour nous quelques cellules : le mur est blanchi à la chaux, un lit bas occupe toute la longueur du réduit, une carpette au pied du lit, une chaise et une petite armoire grillée de 50 centimètres. Rien d'autre. Et, d'ailleurs, pas de place pour autre chose. D'autres chambres qu'on loue 1 fr. 50 peuvent contenir une malle, une petite table; une planchette est clouée au mur, et elles ont une lampe électrique, tandis que les chambres à 1 franc ne sont éclairées que par la lumière des couloirs et, dans le jour, par une petite fenêtre grillagée percée entre deux cellules.

A chaque étage, sur un palier central, sont installés des lavabos avec serviette et savon gratuits. Sur une pancarte est écrit : « Il est défendu de laver son linge dans les toilettes ».

Nous descendons dans le sous-sol où sont les douches. Cinquante cabines avec appareils automatiques sont à la disposition gratuite des clients. A côté des douches, plusieurs cuves de pierre munies de robinets d'eau chaude et d'eau froide servent au lavage personnel du linge. Juste à ce moment deux gentlemen d'apparence parfaitement correcte, leur chapeau de feutre dur sur la tête, en pardessus, sont en train de laver un col et une paire de chaussettes qu'ils ont tirés de leur poche ; ils savonnent, ils frottent ils rincent, ils tordent sans faire la moindre attention à ce qui se passe autour d'eux ; puis, ils vont étendre leur linge lavé dans un séchoir chaud qui se trouve à proximité des cuves, en ferment la porte, et attendent qu'il soit sec, en fumant une cigarette.

Ce qui me frappe le plus, ici comme partout, d'ailleurs, en ce pays, c'est l'absence complète de gêne et d'embarras. Les gens ne s'aperçoivent même pas qu'on les regarde. Ils sortent leurs chaussettes de leur poche comme on tire son mouchoir — ce qui tendrait à prouver que tout est, en somme, affaire de convention.

On peut manger si l'on veut dans l'hôtel. Mais il n'y entre pas une goutte d'alcool. Le déjeuner du matin, à six heures, coûte dix sous. Dans une vaste salle à manger très propre, toute en briques vernissées, on peut se faire servir une ou deux saucisses, ou du bœuf avec deux petits pains et une tasse de café. Le lunch ou second déjeuner coûte quinze sous. Il consiste en un plat de viande, un plat de légumes, pain, beurre, café, thé ou lait. Le dîner coûte le même prix; on y sert une soupe, une viande, deux légumes, un dessert, du thé ou du café. De sorte que pour 2 francs par jour, on est suffisamment nourri. C'est bon marché pour New-York.

— Mais beaucoup de gens qui sont là ne font pas trois repas, me dit le directeur de l'hôtel qui nous conduit. Soixante pour cent de nos clients louent leurs chambres à la semaine, au mois et même à l'année; quarante pour cent seulement louent à la nuit.

— Quels sont donc vos clients ordinaires ?

— Des employés, des étudiants, des infirmiers, etc. Ils ont ici toutes leurs commodités. Vous avez vu les chambres, les douches, le lavoir, le restaurant. De plus, on y reçoit leurs lettres, on y garde leurs affaires. Pour vingt-cinq sous par mois, nous leur donnons dans le sous-sol une boîte grillée qui ferme à clef. Venez voir ce vestiaire.

C'était une espèce de cave entourée de grillages derrière lesquels s'empilaient des centaines, des milliers de valises et de malles et de paquets et de boîtes de toutes sortes, des centaines de parapluies, de sacs, de portemanteaux, des pardessus râpés et poussiéreux, des étuis à violon et à guitare, des enveloppes de papier d'où sortaient des chemises sales et de vieilles cravates, cinq ou six bicyclettes rouillées, tout le bric-à-brac de la misère en chapeau, toute la richesse, tout le mobilier de centaines d'hommes perdus dans la grande cité tourbillonnante, égoïste et brutale.

Pourtant, à circuler dans les salles de lecture, les fumoirs, les couloirs, les vestibules de pierre, garnis de bancs, où des centaines d'hommes étaient assis, fumant, causant, lisant, ou rêvassant, on n'avait pas trop l'impression d'une misère définitive. C'était comme une ambulance de blessés convalescents, mais non pas de gens frappés à mort. Si, au lieu de les voir là, j'avais rencontré dans la rue ces gentlemen en chapeau melon, colletés et cravatés à la dernière mode, quelques-uns gantés, je n'aurais pas fait de différence entre eux et les banquiers du bas de la ville. Mais, aperçus ainsi côte à côte avec des gens sans linge ou dont le linge était sale, les marques de la défaite frappaient davantage dans leurs physionomies fatiguées : la bouche mobile et nerveuse, le sourcil un peu froncé, l'œil inquiet. Il y en avait de vieux et de jeunes, de très vieux avec des barbes grises, l'air résigné, docile et patient, de très jeunes la lèvre à peine ombrée de moustache, les traits tirés et l'expression dure. Et je ne savais qui je devais plaindre davantage de ces vieillards exténués par les tramways en démence et les bourrades des concurrents, et qui vont bientôt mourir, ou de ces jeunes hommes dont le premier assaut a été repoussé et qui venaient ici se recueillir un peu douloureusement, avant de se replonger dans la marée qui gronde au dehors.

Il était trois heures après midi. J'étais surpris de voir tant de gens inactifs. Que font-ils là ? Pourquoi ces gens valides ne sont-ils pas dehors, à travailler, à chercher un emploi, à se remuer enfin, comme font toute leur vie les Américains ?

Le directeur me dit :

— C'est que beaucoup d'entre eux ne travaillent que le soir, et comme il fait très froid dehors, ils préfèrent demeurer ici où ils ont chaud et où ils se reposent. D'autres attendent des réponses. Voyez-les, ils vont toutes les demi-heures au bureau demander s'il n'y a pas de lettre pour eux. D'autres encore, des courtiers, ont fini leur besogne dès midi, le reste du temps ils fument, écrivent des lettres ou lisent les journaux, ou jouent aux échecs ou aux dominos.

Je voulus voir les chambres des habitués, et nous remontâmes dans un ascenseur.

On nous en montra d'abord une qui est habitée depuis plusieurs années par un employé ; juste la place d'un lit bas et d'une malle sur laquelle reposaient deux autres malles. Il y avait pendus au mur deux énormes thermomètres à mercure hors d'usage, deux photographies de femmes quelconques, trois chromos représentant des femmes gracieuses et jolies, au teint de dragée, encadrées de roses et de myosotis, une brouette de muguets et de roses traînée par un enfant nu; dans un coin, deux vieux parapluies; une réclame de savon avec une femme et un bébé, nus tous deux; un drapeau américain, une glace; accrochée à la porte, une boîte de fer-blanc renfermant des brosses; sur l'unique planchette, des fioles, des boîtes et une pendule sans aiguilles; coût: 550 francs par année. Il y a dix ans que le même locataire habite là.

— C'est un homme très bien, très distingué, me dit le directeur de l'hôtel.

J'aurais voulu voir cet original. Il n'était pas là.

Mais on me conduisit voir une autre chambre, habitée par un autre original, depuis plusieurs années. C'est un écrivain dont le nom est connu à New-York, M. Francis Train, qui vient de publier dernièrement l'histoire de sa vie. Il fut autrefois très riche, et ses relations étaient des meilleures dans la société américaine.

On nous prévient.

— Ne lui tendez pas la main, il refuserait de la serrer. C'est un usage qui lui paraît stupide... Et puis, ne lui dites pas « Monsieur ». Vous le froisseriez. Si vous voulez lui faire plaisir, appelez-le citoyen.

Le directeur frappe à la porte de M. F. Train et s'efface pour nous laisser entrer, car on ne peut tenir à plus de trois dans cette cellule, qui n'a pas 2 m. 50 carrés et qui est encombrée de papiers. L'écrivain, étonné de notre visite inattendue, nous fait asseoir sur son lit recouvert d'un tapis algérien. C'est un homme de soixante-dix ans, à la moustache blanche, aux longs cheveux blancs éparpillés en auréole autour de sa face rouge, singulièrement vivace et énergique. Ce qui lui donne cet aspect de force, c'est l'éclat inquiétant de ses yeux vert-de-gris.

— J'ai passé pour fou, me dit-il, et même les tribunaux ont décidé que j'étais fou, en effet. Qu'en savent-ils? Qu'ils lisent donc le Deutéronome...

Aux murs sont piquées une quantité de coupures de journaux qui parlent de lui, de ses polémiques, de ses aventures. Une illustration le représente en train de se livrer à un assaut de boxe. Et je vois, accrochée dans un coin, une paire de gants de boxe. Je lui demande ce que cela signifie?

Il se met à rire violemment et répond :

— Voici. Il m'arrive de parler quelquefois aux habitants de l'hôtel, de tâcher de leur expliquer le vrai sens de la vie, et il m'avait paru qu'ils se moquaient de moi parce que j'étais vieux. Alors j'ai voulu leur prouver que je n'étais pas plus sénile mentalement que physiquement, et j'ai convoqué ici le professeur Donovan, que vous connaissez. Je lui ai flanqué une pile très confortable, en bas, devant les habitants de l'hôtel. Je n'ai pas voulu abuser de ma victoire, parce que c'est un professeur et que cela aurait nui à sa réputation à New-York. Mais il a reçu tant de coups de poing en quinze secondes qu'il ne savait plus où il était. Depuis ce temps, on ne se moque plus de moi... La boxe est excellente pour faire entrer les idées dans la tête.

Et il m'allonge sur l'épaule deux coups de poing que je ne songe pas à parer.

Je vois noué à sa boutonnière un long ruban tricolore, sale. Je le questionne sur cette singulière décoration.

— Ce n'est pas une décoration, me dit-il. C'est un ruban qu'un de mes amis m'a donné.

Je lui demande s'il se trouve bien là ? Et pourquoi il a choisi un Mill's hotel ?

Il me regarde, étonné, et me répond sur un ton presque scandalisé :

— Mais c'est le seul hôtel du monde absolument à l'abri du feu ! le seul endroit vraiment démocratique ! et où on ne voit personne, — ce qui est très important dans la vie !

Sur ces mots, nous nous levâmes et nous prîmes respectueusement congé de ce sage, sans lui tendre la main, comme il le désirait.

LA POLICE PRIVÉE

L'AGENCE PINKERTON

Histoires de voleurs. — Le goût du roman-feuilleton. — L'auteur visite la fameuse agence policière Pinkerton, célèbre dans le monde entier. — Police en chambre. — Prudence des banquiers. — Leur abonnement à l'agence. — Un record de plus. — Le voleur américain est *the best in the world!* — Comment on force un coffre-fort. — Le bagage de voleurs. — Leur intrépidité. — Le vol aux boîtes à lettres. — Le vol au compte ouvert. — Archives de faux. — Les faux du monde entier. — Les dossiers des bandes noires. — Éducation des policiers. — Les grèves de Pittsburg et l'agence Pinkerton. — Les agents assiégés. — Le bateau en flammes.

Vous avez dû entendre parler de l'agence Pinkerton. C'est une agence policière qui est célèbre dans le monde entier. Il en est question quelque part dans les œuvres de Jules Verne, et son nom est mêlé à tous les graves événements qui se sont passés en Amérique depuis un demi-siècle. Elle a joué un rôle de police important durant la guerre de Sécession et dans toutes les grandes grèves des Etats-Unis, et c'est par elle qu'a été retrouvé le fameux portrait de la duchesse de Devonshire, par Gainsborough, volé à Londres le 26 mai 1876 et repris à Chicago le 28 mars 1901.

Le goût du roman-feuilleton est un goût très général et souvent très vif. Notre curiosité pour les histoires de voleurs, de fraudes, de contrebandes, pour les assassinats, les pillages, les conspirations, ne prouve-t-elle pas la permanence en nous des traces profondes de nos anciens crimes, je veux parler des habitudes de chasse, de lutte et de violence de nos ancêtres? Ne vous êtes-vous pas surpris, dans votre enfance, à la lecture des aventures de Cartouche, à désirer obscurément qu'il ne fût pris que le plus tard possible, et n'avez-vous pas poussé un soupir de soulagement, quand, une fois de plus, il échappait aux mains de ceux qui le poursuivaient?

De là vient, à coup sûr, en y ajoutant le charme du mystère et le goût de la combativité, l'attrait puissant qu'exercent sur notre imagination les choses policières.

Je sais bien, pour ma part, que je n'ai pu résister au désir de visiter cette fameuse agence Pinkerton, que l'on m'avait représentée comme ayant des ramifications dans toute l'Amérique et même en Europe, en Égypte, au Maroc et dans l'Afrique du Sud!

Que peut bien être une organisation pareille? qu'est-ce qui en fait la force et la valeur? de quelle série d'inventions ingénieuses, de quel arsenal de trucs dispose-t-elle donc pour pouvoir ainsi entrer à l'improviste dans les mille drames de la vie d'un si immense pays?

On va voir que c'est beaucoup plus simple qu'on ne pense.

Le bureau central de l'agence Pinkerton est situé à New-York, n° 57, Broadway, en plein centre des affaires, au milieu de toutes les banques qui sont ses meilleurs clients.

M. Pinkerton, fils du célèbre fondateur de l'agence, m'aboucha immédiatement, et le plus aimablement du monde, avec son gérant principal, M. Bangs, qui voulut bien passer tout un après-midi à me renseigner sur les méthodes de cette colossale entreprise.

M. Bangs fut et est encore le policier le plus habile de la maison Pinkerton. C'est un homme de cinquante-cinq à soixante ans, de haute taille, à barbe poivre et sel, à la figure souriante et fine, à l'œil pénétrant. Toute sa personne respire le calme et la réflexion.

Il me fit d'abord visiter les trois étages de ses bureaux, des enfilades de petites pièces discrètes et silencieuses, où des employés écrivaient sans relever la tête, feuilletaient des fiches, classaient des dossiers.

Ce qui me frappa le plus, ce fut justement ce travail de paperasses et ce silence de bureaux d'hypothèques de province.

M. Bangs souriait de mon étonnement.

— Vous serez bien plus étonné encore, me dit-il, quand vous saurez que c'est d'ici que, le plus souvent, nous découvrons les auteurs des vols et des faux... Vous le comprendrez tout à l'heure.

En attendant, voici ce qu'il m'exposa :

— L'agence Pinkerton emploie huit cents détectives.

« Elle est subdivisée en trois régions : Est, Centre, Ouest.

« La division de l'Est comprend les villes de New-York, Boston, Philadelphie et Montréal; celle du Centre, Saint-Paul, Chicago, Saint-Louis et Kansas City; celle de l'Ouest, Denver, Portland, Seattle et San-Francisco. Il existe une agence Pinkerton dans chacune de ces villes. Les quartiers généraux sont à New-York, Chicago et Denver; l'administration centrale, à New-York.

« L'agence s'occupe de la police secrète à l'usage des grandes corporations, des compagnies de chemins de fer, des banques, des maisons de commerce, des avocats et des particuliers. Elle ne fait pas d'espionnage au service des projets de divorce.

— Pourquoi cela? demandai-je à M. Bangs.

— Parce qu'il existe en Amérique un très fort préjugé contre ce genre de police, et nous tenons à ce que nos détectives restent en faveur auprès du public.

« L'agence Pinkerton est employée par l' « American Bankers' Association », une société fondée par des banquiers pour la poursuite et l'arrestation des voleurs de banques, et dont font partie la majorité des institutions financières des Etats-Unis. Elle a pour principe de ne jamais lâcher le voleur qui l'a volée, et lorsque, faute de preuves suffisantes, il lui a été impossible de le faire condamner pour un vol dont un de ses membres a souffert, elle le suit, le traque, fouille dans son passé et n'a de cesse que lorsqu'elle a découvert qu'il est l'auteur de quelque autre méfait qui permette de le faire arrêter. Aussi les vols dans les banques appartenant à cette société sont-ils devenus assez rares; les voleurs savent cela, et ils préfèrent s'attaquer aux banques qui ne font pas partie du syndicat Pinkerton dont les noms sont publiés partout.

— Et quels sont, à votre avis, les voleurs les plus habiles, demandai-je à M. Bangs, les Anglais, les Français, les Chinois, les nègres? »

Il sourit, hocha légèrement la tête, et, sur un ton modeste :

— Je crois que ce sont les Américains...

— *The best in the world !...* ne pus-je m'empêcher de dire en riant :

Puis il m'expliqua :

— Les voleurs les plus difficiles à attraper appartiennent à une classe de bandits qui ne se trouve dans aucun autre pays, et qu'on appelle ici « yeggs » ou « hobos ». Ce sont des voleurs vagabonds auxquels on ne connaît point de résidence permanente, vivant tantôt dans une grande ville, tantôt dans une autre, toujours dans les quartiers pauvres, où leur présence n'est pas remarquée, et qui vont commettre leurs vols dans les petites villes de la campagne. Ils ne voyagent que la nuit, se cachant dans les wagons vides des trains de marchandises, ou allant à pied le long des voies de chemin de fer, se blottissant le jour dans les bois, dans quelque grange abandonnée, volant leur nourriture dans les fermes ou dans les magasins isolés qu'ils rencontrent sur leur chemin. Ils n'emportent avec eux qu'un petit flacon de nitroglycérine, un peu de savon, des capsules et quelques petits coins destinés à élargir les fentes laissées par les portes des coffres-forts où ils introduisent leur explosif. Les outils encombrants dont ils peuvent avoir besoin, marteaux, leviers, barres de fer, sont volés dans quelque gare ou quelque forge du voisinage, et abandonnés sur place après le vol. Rien,

en un mot, ne les distingue des nombreux vagabonds
— « tramps » — inoffensifs qui traversent constamment le pays.

« Ces bandes s'attaquent invariablement aux banques de villages où il n'y a pas de police communale, et où il leur est facile de se rendre maîtres du gardien employé par la banque. Une fois entrés, ils glissent leur nitroglycérine dans les fentes du coffre-fort, les bouchent ensuite hermétiquement avec du savon, et en détachent la porte par l'explosion d'une capsule qui met le feu à la nitroglycérine. S'ils sont dérangés, et au moindre danger, ils n'hésitent pas à se servir d'armes à feu; le meurtre ne compte pas pour eux. Il leur est ainsi arrivé de tenir toute la population d'une bourgade en échec pendant que le vol de la banque s'accomplissait. Puis ils s'enfuient et se perdent dans quelques bois des environs, pour s'en retourner comme ils sont venus.

« Dans les grandes villes, les vols les plus communs sont les vols de boîtes à lettres, les vols commis hardiment dans les banques en plein jour et ceux qui sont commis à l'aide de faux.

« Par exemple : on brise pendant la nuit, dans le voisinage d'une banque, une boîte à lettres, on prend l'empreinte de la serrure, et l'on fait forger des clefs avec lesquelles il devient possible d'ouvrir un grand nombre de boîtes qui ont la même fermeture.

« Ou bien, une personne, dans une banque, compte l'argent qu'elle vient de toucher en billets; son attention est distraite un instant par un complice, elle tourne la tête : plus de billets; et ainsi de suite, avec des variations à l'infini.

« Ou bien encore : X ouvre un compte dans une

certaine banque à New-York. Son complice, Z, ouvre un compte dans une banque de Chicago. Pendant un certain temps ils déposent de l'argent, ils en retirent : la confiance s'établit dans la banque ; ils semblent être parfaitement honnêtes et personne ne les soupçonne. Un beau jour, X se rend à sa banque à New-York, prétendant avoir à faire une remise à un créditeur quelconque demeurant à Chicago. Il achète une traite de 200 dollars. Cette traite est payable à l'ordre de Z; elle est tirée par la banque de New-York sur ses correspondants de Chicago. X, en ajoutant seulement deux zéros, en fait une traite de 20,000 dollars. Il l'envoie à Z, qui la dépose à sa banque, où on le crédite des 20,000 dollars. Un jour ou deux se passent; X et Z ferment leurs comptes à leurs banques respectives et disparaissent. Le vol n'est découvert que lorsque la traite, ayant passé par le Clearing House, est retournée à la banque de New-York, qui l'a émise, — et X et Z sont déjà au Canada. »

M. Bangs me conduit dans un petit bureau spécial, le bureau des faux, où il me montre la plus complète collection de falsifications de chèques et de titres qu'il soit possible de voir : des faux complets, des faux partiels, les grattages, les peinturages des papiers de couleur, les surcharges, les décalquages, que sais-je encore ! Il y a là les calques de tous les faux que l'agence a pu se procurer, même en dehors de sa clientèle. Sitôt qu'un faux est connu, l'agence demande à la banque, ou au particulier qui en est la victime de lui laisser prendre un calque de la pièce falsifiée. Rapporté à l'agence, ce calque est l'objet d'une étude approfondie de la part des employés spécialistes.

— C'est ainsi, me dit M. Bangs, que, comme je vous le disais tout à l'heure, nous pouvons suivre toutes les pistes des faussaires, et qu'il en est bien peu qui nous soient inconnus ici.

« Ajoutez à cela les photographies, les fiches de renseignements sur les mœurs, les goûts, les habitudes, les relations de six à sept mille criminels, et vous comprendrez que le métier de policier n'est pas aussi romanesque qu'on le croit généralement dans le public, sur la foi des romans-feuilletons.

« En effet, nos plus importantes découvertes se font chez nous, sans même quitter les bureaux de l'agence. Avec ces portraits et les signalements qu'on nous envoie, avec les doubles de leurs faux antérieurs et les nouveaux faux pour lesquels on les recherche, en étudiant de près leur manière de faire, en procédant par comparaison et par analogie, il nous devient souvent aisé de dire d'avance qui est ou qui peut être l'auteur de tel ou tel faux, de tel vol, de tel crime.

— Et comment recrutez-vous votre personnel? Il doit lui falloir des qualités bien spéciales?

— Nous trouvons nos hommes dans toutes les classes de la société, me répond M. Bangs. Naturellement nous choisissons des gens intelligents et discrets, autant que possible silencieux et réfléchis, alertes et décidés. Mais nous n'acceptons que les sujets sans expérience, afin de les former nous-mêmes. Les chefs doivent tous avoir passé par la filière, commençant au bas de l'échelle et avançant selon leurs aptitudes et leur mérite.

Je me souviens de l'histoire de la grève de Pittsburg, il y a une dizaine d'années. M. Bangs m'en rappela les détails. Les chefs des aciéries du Trust de l'acier avaient appelé à leur aide l'agence Pinkerton pour protéger contre les grévistes les ouvriers qui voulaient travailler. Un millier d'hommes avaient été envoyés à Pittsburg par l'agence. On les avait armés de revolvers et de coups-de-poing américains. Le bateau qui les amenait par la rivière avait été tenu en échec par les grévistes qui s'opposaient à leur débarquement. Comme les agents ne se souciaient pas de débarquer devant des hommes furieux, ils attendaient à bord un moment favorable. Mais les grévistes, impatients d'entamer la lutte, s'étaient emparés de centaines de barils de pétrole qui stationnaient sur les quais, les avaient vidés dans le fleuve, y avaient mis le feu... Bientôt le bateau fut environné de flammes et commença à brûler... Les policiers durent déguerpir...

— Depuis cet événement, me dit M. Bangs, nous ne nous occupons plus de grèves. »

En Amérique, on est, avant tout, pratique, — on ne s'entête pas.

UN COLLÈGE DE FILLES

SMITH COLLEGE

Rancune du voyageur contre le mauvais hôte puritain. — Sympathie pour Cromwell. — Smith College. — La prière du matin. — Sérénité. — Liberté et règlements. — Programme des cours. — Exercices physiques obligatoires. — Leçon de littérature. — Alfred de Musset et le hockey. — Succès des cours de sciences. — Goût pour la dissection. — La blonde miss et le petit chat. — Anna et Réginald. — La vie intime. — Les dormitories. — L'auteur est invité à déjeuner et à dîner au collège. — Il est puni de sa curiosité, car il mange mal. — Le professeur de psychologie sur la glace. — Réunions du soir. — Parties de traîneau dans la neige. — Les chambres d'élèves. — Les fiancés. — Pipes et photographies. — Les carnets de chèques pour toilettes. — Les élèves pauvres se font servantes.

A Northampton, petite ville du Massachusetts, de 15,000 habitants, entre Albany et Springfield, Smith College a été fondé en 1875 par la philanthropie d'un particulier, comme d'ailleurs, la plupart des institutions utiles des États-Unis.

C'est l'hiver, le plein hiver, au milieu de janvier, par un affreux temps glacé, que je suis arrivé à Northampton. C'est ce soir-là, que le patron de l'hôtel Norwood, le seul convenable de la ville, refusa, — malgré les 35 francs qu'il me fit payer par jour — de me donner quoi que ce soit à manger, même une sandwich, parce qu'il était plus de huit heures, et que je dus, par deux pieds de neige, aller chercher un bout de pain et de viande à travers cette ville déjà endormie que je ne connaissais pas. Je me souviendrai longtemps de ce descendant des quakers qui me rendit Cromwell encore plus sympathique.

Le collège est bâti au haut de la principale rue de la petite ville; les bâtiments scolaires, la chapelle, les *dormitories*, s'espacent à travers de larges pelouses plantées de beaux arbres. Ils sont bâtis en briques et en bois, d'architecture variée.

Je désirais beaucoup assister à l'arrivée des élèves pour la prière dans la chapelle. Malgré le froid matinal, j'étais là avant huit heures et demie. Je les vis arriver, en effet, alertes et rieuses, rosies par le froid, coiffées crânement de bérets à longs poils rouges, verts, blancs, bleus, noirs ou écossais, les pieds chaussés de caoutchoucs fourrés, les mains dans les poches de leur veste-tailleur, comme des garçons, une serviette bourrée sous le bras, ou balançant à la main quelques livres attachés par une courroie. C'étaient de grandes jeunes filles de dix-huit à vingt-quatre ans, à l'œil éveillé, sans aucune gêne, ni l'ombre de timidité dans leur allure un peu garçonnière, mais aussi sans la moindre effronterie dans le regard. Rien de ce trouble un peu inquiétant ou de cette hardiesse déconcertante qu'on remarque souvent chez les jeunes filles des pays latins, quand elles se trouvent devant les hommes.

Je me tenais sur le seuil de la chapelle. Elles passaient devant moi en secouant la neige de leurs caoutchoucs et, cessant de rire, elles entraient, allaient prendre place en silence sur des chaises où un livre de cantiques était posé. C'était une grande salle nue sans aucun appareil de culte. Il y avait seulement dans le fond une large estrade avec un orgue à tuyaux contre le mur, et, sur le devant, un prie-Dieu avec une bible. Quand l'heure eut sonné, le président de l'université monta sur l'estrade et, soutenu par le chant de l'orgue, entonna un cantique que tout le monde chanta avec lui, livre ouvert. Le président était un homme d'une cinquantaine d'années, habillé d'une longue redingote noire; sa figure austère et pleine de rides, rasée, s'encadrait d'un collier de poils rares. Je me représente ainsi les passagers puritains du *May Flower* qui fuirent au dix-septième siècle l'intolérance de Cromwell.

Quand le cantique fut achevé, il lut une page de la Bible, puis chanta de nouveau un cantique. Enfin, s'agenouillant, il dit tout haut une prière, et il se tut en mettant sa tête dans ses mains. Toutes les jeunes filles présentes — ai-je dit que j'en comptai huit ou neuf cents? — baissèrent comme lui la tête, et, pendant une minute ou deux, parurent se recueillir dans une méditation profonde. Alors, l'orgue commença un air de cantique très doux, très lent, que tout le monde répéta. Une singulière sérénité planait sur la froideur de cette cérémonie. Je regardai avec curiosité la salle pleine de ces jeunes filles, tout à l'heure vivaces et rieuses; toutes à présent avaient une expression grave ; leurs yeux regardaient devant elles, sans rien fixer, pas même la figure du président ; pas un instant elles ne détournèrent la tête ni ne sourirent, ni n'eurent le moindre signe de distraction. Pendant la prière et les lectures, un silence complet, absolu ; pendant les cantiques une immobilité de statues.

Tableau délicieux et rare de fraîcheur et de santé, de jeunesse attentive et sérieuse, que je n'oublierai jamais.

Étaient-elles donc toutes des filles de puritains du Massachusetts ? Non pas. Il y avait là des protestantes de toutes les confessions, des catholiques et des juives. Elles venaient de tous les coins de l'Amérique, de l'Indiana, de la Louisiane, du Texas, du Colorado, de la Californie. Les unes étaient blondes comme du lin, les autres brunes comme des tsiganes, d'autres d'un roux de cuivre.

D'après les règlements du collège, toutes les élèves sont tenues d'assister à la prière du matin, quelle que soit leur religion. Pourtant il n'y a pas de contrôle. Mais l'élève qui manque aux prières doit chaque semaine le consigner sur une feuille, avec l'explication de son absence, et envoyer cela au président de l'université.

J'ai trouvé véritablement extraordinaire cette discipline obtenue par une telle liberté.

Quand la cérémonie fut achevée, la salle se vida sans bruit. Dehors, les conversations et les rires recommencèrent ; les élèves se dirigèrent séparément ou par groupes vers les bâtiments des classes, et je les y suivis.

Je fus assisté dans ma visite par une charmante

jeune femme, d'origine française, Mlle Berthe Vincens, qui professe la littérature française en Amérique depuis longtemps, et dont l'enseignement est très goûté là-bas. On m'avait parlé d'elle à Brooklyn avec les plus grands éloges, et je fus bien aise de la trouver là pour me guider, pour me renseigner.

Smith College est un établissement d'enseignement supérieur qui équivaut, par son programme, à nos cours secondaires et à nos lycées de filles. Le but de l'institution n'est pas de préparer les jeunes filles à une profession particulière, mais de combiner les avantages d'une haute culture intellectuelle avec ceux d'une discipline libérale et d'une vie confortable.

L'établissement reçoit les jeunes filles de tous les coins de l'Amérique. La plupart sont originaires des comtés de Massachusetts, de l'Illinois et de New-York. Mais d'autres supportent courageusement un exil plus lointain et arrivent un beau jour, seules avec leurs malles, du Texas, de la Californie ou du Maryland ; certaines même, des Bermudes et d'Hawaï.

Toutes les classes de la société américaine y sont représentées. La fille d'un industriel millionnaire s'y rencontre tous les jours avec celle d'un charpentier ou d'une servante, et le caractère démocratique de l'institution est tel que les moins favorisées de la fortune n'ont à souffrir d'aucune humiliation, de nul mépris dédaigneux de la part des privilégiées. La différence entre les membres de cette petite communauté ne se fait remarquer que par les innocents raffinements de luxe et de confortable que s'accordent les jeunes filles riches. Mais le prestige de l'intelligence suffit à rétablir ici l'équilibre détruit par la puissance du dollar.

Certains cours sont obligatoires, les autres facultatifs. Mais le règlement impose aux étudiantes quinze heures de cours par semaine.

Le programme des études littéraires porte sur la philosophie, la psychologie, la logique et l'esthétique, sur la littérature biblique et la religion comparée. Une place importante est laissée à la sociologie et à l'histoire : histoire de l'Amérique, histoire de l'Europe et particulièrement de la France et de l'Angleterre. Pas de géographie. Mais un soin particulier est donné à l'étude des langues et littératures étrangères, allemandes et françaises surtout.

Le programme des sciences théoriques est moins développé que celui des lettres. Mais ici, comme en Angleterre, le caractère pratique et expérimental des études scientifiques triomphe. Les mathématiques n'ont qu'une place secondaire. L'étude des sciences naturelles se substitue aux spéculations théoriques et transcendantes, et les exercices consistent surtout en travaux pratiques : manipulations et dissections.

Enfin la préoccupation du développement esthétique se manifeste non seulement par l'étude spéciale du dessin d'après nature, de la perspective, de l'art ancien et moderne, de la musique instrumentale et du chant, mais encore par l'importance donnée aux exercices physiques. Le point de vue hygiénique n'importe pas seul et l'intention évidente des éducateurs est de donner avec la vigueur physique, la souplesse, l'agilité et la grâce des mouvements.

J'ai traversé plusieurs cours, en m'arrêtant un quart d'heure dans chacun.

Le professeur de psychologie, jeune encore, le front large, la barbe noire en pointe, le nez chaussé de lunettes d'or à la manière allemande (car c'est, jusqu'à présent, la mode allemande qui domine dans les universités américaines), interrogeait une vingtaine d'élèves sur le mécanisme de l'attention, les phénomènes d'inhibition et de réceptivité, d'après James et Spencer.

Au cours d'italien, j'entendis expliquer un poème de Carducci. Une jeune fille italienne, brune et virile, aux dents éclatantes, un binocle d'or devant ses yeux de flamme, les mains baguées, une voilette brune relevée sur le chapeau et un boa autour du cou, parlait avec rapidité, ponctuait ses explications et ses interrogations de *va bene* incessants. Je l'avais rencontrée la veille chez Mlle Vincens ; elle m'avait eu l'air de connaître toute l'Italie et tous les Italiens, s'était dite amie intime d'Eleonora Duse, de Mascagni, de Marconi, des ministres, des ambassadeurs et m'avait raconté qu'elle écrivait des articles dans les journaux de Boston et les revues italiennes.

Dans une classe de français, on expliquait *Mlle de la Seiglière ;* dans une autre, *le Souvenir* d'Alfred de Musset, comparé à *la Tristesse d'Olympio* d'Hugo et au *Lac* de Lamartine. C'est Mlle Vincens qui faisait ce cours.

— Nous admirons Hugo et nous aimons Lamartine, disaient les jeunes Américaines à leur professeur. Quant à Musset, nous ne comprenons pas ses sentiments...

Je goûtai fort cette sincérité. Comment ces intelligences lucides mais si positives, ces âmes froides et ignorantes, ces natures passionnées de sport et de mouvement eussent-elles pu comprendre la poésie du souvenir, cette analyse subtile des expériences du cœur, les délices du rêve et de ses joies maladives :

> Le seul bien qui me reste au monde
> Est d'avoir quelquefois pleuré...

Et je ne pouvais m'empêcher de rire à l'idée d'une jeune Américaine, sortant d'une folle partie de basket-ball ou de hockey sur la glace, et qui se trouve devant ces deux vers !

Je me rappelle mon étonnement quand j'appris, au Conservatoire de Boston, qu'il y avait des jeunes filles qui jouaient du trombone, et, à l'Institut technologique, qu'une étudiante suivait les cours de construction navale. J'ai progressé depuis, et je m'étonnerai désormais difficilement.

Aussi ne suis-je pas surpris d'apprendre que les cours les plus suivis sont ceux de physique et de sciences naturelles. Il y a cent cinquante élèves au laboratoire de physique, une cinquantaine au cours de géologie et j'en trouve une douzaine au cours d'anatomie. Quelques-unes étudient l'effet de la lumière sur le ver de terre, les autres sont en ce moment acharnées à la dissection de deux chats dont elles se sont partagé les membres. Elles étudient le système circulatoire, le régime des artères et des veines. Les unes colorent les artères en bleu et les veines en rouge. Les autres, armées d'un scalpel et d'une loupe, tranchent minutieusement des membranes délicates, séparent des chairs saignantes, dépiautent et désossent avec une dextérité de gentils bouchers fantastiques qu'on imaginerait dans des cauchemars. Je leur parle, en feignant d'être émerveillé qu'elles puissent se livrer sans dégoût à cette besogne à laquelle elles ne sont pas obligées. Elles me regardent en riant de leurs bouches roses et de leurs yeux bleus qui luisent d'espièglerie.

— Mais j'aime beaucoup les petits chats! me dit l'une, la plus jolie, avec un rire charmant.

— Alors, répliquai-je, comment faites-vous pour avoir tant de plaisir à les tuer et à les couper en petits morceaux?

Elle rit plus fort :

— Justement! Je les aime beaucoup mieux depuis que je sais comment ils sont faits? Ce sont des petits chefs-d'œuvre, je vous assure...

Et elle est très sincère.

— Tenez, ajoute-t-elle, celle-ci était une jolie petite chatte que nous appelions Anna. Voyez-vous ses jolies pattes.

Elle caressait, en parlant, les petites pattes de velours noir, mortes, aux griffes rentrées.

— Celui-ci était un gros chat qui s'appelait Reginald.

Sa tête était encore là, séparée du reste du corps. Avec ses yeux fermés et ses longues moustaches blanches, il semblait dormir.

Par goût, je n'aime pas beaucoup l'anatomie pratique. La chair vive, le sang, le spectacle de la mort m'apparaissent plutôt comme des choses terribles. Mais je n'étais pas fâché d'avoir vu cela. Je jetai un coup d'œil encore aux squelettes, aux bocaux remplis de poulets, de grenouilles et autres bêtes conservées dans l'alcool, et après avoir dit adieu à ces mignonnes « amies des bêtes », je m'en allai à la salle de gymnastique pour voir fonctionner des anatomies vivantes.

Dans une vaste salle luxueusement aménagée, une

quarantaine de jeunes filles exécutent avec un ensemble remarquable des mouvements rythmiques des bras, des jambes, des reins, sous la direction d'une petite femme jolie, d'aspect frêle et mignon, aux cheveux crêpelés, aux grands yeux gris ombrés de très longs cils, dont le ton autoritaire de jeune caporal étonne et ravit.

Les élèves sont vêtues d'une culotte de serge bleue très ample et d'une veste de même couleur serrée à la taille et ornée d'un large col marin à raies blanches. Les manches relevées jusqu'au coude dégagent les bras; les pieds sont chaussés de sandales, les cheveux nattés et retenus par un ruban. Toutes ces figures sont sérieuses et attentives au commandement. De même qu'à la chapelle, le matin, pas une distraction, pas un sourire. Certaines portent des lunettes d'or aux branches recourbées.

Sur un geste du petit caporal aux yeux gris, les rangs se rompent brusquement et, avec une souplesse, une agilité de jeunes chats, les élèves se dirigent vers les trapèzes, les échelles, les cordes et les mâts.

Puis le professeur organise une partie de *basket-ball*. C'est un jeu qui consiste, pour deux équipes opposées, à s'emparer d'un ballon, à se l'envoyer de l'une à l'autre pour arriver à le lancer dans un filet qui se trouve à l'extrémité de chaque camp : quelque chose comme un football, moins brutal. Ces jeunes filles mettent à ce jeu une animation sans pareille, une passion, une conviction, un entrain qui éclairent soudain des coins cachés de leur psychologie.

Après ces exercices, la douche. Après la douche, une promenade de récréation. Puis le repas...

Je vous ai montré la variété de programmes d'un collège de filles américain, l'aspect des cours avec les élèves coiffées de bérets multicolores ou de chapeaux de feutre à rubans, boas au cou, manchons sur les genoux, l'animation, le grouillement de fourmilière des couloirs, que les jeunes filles traversent pour aller d'une classe à l'autre en causant, en riant, mais en se dépêchant toujours, sans arrêt ni ennui. Un instant j'avais eu la sensation de la même activité qui me frappa dans les grands immeubles d'affaires de New-York. Et à la fin de la journée, je me demandais si j'avais eu devant moi douze cents jeunes filles réellement passionnées de science et de culture, ou bien si ces grands enfants ne ressemblaient pas plutôt à leurs pères par le goût de l'activité, par l'habitude de l'obéissance à une discipline résolue et consentie.

Je fus moins embarrassé pour juger de leurs vrais goûts quand je les observai dans les *dormitories* et dans leurs récréations. Ici, en première ligne, le goût du confortable; là, l'irrésistible besoin de mouvement, qui sont les indiscutables marques du tempérament américain.

Pour vous aider à vous faire une opinion à cet égard, je vais essayer de reconstituer ici l'emploi des journées d'une jeune fille au collège.

Sa vie se passe, en dehors des heures de cours, dans le *dormitory* ou en plein air. Ces *dormitories*, au nombre de treize à Northampton, ont été bâtis soit par les soins du collège, soit par des particuliers qui en ont fait don à l'institution. Ce sont des sortes de grandes villas de bois ou de briques, de style colonial, avec un perron abrité par un portique grec à colonnes. Disséminées parmi les pelouses, cachées à demi par les grands arbres du parc, elles ont, au lieu de l'air de casernes moroses de nos lycées français, l'aspect riant de maisons de campagne. Le lierre et les plantes grimpantes encadrent les fenêtres à guillotine et les *windows*, montent jusqu'au faîte des pignons et des tourelles. Des vérandas et des balcons de bois ajouré, ornés de balustres sculptés, laissent pénétrer à flots l'air et la lumière. Chaque habitation est organisée autant que possible comme l'est une maison particulière. Elle a son salon, sa salle à manger, ses cuisines, ses chambres chauffées à la vapeur, confortablement et agréablement meublées. Chaque étudiante a la sienne, qu'elle aménage à sa fantaisie.

Après avoir, le matin, pris son bain ou son tub vers sept heures et demie, fait sa toilette, l'élève de Smith College descend à la salle à manger et y prend son premier déjeuner, composé de café au lait ou de thé, d'œufs et de viande. Puis elle remonte dans sa chambre, la range et l'époussète elle-même. A huit heures et demie, elle se rend, comme je l'ai dit, à la prière, puis aux cours. Ces cours se succèdent jusque vers midi.

A la sortie des cours, elle fait une promenade à pied, va en ville pour ses courses et ses achats. A une heure, elle rentre au *dormitory* pour le lunch. Si elle ne rentre pas, si elle déjeune au restaurant ou avec une amie dans une autre pension, — elle est absolument libre, — il faut qu'elle prévienne la surveillante. Celles qui sont assez riches usent beaucoup du restaurant, car la cuisine des *dormitories* laisse plutôt à désirer. Je parle ici en général, bien entendu, car je fus, dans deux des principaux *dormitories* de Smith College, admis à la table du lunch et du dîner avec une bonne grâce hospitalière dont je ne saurais médire sans ingratitude.

Les salles à manger sont garnies de six ou sept tables de douze couverts présidées par les surveillantes ou par les élèves les plus âgées, qu'elles désignent elles-mêmes. Avant le repas, tout le monde baisse la tête sur son assiette quelques secondes et fait une oraison mentale dans un silence absolu.

Le lunch, ce jour-là, consistait en une soupe aux lentilles, un rôti de bœuf, des légumes et un dessert qui était une sorte de gelée au café sans grande saveur. Le dîner était fait de côtelettes d'agneau aux petits pois, de pommes frites, de conserves de pêches et d'un gâteau au chocolat. En guise de boisson, je dus me contenter d'eau glacée et de cacao léger.

Malgré cela, ces repas sont charmants. Aussitôt la prière finie, les conversations vont leur train, mêlées de gentils rires décents et retenus. Toutes ces jeunes filles sont d'une fraîcheur agréable et d'une gaieté naturelle et saine qui fait plaisir à voir. Il y en a de brunes, mais la plupart sont blondes, de toutes les variétés du blond; certaines chevelures sont presque blanches, avec des reflets de frisottante et légère soie, d'autres ondulées et profondes, ardentes et chaudes comme un miel doré où l'on aurait sculpté des volutes; à côté des cheveux pâles comme de la cendre, des crinières fauves, rousses, presque rouges, mais aussi, quoique moins nombreuses, des filles brunes aux yeux noirs, à la peau mate, signe visible des extraordinaires mélanges des émigrations scandinaves, germaniques, anglaises, slaves, néerlandaises, écossaises, espagnoles, italiennes et françaises, qui constituent le fond de la race américaine.

Après le lunch, les jeunes filles sont libres soit de monter dans leur chambre pour travailler, soit d'aller se promener. « Libres » est une façon de parler, car, au contraire, *elles sont tenues de prendre quatre heures d'exercice par semaine*. Elles peuvent choisir entre la promenade à cheval (ici, les femmes montent à califourchon), la promenade à pied, le patinage, le golf, le tennis, le hockey, l'aviron, la natation, le basket-ball. Même, en première et en deuxième année, les exercices gymnastiques, sous la direction d'un professeur, sont obligatoires de décembre à Pâques. Si quelque raison les empêche de se livrer aux exercices prescrits, elles doivent, comme pour les manquements à la prière du matin, consigner leurs excuses sur une petite carte préparée à cet effet qu'elles envoient au président de l'Université.

J'ai assisté, un après-midi, à un patinage. L'étang est situé tout près du collège, dans un bas-fond entouré de vallonnements où s'espacent des villas. Il faisait un superbe temps d'hiver. Deux ou trois cents jeunes filles et quelques jeunes garçons patinaient avec un entrain sérieux et forcené. Je revis là le professeur de psychologie qui, le matin, enseignait le mécanisme de l'attention d'après James et Spencer, et le professeur d'histoire. Ils n'étaient pas les moins ardents à tracer des ellipses rigoureuses sur la glace. Mais ici, comme partout, comme à la prière du matin, comme à la salle de gymnastique, on avait surtout l'impression d'un devoir qu'on remplit, d'un entraînement ou d'une discipline qu'on subit. Et comment pourrait-il en être autrement, puisque le sport est *obligatoire* ? Ce qui pour nous est un jeu, un amusement, devient ici une habitude, excellente, d'ailleurs, utile et saine, puisqu'elle contribue à produire ces corps solides et souples et ces visages frais, mais d'où l'idée de plaisir, d'expansion joyeuse est absente.

A six heures, le dîner. Après le dîner, on organise de petites sauteries qui durent une demi-heure, pour la digestion sans doute. Puis, ce sont des auditions de lectures à haute voix dans un petit cercle, en faisant du crochet, ou la préparation des cours dans les chambres, ou des représentations dramatiques entre les élèves, ou des réunions dans les clubs, ou bien encore des promenades en voiture ou en traîneau jusqu'à dix heures du soir. Ces promenades du soir ne sont permises que si l'une des dames commises à la surveillance de l'habitation veut bien accompagner les promeneuses. J'ai vu, un soir de février, le départ d'une de ces excursions nocturnes. On avait commandé un vaste traîneau à deux banquettes tiré par quatre chevaux, où prirent place une vingtaine de jeunes filles. Enveloppées de fourrures, elles grimpaient lestement dans le traîneau en riant et chaque nouvelle arrivante était saluée par un chœur de bienvenue à deux voix, que chantaient toutes les autres. La neige couvrait les pelouses et les chemins que bleuissait la lune. Le ciel, plein d'étoiles, était d'un bleu profond et les rires des jeunes filles éclataient dans la nuit bleue et blanche. Là, rien de préparé ni de réglementaire. La gaieté, toute spontanée et vitale, s'aiguisait du demi-mystère de cette belle nuit claire et frissonnante. Le traîneau s'ébranla au trot rapide des quatre chevaux qui secouèrent leurs grelots, et ces jolies figures espiègles et ces yeux de jeunesse s'effacèrent, tandis qu'on entendait encore résonner dans l'air sec les cascades de leurs rires frais.

Le jour suivant, je voulus visiter quelques chambres de jeunes filles. Conduit par une respectable dame aux cheveux blancs, d'allure noble et sévère, je pénétrai dans l'un de ces « home » en miniature. C'était une chambre assez vaste, avec une fenêtre en rotonde, simplement meublée d'un petit lit recouvert en entier, presque caché par une courte-pointe bien blanche. Autour de la rotonde, un banc circulaire avec des coussins de toutes couleurs ; à terre, un tapis. Sur les murs, des têtes d'Indiens peintes sur des morceaux de cuir brut ; un drapeau américain, des pipes tyroliennes, un fleuret, des fouets, des raquettes de tennis ; sur une cheminée, des vases avec des fleurs artificielles ; un buste en plâtre de Paderewski, des photographies encadrées, têtes de jeunes gens pour la plupart, figures imberbes et énergiques, avec peut-être le souci d'être romaines et impassibles, — ce qui rendait leur œil un peu vide et leur front sans intérêt. Sur une table, des livres, un lion de Barye, un service à thé et une lampe à alcool. Plus tard, j'appris qu'on cachait dans les armoires des boîtes de conserves de homard, des bonbons, des fromages, des salades, des œufs ; on mange cela en cachette, entre les repas, les jours fréquents où les menus d'en bas se trouvent être par trop maigres.

Dans une autre chambre, à peu près semblable à la première quant au mobilier, l'ornementation était différente : une affiche de Mucha, des photographies de dessins de Burne-Jones et de Rossetti, des photographies d'athlètes aux bras nus, fortement musclés, plusieurs pipes de bruyère liées par un ruban bleu, une Vénus de Milo en plâtre, une casquette d'étudiant de Heidelberg, une chope de Nuremberg, une paire d'avirons, des banderoles aux couleurs de Harvard ; au-dessus du lit, cette épitaphe tombale : « Pour l'amour de Jésus, ne touchez pas à la poussière étendue ici ! » ; des cartes astronomiques piquées au mur avec des observations quotidiennes (nous sommes chez une élève de sciences). Je demande à la dame qui me conduit d'où viennent ces pipes, cette casquette et cette chope ? Elle transmet ma question à la jeune élève qui nous fait les honneurs de sa chambre, et celle-ci se met à rire d'un rire franc et gai. Puis, sans rougir et sans aucune gêne, elle me montre du doigt une photographie de jeune Américain en tenue d'équipier de football de Harvard : c'était l'aveu ingénu et sans phrase.

— C'est son fiancé, me dit la dame. Beaucoup d'entre nos élèves sont fiancées. Elles doivent nous le déclarer, et c'est à cette condition que nous les autorisons à recevoir les visites des jeunes gens. Ils se rencontrent alors, une fois la semaine à peu près, dans le salon, ou bien même dans la chambre de la jeune fille, en présence d'un chaperon. Plusieurs fois par an, nous donnons des bals auxquels les jeunes gens présentés sont admis à prendre part.

Les représentations théâtrales, les charades, les réunions, les conférences d'élèves sont aussi fort en honneur à Smith College comme dans les universités d'hommes. Il y a des clubs de toutes sortes, des clubs grec, oriental, français, de botanique, de biologie. On organise des Conseils d'élèves qui délèguent des envoyés au Conseil des professeurs du collège pour réclamer ou protester. Si les leçons sont trop longues, protestation ; s'il n'y a pas assez de bals où les jeunes gens sont admis, réclamation.

On voit par ces quelques notes quelle éducation libérale et large reçoivent les jeunes filles d'Amérique! Elles arrivent seules au collège, et s'en retournent seules deux fois par an dans les États lointains où demeurent leurs familles. Les parents ne sont en rapport avec l'administration que pour régler les comptes d'argent. Aucun « bulletin » ne leur est envoyé par le président ou les professeurs. Si l'élève ne se conduisait pas bien, on la renverrait, et tout serait dit. Mais cela n'arrive, paraît-il, jamais. La liberté est donc presque absolue, et c'est le sentiment que la jeune fille en a qui la rend si sérieuse. Qu'elle rentre avant dix heures du soir au *dormitory*, qu'elle assiste à la prière du matin, qu'elle suive quinze heures de cours par semaine, et elle est en règle avec la loi du collège. De plus, qu'elle n'aille pas en voiture avec un jeune homme seul, excepté avec son fiancé, et qu'elle n'aille *jamais* en voiture le dimanche, car elle s'attirerait les foudres du président, qui ne manque jamais, à chaque rentrée, d'insister sur cette interdiction dans son discours public.

Je m'informai si toutes les élèves de Smith College étaient riches.

Presque toutes disposent de ressources suffisantes pour mener une vie à la fois intelligente, agréable et facile. Elles ont chacune leur petit carnet de chèques et un crédit ouvert dans une banque de Northampton.

Ces crédits varient naturellement d'importance. La moyenne de l'argent de poche pour les plus jeunes est de 15 dollars par mois, pour les fleurs, les rubans et les bonbons. D'autres reçoivent 300 et même 500 dollars par an pour leurs toilettes et leurs frais de concert, de promenade et autres.

Il y a peu d'exceptions, mais il y en a. Plusieurs jeunes filles, trop pauvres pour payer leur redevance collégiale et leurs frais d'entretien, viennent pourtant à Northampton, y travaillent une partie du jour, servent dans les restaurants et les boarding-houses, donnent des leçons, et se créent ainsi les ressources nécessaires à leurs études.

J'ai pu causer avec l'une d'elles, une jeune fille de vingt-deux ans, en lunettes, pas jolie, mais d'une douceur d'expression charmante.

D'une voix timide elle me raconta que son père était charpentier, et avait soixante-douze ans. Il ne pouvait donc pas l'aider.

Voici comment elle s'y prend :

Elle travaille quatre heures par jour divisées en trois séances dans un boarding-house, moyennant quoi elle y est nourrie pour rien. Elle sert à table ses compagnes qui prennent pension là. Pour payer son logement, elle travaille à la bibliothèque du collège en qualité d'employée. Mais il lui faut encore de l'argent pour payer son entretien. C'est la société de secours du collège qui lui prête 100 ou 150 dollars qu'elle remboursera en cinq ans dès qu'elle sera pourvue d'un emploi de professeur. Elle prépare des examens de langues. Elle apprend le latin, le grec, le français et l'allemand.

A ma question : « Ne vous sentez-vous jamais

humiliée à servir vos compagnes? » elle proteste avec étonnement :

— Oh! non! Pas du tout! Mes compagnes sont charmantes, toutes, avec moi. Jamais je n'ai rien senti qui pût me blesser. Elles sont pour moi pleines d'égards, au contraire.

— Et n'êtes-vous privée de rien?

— Oui, je m'ennuie quelquefois, loin de mon père. Je sais qu'il est triste de n'avoir pu me donner ce qu'il me fallait pour m'instruire. Je suis privée aussi des choses bien agréables. D'abord, c'est de ne pas pouvoir assister à tous les cours, et puis c'est de n'aller jamais au concert, parce que cela coûte trop cher, et qu'il faut que je compte très strictement. Autrement, je n'ai à me plaindre de rien, et quand je serai professeur, bientôt j'espère, je crois que je serai très heureuse...

Exemple curieux du désir de savoir et d'énergie, qui déconcerterait les esprits timorés et les molles initiatives de nos jeunes bourgeoises françaises!

KEELEY INSTITUTE

La ligue des anciens ivrognes. — L'auteur rencontre un pochard invétéré qui veut guérir. — Confession édifiante. — Ce qu'on voit derrière des vitres. — Les femmes morphinomanes. — Le Dr Boals. — Définition de l'alcoolisme. — C'est une maladie comme une autre. — Remède mystérieux. — Le double chlorure d'or. — Piqûres. — Le savant homme d'affaires. — Désintéressement du savant européen. — Le traitement. — Guérisons. — Clientèle. — 17,000 médecins alcooliques. — Rechutes. — L'entraînement. — Le secret du Dr Keeley.

Le Keeley Institute est la plus populaire des institions américaines. Depuis vingt ans qu'il existe, plus de 300,000 ivrognes y ont passé et s'y guérirent de leur passion de boire. Ces anciens malades ont la reconnaissance efficace : ils ont fondé une ligue, la *Keeley League*, qui compte 30,000 adhérents; c'est la seule société de tempérance du monde entier qui ne soit composée que d'anciens ivrognes. Ils font autour d'eux une propagande énorme et constante, et il n'y a pas un Américain qui ne connaisse le nom du docteur Keeley. Pourtant, des gens sérieux prétendent que ce docteur est un fumiste, que l'alcoolisme n'est pas une maladie et qu'on ne peut, par conséquent, pas le guérir avec des drogues.

Qu'est-ce que c'est donc que cette institution nationale, et quelles sont les théories qu'on y professe?

Elle est située dans l'Etat de New-York, à White-Plains, près du champ de bataille historique. C'est une petite ville quelconque de dix mille habitants; l'institut est bâti au milieu d'un parc bien vert, parmi des pelouses et des arbres, dans un style agréable. Des cottages sont semés le long de routes étroites tracées entre les gazons.

Pour trouver mon chemin, je m'étais adressé à un gentleman qui marchait dans la même direction que moi. Il avait un gros ventre et le visage couperosé. Il me dit :

— Je vais moi-même à l'Institut, je vous conduirai Je suis un malade et on m'y soigne.

Un peu surpris de cette confidence, j'interroge :

— Vous êtes alcoolique?

Tranquillement, il me répond :

— Oui. Je suis ici depuis trois semaines. J'étais un sacré ivrogne, déjà je n'ai plus envie de boire et je me porte mieux.

— Que buviez-vous donc?

— Un litre de whisky par jour, et un demi-litre de vermouth.

— Vous êtes venu ici de votre plein gré?

— Oui. C'est-à-dire que ma femme et ma fille m'ont amené. Si je n'étais pas venu, je serais mort. Je voyais des rats et des serpents partout.

— Et vous croyez que vous n'aurez plus jamais envie de boire?

— Oui, je le crois. Un de mes amis, un pochard comme moi, est sorti d'ici il y a huit ans, et depuis il n'a plus jamais bu.

— Quel traitement vous fait-on suivre?

— On me pique au bras quatre fois par jour et on me fait une injection de je ne sais quoi.

— Vous êtes nombreux, ici?

— Une vingtaine en ce moment.

Nous passions devant un cottage en bois rouge entouré de lierre.

— Tenez, me dit l'ivrogne, voici une maison où il y a cinq ou six femmes, parce que les femmes ne demeurent pas dans le même bâtiment que les hommes. Oh! celles-là sont très jolies! Il y en a de très jeunes. Les unes buvaient, les autres se piquaient à la morphine. On les soigne.

Je regardais avec curiosité la villa rouge. Je vis à une fenêtre une silhouette élégante et une jolie figure pâle avec de grands yeux. J'aurais bien voulu entrer! Mais l'administration oppose, et elle a bien raison, à la curiosité qui rôde autour de ses malades une surveillance rigoureuse.

— Nous voici arrivés, me dit « l'inébriate », nous n'avons qu'à demander le docteur Boals.

C'était, au milieu de grands arbres, un assez vaste bâtiment construit en bois et peint en gris, avec un péristyle à colonnes qui tenait toute la façade. Au rez-de-chaussée, un bureau avec un employé, des salons d'attente, et le cabinet du docteur.

On me fit visiter ce qu'on appelle pompeusement « l'Institut ». C'est un simple hôtel meublé, avec des chambres confortables, propres, claires, des salles de bains et des salons de réunion.

Puis, le docteur Boals me reçut et me dit :

— Monsieur, l'ivrognerie est une maladie. Ceux qui prétendent le contraire ne savent ce qu'ils disent. Un homme attaqué par cette maladie ne peut pas plus s'en défendre que s'il était atteint de la fièvre typhoïde. Il faut qu'il se soigne, qu'il suive un traitement. Le docteur Keeley a le premier découvert cette maladie; il en a aussi découvert le remède. Toute personne qui, pour une raison quelconque, par goût, par mélancolie, par faiblesse de tempérament, commence à boire finit inévitablement par devenir ivrogne. Cela implique un état de maladie du système nerveux. Les cellules nerveuses ne remplissent plus leurs fonctions que sous l'influence de l'alcool. De là ce besoin impérieux et absolu de spiritueux qui n'avait jamais été bien compris auparavant. Aussi est-il facile de concevoir que, lorsque le système nerveux tout entier est tendu vers ce qui est devenu le principe de son existence, le patient cède infailliblement à ce besoin d'absorber de l'alcool, malgré tous les discours qu'on peut lui faire et toutes les résolutions qu'il peut prendre. Pour guérir cet homme de l'ivrognerie, il faut donc rendre à ses organes leur vie naturelle. Tout le secret du docteur Keeley est là.

— Mais, dis-je, si le docteur Keeley a fait cela, c'est non seulement un grand savant, mais aussi un bienfaiteur de l'humanité !

— Il l'est, me répondit tranquillement le disciple.

— Comment se fait-il, alors, qu'on n'applique pas son système dans le monde entier, en Europe, en Angleterre, en France même, par exemple, où l'alcoo-

lisme finira par devenir aussi grave qu'en Amérique?
— C'est regrettable, en effet, affirma le docteur Boals.
— Aurait-on fait des critiques capitales à la découverte du docteur Keeley?
— Seuls les ignorants peuvent en faire.
— Pourquoi?
— Parce que ses remèdes ne sont connus de personne. Ils sont secrets et patentés.

Je demeurai un instant abasourdi par cette réponse. Il le vit, et insista :

— Bien entendu. Ils sont fabriqués à Dwight, dans l'Illinois, sous la direction du docteur Keeley lui-même, et, de là, envoyés aux différents *Keeley Institutes* établis dans les États-Unis. Une société financière puissante s'est formée pour l'exploitation des brevets et la fabrication du double chlorure d'or Keeley, et je vous réponds que cette société est prospère. Il y a des établissements dans tous les États de l'Union. Dans l'État de New-York et dans l'État du Massachusetts, il y en a même deux. Les médecins qui sont placés à la tête de ces filiales font tous un stage à Dwight dans le laboratoire du docteur Keeley.

Voilà donc de ces choses qu'on ne verrait pas dans la vieille Europe! Chez nous, les savants sont des apôtres dont la gloire est le seul salaire. Non seulement, leur unique ambition est de découvrir les causes et les remèdes des maux dont souffre l'humanité, mais encore les voilà qui se mettent à employer leurs propres fortunes à l'étude des problèmes! L'institut Pasteur de Paris, celui de Lille, en ont donné de récentes et d'éclatantes preuves.

Ici, nous assistons au phénomène opposé : des

savants ne consentant à guérir leurs semblables qu'à la condition de s'enrichir. Égoïsme excessif, sens pratique exagéré, qui tuent jusqu'au germe toute virtualité noble, tout sentiment du devoir et de la solidarité humaine.

Aussi, me méfiai-je un peu de la valeur de la méthode du docteur Keeley. Je me promis, à mon retour à New-York, d'interroger des médecins connus sur la portée de ses expériences.

Et je continuai mon enquête.

— Quel est le prix du traitement?

— Cent dollars, la pension non comprise.

— Combien dure-t-il de temps?

— En général quatre semaines pour l'alcoolisme, de quatre à six semaines pour la morphine, le laudanum, et quatre semaines pour le tabac, les cigarettes et la neurasthénie.

— Les gens que vous soignez viennent-ils suivre ce traitement volontairement?

— Cela va de soi. On ne peut pas guérir un ivrogne contre son gré. Ceux qui viennent à nous viennent parce qu'ils ont horreur de leur condition, des chagrins dont leur vice ou leur maladie est cause, ou bien parce qu'ils se sentent un pied dans la tombe, parce qu'ils se savent « fichus » s'ils ne cessent pas de boire, et parce que, malgré toutes leurs bonnes résolutions, leur raison, leur volonté, ils ne peuvent pas d'eux-mêmes se soustraire à ce besoin de boire qui est passé chez eux à l'état de maladie. Ils viennent donc comme un phtisique à un sanatorium, en quête d'une guérison.

— Comment cette guérison s'opère-t-elle? Est-ce par la persuasion?

— Aucunement. Le traitement est purement médical.

— Vos patients sont-ils enfermés? Comment luttez-vous contre ce besoin de spiritueux dont il s'agit de les guérir?

— Nous ne les privons pas d'alcool. Pendant les premiers jours il leur en est donné modérément quand ils en demandent. Mais la guérison s'accomplit précisément par la disparition de ce besoin dont ils souffrent. Au bout de trois ou quatre jours, il a disparu complètement et le malade ne demande plus de boissons alcooliques.

— Mais en quoi consiste le traitement?

— En médecines que nous donnons à boire à nos patients et en injections que nous leur faisons. Ils prennent de deux heures en deux heures, régulièrement, huit doses de médecines par jour, et reçoivent, en outre, quatre injections hypodermiques : à huit heures du matin, midi, cinq heures et sept heures trente du soir.

— L'un de vos moyens de guérison n'est-il pas de frapper l'imagination de vos malades, de leur faire illusion à eux-mêmes? Pour les injections, par exemple, vous servez-vous parfois d'eau ou de quelque liquide ayant plutôt l'apparence que les propriétés d'un médicament?

— Comme je vous l'ai dit, notre traitement est un traitement médical. Nos remèdes sont scientifiques. Nous ne sommes pas des « humbugs ».

— Entendu. Mais vos médicaments, tout en guérissant un patient de son ivrognerie, ne peuvent-ils pas autrement affecter leur santé?

— Pas le moins du monde, et bien au contraire.

Au bout des quatre semaines de traitement, nos patients ne sont pas reconnaissables. Non seulement ils n'ont plus de goût pour les boissons fortes, mais ils sont fortifiés physiquement; ils ont l'esprit lucide, actif et cohérent, bon appétit, bonne digestion, le teint frais, le sang pur. Il arrive fréquemment de les entendre dire qu'ils se sentent plus jeunes de dix ans.

Ce que m'avait dit au cours de notre promenade le pensionnaire du docteur Boals semblait au moins lui donner raison sur ce point.

Je continuai :

— Quelles sortes de gens viennent suivre votre traitement?

— Ils appartiennent à toutes les classes de la société. Nous avons guéri des sénateurs, des *congressmen*, des avocats, des clergymen, des ministres (*sic!*), des soldats, des hommes d'affaires, des ouvriers... au nombre de 300,000. 17,000 étaient des docteurs.

— Arrive-t-il parfois qu'un ivrogne guéri par votre traitement ait une rechute?

— Certainement.

— Ce nombre de rechutes est-il grand?

— Ma foi oui, considérable. Il n'y a rien là qui soit au préjudice des remèdes du docteur Keeley. Un homme qui a eu une bronchite ou une maladie de peau ne peut-il pas avoir une rechute après complète guérison? Il dépend de vous seul que vous n'ayez pas de pareille rechute; aucun remède ne peut vous exempter d'avoir ces maladies une seconde, une troisième, une quatrième fois. Il en est de même de l'ivrognerie.

— Alors pour éviter de redevenir ivrogne, il faut

qu'après sa guérison, le patient s'abstienne complètement de boire de l'alcool?

— Absolument. C'est une condition essentielle. Mais il n'y a rien là que de fort aisé pour lui. Il n'a plus de goût pour la boisson, il n'a plus le besoin, il n'a même plus le désir de boire de l'alcool. Au contraire, il l'a en horreur, parce qu'il se souvient et qu'il sait que l'alcool est un poison pour lui. Aussi toute rechute est le résultat d'un entraînement. Un homme d'un esprit faible n'aura pas su résister aux invitations, aux moqueries de ses camarades; ou bien il aura eu un trop grand sentiment de sécurité, se sera dit qu'après tout un petit verre ne peut pas lui faire de mal, qu'il saura bien s'arrêter à temps. Puis il se sera réveillé dans quelque ruisseau, saoûl comme devant. Le goût revient, la maladie reparaît.

— Le traitement donne-t-il toujours satisfaction à ceux qui le suivent?

— Toujours. Je ne sache point qu'il y ait jamais eu un de nos patients qui ne soit parti pleinement satisfait des résultats obtenus. D'ailleurs, les neuf dixièmes de nos patients nous viennent sur la recommandation d'anciens ivrognes que nous avons guéris. Ceux-ci, au nombre de 30,000, ont formé une organisation à laquelle ils ont donné le nom de Ligue Keeley. C'est notre meilleure publicité.

— Vous vient-il beaucoup de femmes, parmi vos malades?

— Oui, mais ce ne sont pas toutes des alcooliques. La plupart sont adonnées à l'usage de la morphine ou souffrent de la névrose. Nous avons pour ces maladies un traitement spécial. Ce sont aussi des découvertes du docteur Keeley.

— On dit que vos injections et vos médecines sont à base de quintessence d'alcool, d'éthers très forts qui saturent d'alcool l'organisme au point de le dégoûter de ses boissons ordinaires.

Le docteur Boals sourit et répondit :

— C'est le secret du docteur Keeley.

De retour à New-York, comme je me l'étais promis, j'interrogeai quelques médecins des plus connus et qui passent pour les plus sérieux. Ils me dirent qu'en effet la méthode Keeley était la seule qui eût donné jusqu'à présent des résultats évidents. Aucun d'eux ne songeait à le blâmer du mercantilisme de son entreprise.

PITTSBURG

La Ville du Fer. — Panorama vu d'un vingtième étage. — Symphonie en noir et blanc. — Bruits qui montent. — Statistiques émouvantes. — Richesses inépuisables du sol. — Fer, houille, pétrole et gaz naturel. — 33 hauts fourneaux. — Chemins de fer. — Tramways. — Quartiers pauvres. — Slaves émigrés. — Bibliothèques ouvertes et hôpitaux fermés. — Visite des grandes usines. — Le beau-frère de M. Schwab. — Le petit télégraphiste devenu président du trust de l'acier. — Les chantiers. — Passage de trains de feu. — La neige s'évapore. — Les hommes au masque de cuir. — Machines intelligentes. Où sont les ouvriers? — Le mécanicien fantôme. — L'enfant qui bâille. — Cinq millions pour gagner trente secondes. — La tourelle qui valse.

J'avais vu le Creusot, Saint-Chamond, Rive-de-Gier, j'avais vu les usines Krupp à Essen. J'avais vu Dusseldorf. Et je savais que j'allais trouver ici la Ville du Fer, démesurée et fantastique.

On ne m'avait pas trompé. Si on les compare à l'enfer effrayant que je viens de visiter, Dusseldorf, Essen, le Creusot, Rive-de-Gier, Saint-Chamond sont des campagnes tranquilles et parfumées, des séjours frais et paisibles où fument dans l'air bleu quelques longues pipes paresseuses. Pussiez-vous même les réunir ensemble en y ajoutant l'horrible Manchester, que vous n'arriveriez pas encore à produire l'impression écrasante qui m'a saisi quand, par un matin gris d'hiver, je montai au vingt et unième étage de la plus haute maison de la ville, le Frick Building, et que je regardai devant moi.

Qu'on s'imagine une cité de 350,000 habitants, et d'une vaste étendue dont toutes les maisons, tous les monuments, toutes les cathédrales, toutes les tours, les obélisques, les colonnes seraient couronnés de cassolettes géantes et immobiles vomissant sur le ciel des fumées de toutes les couleurs; une forêt dont les arbres seraient des tuyaux empanachés d'une mouvante ouate grise, jaune, rousse, blonde, bleue ou noire; une contrée qui s'étend à perte de vue sous un double ciel, l'un impassible et lointain, à peine visible à travers la densité des vapeurs épandues, l'autre tout proche, toujours en mouvement et sans cesse augmenté d'autres nuages de cendre et de poussières saturées d'oxydes allant se rejoindre et se confondre dans les hauteurs de l'air obscurci.

De ce vingt et unième étage, l'œil plonge sur ce gouffre colossal dont la nature a fait le centre idéal de l'industrie et du commerce. La ville est, en effet, enserrée entre deux larges fleuves, l'Alleghany et le Monongahela, qui, en réunissant ici, juste sous nos yeux, leurs flots jaunes, forment l'Ohio, — ce fleuve gigantesque qui va se fondre lui-même, 1,200 kilomètres plus loin, avec le Mississipi!

Une douzaine de ponts sautent de Pittsburg pardessus les deux fleuves ; treize chemins de fer inclinés grimpent le long des collines qui encadrent la ville.

C'est l'hiver, sur les monts, et tout au loin, dans la campagne, la neige couvre tout d'une blancheur qui contraste durement avec l'atmosphère de fumée et de cendre qui l'enveloppe. Sur l'eau, entre les rives blanches, d'énormes gabares, profondes comme des puits — pleines de charbon jusqu'aux bords, circulent, poussées par de grands steamers à vapeur. Un bruit de forge colossal, où se mêlent les timbres des tramways électriques et les gémissements lugubres des trolleys, des sons métalliques et des soupirs gigantesques de cheminées, des sonneries de cloches, des halètements de locomotives, des roulements de wagons sur des rails, des cris et des grincements de treuils et de grues, tout un vacarme de ferrailles jetées pêle-mêle, et des coups de sifflets montent dans l'air, séparés et perceptibles d'abord, puis, l'oreille s'habituant, se fondent en un grondement de mer en fureur.

Que peuvent bien représenter, comme importance de trafic, ces deux fleuves, noirs de bateaux et de chalands, ces lignes de chemins de fer qui se croisent à l'infini, ces centaines, ces milliers de wagons qui arrivent, qui partent sans cesse ?

Je vais à la Chambre de commerce et je demande des chiffres. On ne me reprochera pas d'abuser des chiffres. Mais ici il vous pousse comme un besoin de formuler, autrement que par des phrases, la formidable activité qu'on a sous les yeux.

Je cause avec le président et le secrétaire de cette institution. Ils me font connaître leurs statistiques les plus récentes. J'en prends note sous leur dictée et je vous les donne dans leur simple éloquence.

On estime à 10 milliards de francs le capital industriel de Pittsburg.

Pittsburg doit sa prospérité à sa situation au centre d'une région déjà prospère et aux fantastiques richesses de son sous-sol.

Quatorze lignes de chemins de fer y aboutissent; 370 trains en partent et y arrivent chaque jour. L'an dernier, on a envoyé 20 millions de tonnes de charbon par rails et 5 millions de tonnes par les rivières. Si on ajoute à ces 25 millions de tonnes les transports des produits fabriqués, et les envois de pétrole, on arrive à un total de 75 millions de tonnes de trafic annuel, soit la valeur du transit des quatre plus grands ports français!

En résumé, on a chargé à Pittsburg, en un an, 2,289,000 wagons de marchandises, sans compter les milliers de gabares et de steamers qui descendirent l'Ohio et le Mississipi jusqu'à la Nouvelle-Orléans.

Voilà pour le mouvement.

Les richesses naturelles consistent en des champs infinis de houille à fleur de terre, de minerai de fer et d'huile de pétrole.

La valeur de l'exportation du charbon, qui était de 55 millions de francs en 1895, s'est élevé à 110 millions en 1901! Et chaque année, la production augmente dans ces proportions.

On a calculé que le sous-sol de la région pourrait suffire à cette production durant sept cents ans encore!

L'huile de pétrole y est d'une abondance démesurée : 40 millions de barils sont expédiés de Pittsburg chaque année par chemin de fer ou par eau.

L'industrie du fer atteint des proportions vertigineuses. On sait que c'est ici qu'est le centre du trust de l'acier.

Trois chiffres qui donneront une idée de l'importance de l'industrie du fer ici : 1° 33 hauts fourneaux travaillent toute l'année à Pittsburg ; 2° la production totale du minerai de fer aux États-Unis est estimée à 20 millions de tonnes par an ! Or, le quart, soit 4 millions de tonnes, est absorbé par les hauts fourneaux de Pittsburg et des environs ; 3° la production annuelle de fer brut aux États-Unis est de 7 millions de tonnes : la moitié, c'est-à-dire 3 milliards de kilogrammes, est produite à Pittsburg ; le tiers des rails d'acier fabriqué aux États-Unis et le tiers des aciers en lingots sortent de Pittsburg !

On compte 24,000 fours à coke qui produisent 12 millions de tonnes annuellement, de quoi charger 600,000 wagons !

Il existe, à Pittsburg et dans la région, des quantités colossales de gaz naturel, c'est-à-dire d'un produit qui est une forme gazeuse de la paraffine, quelque chose d'analogue au grisou. Ce gaz est inodore. Il n'est pas assez pur pour servir à l'éclairage, mais il a une grande puissance calorique et on l'emploie au chauffage des maisons particulières et dans les usines. Comme on le dilapidait un peu au début de son utilisation industrielle et que la consommation en augmente avec la prospérité manufacturière, on va à présent en chercher même à 150 kilomètres de là ; on l'amène de l'ouest de la Virginie par des canalisations nombreuses. La consommation s'élève à un million de mètres cubes

24

par jour. Il se vend à raison d'un sou le mètre cube.

Voilà donc les richesses naturelles de Pittsburg : ses trois fleuves, sa houille, son minerai, sa chaux qui vient des monts Alleghanys, son gaz de chauffage, c'est-à-dire la matière première et les moyens de transport économiques. Grâce à cela, et aussi à un machinisme qui atteint les limites de la perfection, Pittsburg peut fabriquer des aciers à des conditions qui défient la concurrence étrangère, et qui lui permettent même, malgré les droits protecteurs qui les frappent à leur entrée en France, d'entrer chez nous et de concurrencer nos produits nationaux. Aussi les Anglais qui, jusqu'à présent ouvrent leurs marchés sans douane à l'entrée, sont-ils déjà battus par leurs cousins transatlantiques. Seule, l'Allemagne arrive à se défendre avantageusement contre l'Amérique. Même, comme la production de l'acier en Amérique, si énorme qu'elle soit, ne suffit pas à la consommation formidable du pays, l'Allemagne réussit encore à vendre ici des rails et des machines. Cela tient à l'abondance du combustible et au bon marché de la main-d'œuvre allemande.

A côté de l'industrie du fer, Pittsburg a créé d'autres industries moins considérables, mais importantes quand même. C'est ainsi qu'il existe une fabrique de conserves qui occupe 2,800 ouvriers, une fabrique de bouchons qui en emploie 1,200, et qui transforme annuellement 10 millions de kilogrammes de liège en bouchons et en semelles. Les verreries les plus importantes d'Amérique avec celles de l'Indiana, produisent annuellement 75 millions de francs de glaces. Le total de la consommation de la verrerie aux États-

Unis est de 600,000 mètres cubes et Pittsburg en manufacture plus de la moitié.

J'allais oublier de dire que c'est ici que se trouve la fameuse maison Westinghouse, célèbre dans le monde entier, qui emploie des milliers d'ouvriers à la fabrication des appareils électriques pneumatiques et hydrauliques.

La prospérité de la ville augmente d'année en année dans des proportions fabuleuses. La population s'est accrue de 100,000 habitants en dix ans. En 1901, on a construit pour 95 millions de francs de maisons et d'ateliers. Il y a deux ans une société de tramways électriques s'est formée au capital de 25 millions de francs, elle a installé 150 lignes et mis en circulation 750 cars, conduits par 4,000 employés. Ces lignes transportent — en circulant jour et nuit — 150 millions de voyageurs par an. La ville se vante d'arriver septième pour le nombre des lettres envoyées et reçues. En un an, de 1901 à 1902, l'accroissement des recettes postales a été de 244 p. 100! Le revenu postal est actuellement de plus de 5 millions de francs. L'un des signes les plus frappants de l'accroissement de la richesse est le total des sommes envoyées dans leurs familles par les ouvriers étrangers de Pittsburg. Pour le seul mois de décembre 1901, le nombre des mandats postaux était de 2,081, représentant près de 160,000 francs, c'est-à-dire une moyenne de près de 80 francs par mandat. Un ouvrier qui, vivant à l'étranger, peut envoyer 80 francs par mois chez lui, mérite d'être envié par ses camarades d'Europe. Je ne parle pas des affaires des nombreuses banques qui comptent parmi les plus solides des États-Unis et dont les transactions atteignent à des chiffres qu'on ne saurait croire.

Je sortis de la Chambre de commerce assez documenté, comme vous avez pu voir, et me promettant de visiter les jours suivants ces usines gigantesques qui abritaient tant de travail et d'où sortaient tant de richesses. Je descendis dans la rue et me promenai longtemps à travers la ville sale et boueuse. Malgré le froid intense — le soir, il y avait 20 degrés sous zéro — la neige n'avait pas le temps de se fixer sur le sol, tant était active la circulation des voitures, des camions et des fardiers. Trois mois de séjour à New-York, à Philadelphie et à Boston m'avaient déjà un peu blasé sur le bruit et l'agitation des villes américaines. Ici, dans un espace plus restreint, la fièvre était la même, plus grande encore peut-être. Mais jamais ville ne me parut plus noire ni plus triste; nulle part les gens ne me montrèrent des figures plus préoccupées, plus étroitement bornées par l'idée fixe de l'effort immédiat à accomplir.

Je visitai les quartiers pauvres avec le consul d'Autriche, homme intelligent et éclairé qui connaissait bien la ville. Il me montra, sur les bords des fleuves saumâtres, les vieilles masures en ruines où habitent, dans une atmosphère irrespirable, parmi les loques multicolores et les détritus, les milliers de Slaves qui, chassés de leurs pays par la misère de l'agriculture, viennent dépérir ici dans les mines et dans les fournaises des usines. Ils ne parlaient pas un mot d'anglais, ne comprenant que leurs patois d'origine. Restés un peu sauvages, ils nous regardaient d'un air méfiant. Les enfants avaient des faces terreuses et des yeux de mourants.

Beaucoup d'entre eux ne réussissent pas à vivre sous ce climat glacé. A Pittsburg et dans la région, il y a 60,000 Italiens et 300,000 Slaves, Slovaques, Croates, Hongrois, etc. C'est une véritable folie d'émigration qui pousse ces races hors de chez elles, attirées ici par l'appât des deux ou trois dollars par jour que paye à leur labeur le trust de l'acier. Mais leur organisme, fatigué par les privations antérieures, désarmé devant le froid hostile des longs hivers, ne supporte pas le dur travail et le vent glacial; ils tombent vite malades, et meurent sans secours.

— Et l'hôpital? Il n'y a donc pas d'hôpital? demandai-je au consul.

— Il y a des bibliothèques fondées par M. Carnegie, où on lit sur le fronton : *Free to people*, gratis au peuple; mais, dans la ville du trust qui gagne par an 700 millions de francs, il n'y a que des hôpitaux payants.. Il n'y a pas d'hôpital gratuit... Il y en aura un bientôt.

A la fin on fut frappé de cette honte que les malheureux mourussent sans secours devant des bibliothèques dont ils n'avaient que faire et des musées qu'ils ne fréquentaient pas; une souscription s'est ouverte dernièrement pour fonder un asile gratuit. Nous entrions dans le vingtième siècle. Il était temps.

Après avoir respiré l'atmosphère empestée du monstre, entendu mugir, râler, gémir et se plaindre la ville fabuleuse, après avoir supputé les richesses qui sortent de ses entrailles de houille, de pétrole t de fer, je sentis le désir ardent de pénétrer sa vie intime et de la voir à l'œuvre dans son effort surhumain.

Je visitai les usines Thompson, Homestead, Duquesne, Jones et Laughlin, Keystone Bridge, c'est-à-dire ce qu'il y a de plus énorme dans l'énormité de Pittsburg.

Je vous parlerai d'abord des usines Homestead.

La chance me favorisa. Je rencontrai à Homestead M. Dinckey, surperintendant des usines, propre beau-frère de M. Schwab, le richissime initiateur du trust de l'acier, qui épousa la sœur de M. Dinckey. Celui-ci a trente-huit ans à peine (1).

Comme son beau-frère, il naquit pauvre. Il débuta comme petit télégraphiste à Homestead, s'intéressa à l'électricité, entra résolument comme ouvrier dans les usines, peu à peu se distingua, inventa et perfectionna des outils et des machines et fut appelé, il y a deux ans, à diriger cette immense affaire qui est à présent englobée dans le trust.

M. Dinckey est un petit homme châtain, à l'air tranquille, aimable, souriant et réfléchi, moustache aux pointes frisées et relevées, œil bleu. C'est lui qui me servit de guide à travers les usines.

Nous commençâmes par les chantiers et hauts fourneaux. Homestead ne possède que quatre hauts fourneaux. Quand il lui manque du fer, elle en prend à l'usine Edgar Thomson qui en a onze et qui fait partie aussi du trust de l'acier.

Ces hauts fourneaux sont des tours colossales de cent pieds de hauteur et de vingt-cinq pieds de diamètre à la base. A côté de chacune de ces tours, il y a quatre grands fours à gaz naturel qui, par un système de

---

(1) Depuis ma visite, M. Schwab a été renversé de la présidence du Trust, et c'est M. Dinckey qui l'a remplacé.

tuyautage, l'alimentent de chaleur. Devant ces tours et ces réservoirs, qui élèvent dans le ciel leurs silhouettes nombreuses et crachent sans cesse des torrents de fumées et de vapeurs, des trains infinis de wagons trois fois grands comme les nôtres circulent chargés de coke et de pierre à chaux. Les wagons, au fur et à mesure de leur arrivée, se vident instantanément par le fond le long de talus élevés de cinq ou six mètres au-dessus du sol.

Pour charger les hauts fourneaux — qui s'alimentent par le sommet — on a installé de véritables chemins de fer sur lesquels des wagonnets de minerai, de coke et de chaux grimpent avec rapidité. Arrivés au sommet de la tour, ces wagonnets se renversent — on dirait d'eux-mêmes, car on ne voit pas trace d'intervention humaine — dans la gueule enflammée du fourneau. On le charge ainsi toutes les quatre heures, et toutes les quatre heures il rend en métal le produit de sa digestion. Pour rendre une tonne de fer, le fourneau demande 1 tonne 75 de minerai, 2 tonnes de coke et une demi-tonne de chaux.

En un an, l'un de ces hauts fourneaux — qui détient le record — a produit 206,650 tonnes de fer, c'est-à-dire (avec les arrêts) 800 tonnes de fer par jour.

Nous croisons des trains entiers faits de grandes cuves emplies de métal bouillant, dont nous sommes forcés de nous éloigner d'au moins dix pas, tant la chaleur qui s'en dégage est forte. Et c'est le plein hiver, nos pieds s'enfoncent dans la neige, et une âpre bise pénètre à travers nos fourrures. Les trains conduisent ces cuves de fonte au convertisseur Bessemer pour en faire de l'acier.

Nous croisons d'autres trains qui sont des files de lingots de fonte rouge-cerise, encore dans leurs moules, hauts d'un mètre et demi et épais de quatre-vingts centimètres; des locomotives les portent dans les fours pour leur faire subir une deuxième cuisson avant le laminage. La neige fond sur leur passage comme par enchantement. Celle qui tombe du ciel s'évapore instantanément autour d'eux.

Je demande au superintendant de suivre ce fer jusqu'à sa transformation dernière. Il comprend ma curiosité et s'y prête de bonne grâce. Nous voilà partis à la suite des trains de feu liquide... Mais il revient soudain sur ses pas pour me faire observer la continuité inouïe du travail. Il m'explique que pas une seconde n'est perdue dans les différentes manipulations :

— Vous voyez ces trains de minerai et de coke qui se dégorgent devant les fours. Vous voyez ces hommes recharger aussitôt les wagonnets qui escaladent le haut fourneau et l'emplissent; vous voyez la fonte qu'on a recueillie dans ces cuves, au pied des hauts fourneaux, et les trains aussitôt en marche?... A présent suivons-les.

Nous les suivons. Nulle part les trains ne sont arrêtés. Ni désordre, ni encombrement à travers les immenses chantiers. Et surtout, pas un cri, pas une parole d'homme. De temps en temps, un appel de trompe, un son de cloche au passage des aiguilles, et c'est tout. Tout a l'air de marcher automatiquement.

Dans un hall d'au moins deux cents mètres de long, je compte vingt-quatre fours sur deux rangs. Devant chaque four est aussi un trou, un gouffre plutôt, qu'emplit une cuve de la même dimension communiquant avec le four. Cette cuve est pleine de fer en fusion qui bouillonne à flots splendides et qui dégage une chaleur infernale. Des hommes masqués de cuir et de lunettes bleues, silhouettes fantômatiques, s'empressent à jeter dans le liquide somptueux des pelletées de carbone et de manganèse qui le font passer du rouge ardent au mauve, puis au blanc argenté, puis au rose crépusculaire. Alors, un homme juché sur une grue de quinze mètres de haut, s'avance sur son appareil, saisit avec des doigts d'acier les rebords de la tasse gigantesque, la soulève comme un fardeau léger, et, la faisant basculer lentement devant des moules alignés, les emplit jusqu'au bord. La tasse remplie pèse 150,000 kilogrammes.

Nous pénétrons à présent dans les ateliers proprement dits, halls démesurés, sombres, pleins des grondements des machines en mouvement. Ils ont l'air déserts. C'est à peine si, de temps en temps, on aperçoit un homme silencieux et souvent immobile, attentif devant une machine, une grue ou un levier, et que rien ne paraît pouvoir distraire de sa besogne. Cette quasi-solitude est d'autant plus saisissante que le bruit qui vous entoure est très grand et continu. Cette sensation devient bientôt plus inquiétante quand nous arrivons devant les fours. C'est là qu'on a mis les lingots rouges rencontrés tout à l'heure. Ils ont subi une deuxième cuisson et sont prêts maintenant à passer au laminoir. Or, ces lingots sont, comme je l'ai dit, des blocs de fer d'un poids de 7 tonnes, de 1 m. 50 de hauteur et de 80 centimètres d'épaisseur. Et voici comment ces choses sont remuées.

Une douzaine de fours sont alignés le long du hall fermé. Deux rails courent parallèlement à ces fours.

Soudain, je vois s'approcher, roulant sur ces rails, une espèce de tourelle de fer, munie d'un long et colossal bras de fer horizontal, et au haut de laquelle un homme se tient, la main droite crispée sur un levier. Cette tourelle marche toute seule. L'homme qui l'habite fait un mouvement, touche un bouton, et la voilà qui s'ébranle. Elle avance, elle recule, s'arrête avec une vivacité, une netteté, une décision tout humaine. La voici devant un four dont la lourde porte s'ouvre on ne sait comment. L'homme, dont les yeux sont couverts de grandes lunettes bleues et qui mâchonne un cigare, se penche vivement et scrute l'intérieur du four. On me prête un verre bleu et je regarde avec lui durant quelques secondes la fournaise effrayante d'où me chasse une insupportable chaleur. Mais le mécanicien touche son levier; le bras de fer dont la tourelle est armée s'enfonce dans la gueule enflammée, ouvre, comme des doigts, l'énorme pince qui le termine, s'empare du lingot de 7 tonnes, le soulève; deux autres doigts le mordent brutalement, l'attirent hors du four, s'écartent, le laissent tomber sur un wagonnet placé sur deux rails et qui, lui-même, était arrivé, durant ce temps, automatiquement, de l'extrémité du hall... Sitôt muni de sa charge, le wagonnet s'en retourne seul, comme il est venu, et va porter au laminoir le lingot que deux grands doigts descendus du ciel saisissent, élèvent et renversent sur les cylindres. Aussitôt l'énorme bloc rouge s'ébranle vers les moulins cyclopéens qui vont l'écraser comme une pâte molle.

Pendant ce temps, l'homme et sa tourelle sont déjà arrivés devant le four suivant, et recommencent sans s'arrêter une demi-seconde, la même opération :

l'homme fumant toujours son cigare. En une demi-heure, il a ainsi manié 40 tonnes d'acier.

Dans un coin, un enfant bâillait devant quelques leviers. Je lui demandai ce qu'il faisait là. Il se mit à rire et, appuyant sur l'un des leviers, me montra que c'était lui qui ouvrait ainsi, en bâillant, la lourde porte de tous les fours !

Tout cela se fait beaucoup plus vite que je ne le dis. En une minute à peine. Pas un geste inutile, pas une seconde perdue... Je me trompe... car M. Dinckey m'explique qu'il va bientôt inaugurer une autre machine dans ce genre qui fera gagner à la fabrication trois heures et demie.

— Voyez-vous, me dit-il, ce bras qui s'enfonce dans le four, saisit le lingot, le soulève et le tire dehors. Il fait donc un mouvement de trop. Il suffirait qu'il tirât le lingot directement sans le soulever. On gagnerait ainsi trente secondes.

— Trente secondes... Est-ce bien la peine ?

L'Américain sourit.

— Ce bras fait quatre cents fois par jour le même geste. Il perd donc quotidiennement deux cents minutes, soit 3 heures 1/2. Si nous avons quatre machines pareilles, cela fait 14 heures par jour, soit 98 heures par semaine, soit 392 heures par mois, — de quoi écraser un concurrent.

Nous passons aux laminoirs. Pour ne pas me faire perdre de temps, le superintendant me conduit de suite à ce qu'il appelle la plus forte machine du monde. Elle a bien 50 mètres de long. Elle est actionnée par deux engins de 1,800 chevaux chacun, et elle a coûté 1 million de dollars à fabriquer.

— Vous allez voir comment nous faisons nos tôles.

Le laminoir se compose d'une série de cylindres placés horizontalement côte à côte, toujours en mouvement, de sorte qu'un objet quelconque qu'on y dépose est invinciblement entraîné vers les compresseurs, bobines gigantesques où se centralise toute la force de la machine. Les lingots d'acier de 7 tonnes que nous avons vus tout à l'heure sortir des fours et amener à l'extrémité des laminoirs, arrivent avec de petits cahots rapides vers les compresseurs, s'engagent entre les parois de l'outil avec un vacarme de tonnerre décuplé encore par le bruit de canon de la déflagration des sels qu'on y jette pour enlever les pellicules, les croûtes qu'y produit le laminage.

Je répète encore que ces lingots pèsent 7,000 kilogrammes et qu'ils ont de 75 à 80 centimètres d'épaisseur. Ils passent et repassent ainsi plusieurs fois en une minute entre les formidables rouleaux qui les aplatissent chaque fois davantage; une main invisible les retourne comme une plume après chaque écrasement; puis, comme ils s'avouaient vaincus, ils s'en vont, allongés, à l'autre extrémité du laminoir, où des pinces automatiques les saisissent à la seconde précise où ils arrivent, les déposent sur un chariot qui, lui-même, vient de s'arrêter là et qui les porte devant le laminoir suivant, où d'autres bras les étreignent et les lancent au galop des cylindres pour être aplatis et allongés encore. Pendant ce temps, un autre lingot était arrivé au bout du laminoir que nous venions de quitter et subissait la même opération que le précédent.

Et c'est ainsi douze heures par jour. Le lingot est à présent moitié moins gros, et plus long du double. Il a 30 ou 40 centimètres d'épaisseur. Je le vois passer plusieurs fois sous les bobines plus serrées, s'allonger chaque fois à vue d'œil. Quatre minutes après il est devenu une feuille de tôle rouge-cerise de 20 mètres de long, large de plusieurs mètres, ondulant en petites vagues avec un bruit de tempête sur les cylindres comme un tapis roulant de rigide brocart aux reflets cramoisis.

Et toujours les ateliers déserts !

Je cherchais d'où pouvait venir cette force de prodige qui animait ainsi invisiblement ces monstres esclaves, domptait cette matière en fureur... Et je vis enfin, perché dans une tourelle placée au centre du laminoir, un homme, un seul, placide et noir, jouant sur un clavier de boutons et de leviers. C'était lui, avec ses gestes tranquilles, qui attirait sur l'immense appareil les lingots, les écrasait, les ramenait, les retournait, les renvoyait, c'était lui qui donnait l'ordre aux chariots automatiques de s'avancer, aux doigts de fer de serrer et d'enlever les blocs rouges. Cet homme et sa machine, ses camarades aux lunettes bleues sur leurs grues dansantes, accomplissaient ainsi, sans essoufflement et sans sueur, la besogne de trois mille ouvriers !

Ébloui par la perfection inimaginable de ces choses, je me laissais aller à les admirer sans réserve, quand une autre machine plus extraordinaire, plus fantastique encore, se mit à évoluer devant nous.

Une tourelle beaucoup plus élevée, mue également par un seul homme, animée de bras plus géants et d'articulations invisibles, se promenait autour d'un vaste carrefour de l'usine. Elle attrapait dans des fours des plaques d'acier de 50 centimètres d'épaisseur, les élevait, les retournait, les replaçait dans d'autres fours ou les portait sur les cylindres roulants des laminoirs, faisait mille gestes que je ne pouvais suivre tant ils étaient rapides et imprévus, glissait, pivotait sur elle-même, virevoltait avec des grâces de ballerine. Littéralement, elle valsait! Nous faisions des bonds pour la suivre, elle et sa charge; mais en une seconde elle nous menaçait de nouveau de son grand bras agile et puissant, et nous nous bousculions pour l'éviter. Je ne peux pas la dépeindre autrement que je ne le fais. J'étais opprimé comme par un cauchemar et je me demandais si je ne rêvais pas.

Je crois que c'est à propos de cet engin hoffmannesque que l'Américain me dit:

— *Bad!* (Mauvaise!) J'ai demandé au conseil d'administration un demi-million de dollars (2 millions 500,000 francs) pour en construire une autre qui sera deux fois plus pratique.

— Et que ferez-vous de celle-ci? Vous la vendrez?

Il sourit:

— Oh! non! Nous la mettrons à la vieille ferraille. On nous demande souvent d'Europe d'acheter nos machines, mais nous refusons toujours. Nous n'avons pas intérêt à armer nos concurrents avec nos propres armes.

PITTSBURG

(SUITE)

L'organisation des usines américaines. — Génie pratique. — Usines grandes ouvertes. — Pas de secret. — Bienvenue au visiteur. — Homestead. — Edgar Thomson. — Un ouvrier pour un kilomètre de rails. — Laminoirs fantastiques. — 60 kilomètres de rails par jour. — Deux doigts qui portent 7,000 kilogrammes. — Salaires d'ouvriers. — 80 francs par jour. — Un soir bien froid. — Pittsburg vu la nuit. — Féerie. — Nostalgie des lacs italiens. — Chez Jones et Laughlin. — Où le voyageur monte sur une locomotive et parcourt la ville de feu sous la neige. — Feux d'artifices sur le fleuve. — Tasses de feu. — L'enfant aux oreilles de velours. — All right !

J'ai répété plusieurs fois déjà les raisons — d'ailleurs bien connues — qui assurent le triomphe actuel de l'industrie américaine sur l'industrie européenne en général et sur l'industrie française en particulier, à savoir : les richesses naturelles du sol (houille, pétrole et minerai), la supériorité du machinisme, l'esprit d'initiative et la bravoure du capital devant le risque et l'aventure, bravoure — comme le disait dernièrement M. Carnegie, — qui va même 90 fois sur 100 jusqu'à la faillite !

Mais je voudrais vous faire toucher du doigt — et c'est pour cela que j'y insiste tant — l'un des autres traits caractéristiques du génie américain. Je veux parler de l'admirable don d'organisation de ces gens, de l'ordre extraordinaire, vraiment parfait, qu'ils apportent dans leurs manipulations industrielles, assurant par la continuité ininterrompue, absolue, mathématique des opérations successives, cette incroyable économie de temps et de force qui leur permet, malgré les prix si élevés des salaires ouvriers, de lutter et de vaincre leurs rivaux. Car ce n'est pas seulement à Homestead que j'ai constaté cette qualité précieuse, c'est dans toutes les autres usines de l'Est et du Nord que j'ai jusqu'à présent visitées. Il s'agit donc là, non pas d'une disposition accidentelle, mais d'une qualité organique, constitutionnelle de la race, qui lui vient à n'en pas douter de son esprit essentiellement réaliste et pratique, devant lequel, en toutes choses, le problème se pose ainsi : « Étant donné qu'il s'agit de gagner de l'argent, comment ferons-nous pour en gagner davantage ? » Dans cet ordre d'idées, jamais ils ne s'arrêtent. Et, pour cela, ils se servent de tous les moyens possibles.

— Je suis très aise, me disait le superintendant de Homestead, de faire visiter mes usines aux étrangers. Une seule remarque que vous pourriez me faire, même dans votre ignorance des conditions de notre industrie, me mettra peut-être sur la voie d'une réforme ou d'un progrès. Tous nos ouvriers, tous nos contremaîtres, tous nos ingénieurs cherchent à nous proposer des perfectionnements, de petits ou de grands, mais chacun y pense. Il s'agit pour l'homme d'accomplir le moindre effort possible et pour la machine de produire le plus vite possible. En pensant douze heures par jour à la même chose, en se servant chaque jour du même outil, en faisant constamment le même geste, il serait bien étonnant qu'un ouvrier intelligent n'arrivât pas à perfectionner son instrument. Il faut profiter de son expérience, et ne jamais le décourager.

Je termine donc ma visite à Pittsburg.
Les usines d'Homestead emploient 7,200 ouvriers. Elles consomment, pour la fabrication des rails et des plaques de blindage, près de 2 millions de tonnes d'acier et produisent 672,000 tonnes de fonte. Ses principales spécialités sont les charpentes, les tôles pour chaudières et les blindages. Il y a, dans les ateliers, huit laminoirs semblables à celui que je vous ai dépeint et un marteau-pilon d'une force de 125,000 kilos.

La spécialité des usines Edgar Thomson est la construction des rails d'acier. C'est là que je voudrais vous conduire à présent.
Tout ce que je savais de Pittsburg avant de partir pour l'Amérique, c'était justement ceci : qu'un seul ouvrier, assis sur une machine, suffisait pour la fabrication d'un kilomètre de rails ! Présentée ainsi, la chose tenait du fantastique, et c'est, en somme, pour la vérifier que je m'étais arrêté à Pittsburg.
Or la vérité est à la fois moins fantastique et beaucoup plus incroyable encore, comme on va le voir.
La production de l'acier est obtenue ici par des

procédés pareils à ceux de Homestead. Ce sont les mêmes trains qui se promènent à travers les chantiers, les mêmes hauts fourneaux et les mêmes cheminées. Mais alors qu'à Homestead il n'y a que quatre hauts fourneaux, ici il y en a onze! Les ateliers se ressemblent, les machines aussi. Toujours les gigantesques bras de fer, les leviers armés de doigts surhumains s'ouvrant et se fermant comme des doigts de cyclopes, des wagonnets marchant tout seuls, les blocs énormes s'allongeant sous les laminoirs. Mais ces laminoirs, au lieu d'aplatir finalement l'acier en feuilles, lui donnent la forme du rail à onglet que vous connaissez bien. Le bloc de fer arrive du four, apporté par le wagonnet, s'allonge successivement sous des pressions différentes, jusqu'à une longueur d'une centaine de pieds, passe alors sous une autre machine, y prend la forme du rail, et s'en va plus loin, seul toujours, emporté par les cylindres roulants que j'ai déjà décrits, vers des scies qui le coupent en fractions de trente pieds.

J'ai demandé combien les usines Thomson fabriquaient par jour de ces bouts de rail de trente pieds. On m'a répondu : « 6,000 ! » Or, en comptant trois pieds par mètre, cela fait 10 mètres par bout de rail, c'est-à-dire $6,000 \times 10 = 60,000$ mètres, 60 kilomètres de rails par jour !

Car, ce que je ne peux pas vous rendre, c'est la rapidité inouïe avec laquelle ces milliers de kilogrammes de fer s'étendent sous les laminoirs et l'ordre extraordinaire avec lequel ils s'en vont une fois préparés, et comment ils sont instantanément remplacés par d'autres blocs, indéfiniment, sans cesse, pendant les douze heures de la journée.

Et, pour chaque machine, deux hommes suffisent : l'un qui l'actionne, l'autre qui surveille la matière, à son arrivée devant la scie automatique. Il est abrité derrière une barrière de bois, pour éviter les éclats du feu d'artifice au moment où la scie mord l'acier rouge.

Pas d'autre homme à l'horizon, le désert ! Sans cesse, les barres d'acier rouge passent devant nous, prennent la forme du rail sous la machine, et s'en vont, sans un arrêt.

Ces machines ont l'air de penser. C'est saisissant. Quand on a bien pris conscience de leur force démesurée, opprimante comme quelque chose d'infini, on sent naître une vague peur qu'elles ne se révoltent à la fin, qu'elles n'usent, contre les tyrans qui les excèdent, de leur puissance formidable. Ces doigts surtout, ces deux doigts humains, intelligents et irrésistibles, qui prennent au moment opportun, mathématique, un lingot de 7,000 kilogrammes et le soulèvent aussi facilement et aussi vite qu'un singe fait d'une noisette !...

Les rails, une fois finis, arrivent sur un vaste plateau où on les laisse quelques instants refroidir ; au-dessus d'eux l'air tout bleu paraît en mouvement ; on dirait le vol de millions d'éphémères dont les ailes palpiteraient : c'est l'éclat et la chaleur du métal qui rendent l'air visible et le font vibrer.

On a vu, autant qu'il est possible de le voir, que, jusqu'à présent, pas une minute n'a été perdue par la matière dans sa marche, depuis le wagon qui l'amenait au haut fourneau jusqu'au parachèvement de sa manufacture.

Il va en être de même dans la suite des manipulations. La plaque de tôle de Homestead, sitôt refroidie, était dirigée à travers des champs de pieux de fer surmontés de roues folles sur lesquelles la plaque glissait sans effort et sans arrêt, à peine poussée par deux ouvriers. Là, d'autres ouvriers la saisissaient, y traçaient à la craie le patron suivant lequel elle devait être découpée et la passaient ensuite au découpage, toujours sur des champs de pieux. Ce travail fait, les plaques étaient aussitôt déposées sur des wagons qui les attendaient pour être expédiées aux clients. Ce jour-là, on s'occupait d'un client anglais, les Chantiers de la Clyde, qui venaient de commander au trust 20,000 tonnes de tôle. Elle se vend 35 dollars la tonne, prise à Pittsburg.

A Thomson comme à Homestead, des lignes de chemins de fer aboutissent. Ces chemins de fer sont la propriété du trust de l'acier, — comme ces usines, je l'ai déjà dit. Ce trust est propriétaire de beaucoup d'autres chemins de fer et de compagnies de navigation sur les grands lacs. Cela lui permet d'envoyer à Pittsburg du minerai du lac Supérieur, c'est-à-dire de près de 3,000 kilomètres, sur des bateaux et des chemins de fer qui sont tous sa propriété !

A Homestead, chez Thomson, chez Jones et Laughlin, les salaires sont à peu près les mêmes.

Les ouvriers gagnent, en moyenne, 2 dollars 62 cents, par jour, soit à peu près 13 fr. 50.

Les moindres manœuvres gagnent 7 fr. 50.

Les apprentis gagnent 4 francs. Les chefs de fabrication, les ouvriers de la chauffe, les premiers ouvriers des laminoirs, qui sont payés aux pièces, se font de 12 à 15 dollars par jour, soit de 60 à 80 francs. Il n'est pas nécessaire de dire qu'ils sont assez rares !

Les mécaniciens de locomotives gagnent 18 fr. 75, et leur chauffeur 12 francs.

J'allais quitter Pittsburg, ayant à peu près terminé mes visites.

C'était un dimanche de février et un dimanche de la Pennsylvanie, berceau des quakers, où il est complètement impossible de trouver même un verre de bière les jours fériés et les jours d'élections. La neige tombait en abondance, et il faisait un froid de loup. J'allais reconduire un de mes amis, un écrivain anglais très distingué, M. Bridge, qui avait dîné avec moi, quand, des hauteurs de l'hôtel Schenley qui domine la ville, je vis, malgré la neige, le ciel éclairé de couleurs de fête. Une lueur d'incendie emplissait toute la vallée. Je ne sentis plus le froid, je voulus voir davantage. Mon compagnon me suivit, nous cherchâmes à nous orienter nous-mêmes; car, à cette heure, nous ne rencontrions âme qui vive dans ces quartiers éloignés.

Plusieurs étages d'escaliers de bois sans rampe nous conduisent, non sans peine, au bas de la colline, dont le flanc est parsemé de masures en ruines, toutes blanches. La neige nous cache les marches. Nous manquons de nous casser le cou plusieurs fois. Mais, devant nous, quel spectacle! Le ciel, illuminé des reflets de fournaise, des longues flammes, rouges, vertes et bleues, sortant des innombrables cheminées et montant vers le ciel; ces cheminées sont sillonnées de wagonnets qui les escaladent, se vident dans leurs énormes gueules embrasées et dégringolent aussi vite qu'ils étaient montés; au ras de terre, des incendies de brasiers d'où s'élèvent des fumées multicolores, des trains de feu en marche, qui ont l'air de colliers fabuleux, au-dessus, les lueurs bleues de mille lampes électriques enveloppées de fumée ; puis des portes ouvertes sur des fours incendiés ; des écoulements de lave en fusion le long de talus ardents qui sont des montagnes de scories fumantes. Des flammes, et des flammes encore, et tout cela vu à travers le voile troué de la neige qui tombe à gros flocons.

Ainsi, toute l'affreuse ville grise et fumeuse que j'avais vue l'autre jour se magnifiait dans la nuit.

Les mains gelées, le visage battu par les rafales, nous nous étions arrêtés, après une glissade dangereuse, à l'un des paliers de l'escalier. Un peu haletants, nous admirions le beau, l'effrayant tableau qui s'étalait devant nous. Je ne sais pourquoi, tout d'un coup je me rappelai un voyage que j'avais fait, l'automne dernier, aux lacs italiens. L'âpre bise s'envola, emportant la fumée et le vacarme de ferrailles de Pittsburg, et je revécus les soirs si doux de Bellagio et de Pallanza ! Je me rappelai l'air tiède et les parfums troublants des arbres et des fleurs apportés par la brise des îles Borromées sous mes fenêtres, l'eau du lac sous la clarté de la lune et des étoiles, le dessin élégant des monts dans l'azur nocturne, la romance d'un batelier attardé, la nuit passée sur le balcon de ma chambre dans le silence devenu absolu... Tout ce romantisme poitrinaire et réel des lacs italiens me montait au cœur dans cette atmosphère glacée, devant cette ville de fumée, de flammes et de bruit... Lamartine et Pierpont-Morgan, lord Byron et Carnegie !

Nous arrivâmes enfin au bas des escaliers. Nous traversâmes des voies ferrées, grimpâmes des talus couverts de neige, et, finalement, entrâmes dans un bureau vitré, où un employé nous apprit que nous étions chez Jones et Laughlin.

Je savais que les usines Jones et Laughlin sont une des rares aciéries de Pittsburg qui aient résisté au trust. J'ai oublié combien de centaines de millions de dollars on a offert à ces messieurs pour entrer dans la combinaison; ils ont résisté, ne craignant rien de M. Morgan, car ils ont, comme le trust lui-même, outre leurs usines colossales, leurs propres mines de charbon, de minerai, de fer, de chaux, leurs propres fours à coke et leurs chemins de fer!

L'employé se montrant aimable, je lui dis mon désir de me promener à travers les usines, la nuit.

— Vous verriez bien mieux pendant le jour, me répondit-il avec son gros bon sens.

— Certes, lui opposai-je, mais les feux d'artifice sont bien plus jolis la nuit!

Il comprit, sourit, et nous dit qu'il allait nous accompagner. Nous monterions sur la première locomotive qui passerait et nous nous promènerions à travers les chantiers et les ateliers tant que cela nous ferait plaisir. J'étais ravi! Le hasard, comme toujours, me servait. Il téléphona à un de ses camarades d'un bureau voisin de venir le remplacer, et une demi-heure après nous étions, mon ami Bridge, l'employé et moi, sur le tandem d'une imposante locomotive qui remorquait un train de fonte en fusion.

Notre promenade fut féerique. Je n'avais rien imaginé de plus fantastique. Notre propre train était composé d'une douzaine d'immenses tasses remplies chacune de 25,000 kilogrammes de fonte rouge qui remuait lourdement au mouvement de la marche; quelques-unes, trop pleines, laissaient se répandre sur le sol des flaques de métal. C'était alors un feu d'artifice inouï qui s'élevait très haut dans l'air, éclaboussait tous les alentours d'étoiles jaunes, bleues, rouges, aveuglantes, comme si un morceau de soleil liquide était venu s'écraser près de nous.

La neige, poussée par le vent, tombait et fondait autour de nous; nous étions couverts de poussière, enveloppés de la fumée de mille cheminées et des treize cents fours à coke que nous traversions. Un bruit formidable et continu emplissait l'atmosphère, bruit de ferrailles, de chutes de minéraux dans les fourneaux, de chocs de wagons, de cloches de locomotives. Nous croisions des convois pareils au nôtre. Bientôt le train s'accéléra, nous traversions le pont de l'Alleghany; la fonte, trop remuée par la vitesse, s'écoula à la fois des douze soupières féeriques, et ce fut, vous ne pouvez pas assez vous le figurer, une vision fulgurante. Au milieu de l'eau, c'étaient comme des fontaines jaillissantes de pierreries, des cascades phosphorescentes s'épanouissant en gerbes de millions d'étoiles. Ce feu d'artifice de maharadjah avait l'air d'avoir été commandé pour nous !

Nous arrivons. Le train s'arrête à l'extrémité d'un chantier. Les outres de métal s'inclinent lentement une par une, se renversent, l'épais flot rouge de la fonte s'épanche dans un bac énorme, et quand il est rempli, il descend automatiquement un étage plus bas. C'est comme un large étang orageux où se mirerait un crépuscule magnifique.

Nous passons ensuite devant trois convertisseurs Bessemer qui, la gueule en l'air, exhalaient un ouragan mugissant de feu et d'étincelles. Bientôt les œufs colossaux des convertisseurs se renversèrent et vomirent, dans des moules que nous rapportions, des cascades de lave aux couleurs magnifiques.

C'était à la fois violent et doux, menaçant et suave; imaginez qu'on ait fondu des plumages d'oiseau-mouche, des queues de paon, des corsets de scarabées et de libellules, des écailles de poissons des Bermudes, des pellicules de nacre et des fleurs des champs, dans des torrents de soufre, d'améthystes, de turquoises, de rubis, de perles et de diamants !

Près des chaudières qui s'épanchaient, un enfant de seize ans, qui avait des oreilles de velours noir, tenait d'une main une torche et de l'autre une pomme qu'il mangeait à belles dents. Cet enfant suffisait à la surveillance de cette opération colossale. Quand ce fut fini, il dit : *All right !* et notre train repartit avec sa charge de feu.

CINCINNATI

Une plaisanterie vieillie. — L'émigration des cochons. — Une ville américaine type. — Les rues. — Les gens. — Les tramways. — On ne parle pas. — Des femmes qu'on ne regarde pas. — La gomme à claquer. — Epidémie répugnante. — Le trust de la *chewing-gum*. — Le Cercle français de Cincinnati. — Une âme d'apôtre. — Mlle Emma Morhard. — Nostalgie. — Les fabriques. — Machines-outils. — Comment on paye les inventeurs. — Fabrique de savon. — 300,000 kilogrammes par jour. — Les ouvriers de MM. Procter et Gamble. — Solution provisoire de la question sociale.

— Monsieur est marchand de cochons à Cincinnati !

L'opérette devra mettre à jour ses connaissances géographiques : il n'y a plus de marchand de cochons à Cincinnati. Le centre cochonnier s'est déplacé, il est à présent à Chicago, à Kansas-City, à Omaha, à Denver. A peine y trouverait-on encore quelques marchands de conserves. En revanche, la ville n'est peuplée que d'Allemands. Il y a tout un immense quartier qu'on appelle : Outre-Rhin (*Over the Rhine*). On y fabrique surtout à présent de la bière, du whisky, du savon, des machines-outils, de la cordonnerie, des pianos, des cartes à jouer, que sais-je encore.

C'est le type accompli de la ville américaine. Je me le disais en la parcourant en tous sens, vers le milieu de février, et je voudrais vous la donner comme un schéma très général et très exact des grandes cités des États-Unis.

Les rues sont droites, comme partout dans ce pays. C'est l'éternel damier à angles droits, qui permet, sans effort d'imagination, de bâtir le plan d'une ville en cinq minutes. Les maisons ont toutes de cinq à vingt étages. Rien qui arrête l'œil, à part les enseignes et les affiches énormes. Aux carrefours des voies importantes, on voit passer en quelques instants, et presque simultanément, cinquante tramways qui vont en tous sens, s'arrêtant à peine quelques secondes.

A la hauteur du premier et du second étage, les rues sont sillonnées de véritables réseaux de fil de fer : trolleys, fils de télégraphe et de téléphone. Jamais d'arbres. Partout des constructions s'élèvent ; on creuse la terre, on démolit ou on bâtit. De la fumée épaisse. Des camions, des fardiers qui se garent des tramways, mais pas de voitures. Dans ce pays, les millionnaires vont en tramway ; il est impossible, d'ailleurs, de les distinguer de leurs employés ou de leurs domestiques.

Les hommes sont coiffés de feutres bombés ou tyroliens, jamais de hauts de forme ; ils sont complètement rasés, un certain nombre portent la moustache, à peine une barbe sur cent figures. Les femmes, les unes fortes, d'aspect rude et hommasse, décidées, énergiques; les autres, plus rares, un peu frêles et timides; beaucoup portent des lunettes ou le binocle à monture d'or. Les jeunes filles ont des bérets de laine à longs poils. Pas d'élégance à proprement parler, pas d'étalage de luxe, pas de fourrures, de simples boas autour du cou. Une correction générale, aucune misère apparente, pas un mendiant.

Une sensation de liberté complète. Personne ne s'occupe ni n'a l'air de s'occuper de vous. Pas de conversation dans les tramways, ni dans les rues. Jamais un homme ne regarde une femme plus d'une seconde. Je l'ai constaté mille fois. C'est le fait qui m'a le plus frappé dans le spectacle de la rue et des endroits publics. Cette indifférence, cette absence de curiosité est absolue.

Pas d'agents de police, ou peu. Quelques-uns aux carrefours très fréquentés, pour assurer l'ordre de la circulation. C'est tout.

Des mentons carrés et proéminents. Des bouches qui mâchonnent continuellement la *chewing-gum*. Cette gomme remplace l'ancien tabac à chiquer, qui a passé de mode, et la gomme élastique que les enfants mastiquent au collège et qu'ils appellent de la gomme à claquer. Ici c'est un composé hétéroclite que les réclames des fabricants dotent de vertus multiples; la principale est qu'elle aiderait à la digestion grâce à la pepsine qu'elle contient. La vérité, c'est qu'elle est une occupation qui s'ajoute aux autres. L'Américain ne pouvant se passer de mouvement s'entraîne à mastiquer pour se faire les mâchoires, quand il est dehors, en tramway, en bateau, dans la rue, dans les endroits publics où il est obligé de demeurer inactif. Comme tous les tics anormaux, celui-ci est désagréable à observer, et obsédant à force d'être général. Un homme sur deux, une femme sur cinq, et presque tous les enfants mâchonnent ainsi tout le long du jour. La *chewing-gum* se vend par petites tablettes dures et minces chez tous les droguistes. On en trouve aussi dans toutes les gares, dans les boîtes automatiques. On en mâche deux ou trois tablettes à la fois pour que cela fasse corps sous la dent. Après les avoir mastiquées pendant une heure ou deux, on les jette, à l'état de bouillie assez répugnante et assez semblable à de la viande coriace qu'on a renoncé à avaler. Les enfants hésitent à s'en séparer. Ils la conservent en la collant, sous le bois des chaises et des fauteuils. Si, pour vous amuser, vous relevez l'un après l'autre les sièges d'un salon d'hôtel, vous ne devez pas être surpris de la collection de pâte mâchée qu'on a oubliée là...

Ce ne serait encore qu'à moitié mal si la salive que les mastiqueurs de *gum* rejettent n'était noirâtre et abondante. Les conducteurs de tramways en inondent les marchepieds des véhicules; les employés de bureau, les parquets des offices. C'est, au total, maniaque et malpropre. Le goût n'a non plus rien de tentant, mélange d'un vague goudron et d'un grossier parfum quelconque. Et cette *gum* a déjà une histoire! La consommation en est colossale. Plusieurs fabriques se faisaient concurrence, quelqu'un a eu l'idée de faire le trust de la *chewing-gum*, et il a rapporté des millions à l'habile homme qui en a eu l'idée, M. Ch. Flint !

La neige, naturellement, emplissait les rues; un froid glacial et coupant me mordait jusqu'aux os à travers ma pelisse, et je voyais que j'étais le seul à en souffrir. Les indigènes, qui ont pu s'aguerrir contre ce climat mortel de l'Amérique du Nord et de l'Est, le supportent le sourire sur les lèvres. Comme on comprend mieux l'activité débordante de ce peuple, le puritanisme et l'alcoolisme, quand on a souffert quelques mois de la neige et de l'âpre vent de ces contrées hostiles !

Aussi, quelle agréable et vivace impression vous laisse l'accueil chaud, cordial, spontané et inattendu qu'un Français reçoit en arrivant à Cincinnati ! Une jeune femme, Mlle Emma Morhard, y fonda, il y a cinq ans, le Cercle français, et rend les plus grands services à la cause française dans ces régions. Ame rayonnante et active d'apôtre, vibrante et sagace, elle a su grouper autour d'elle la meilleure partie de l'élément français et de l'élément américain favorable à la France; et chaque jour, grâce à elle, s'étendent l'influence de l'esprit français et l'étude de notre langue.

Je ne saurais trop marquer le charme souverain qu'opèrent sur le voyageur solitaire ces mains chaudement tendues vers lui dans ces villes immenses qui sont pour nous des déserts, sur le magnétisme de cette sympathie qui vous donne la sensation réconfortante d'être de la même race, de la même civilisation, de la même humanité. Celui qui n'a pas été plus loin que les lacs suisses ou les fjords de Norvège, celui qui n'a pas voyagé seul à mille lieues de son foyer, ignore la tristesse de l'isolement, de l'étrangeté, la détresse de l'être abandonné dans du vrai lointain. Pourquoi n'avouerais-je pas ce mal qui vous prend ici, le vulgaire mal du pays, nostalgie douloureuse d'un ciel plus chaud et plus clément, d'une vie plus gaie et plus insouciante ?

Il y a beaucoup de fabriques à Cincinnati. J'en ai visité quelques-unes. Elles se ressemblent.
L'une d'entre elles m'a pourtant intéressé plus que les autres : c'est une fabrique de machines-outils pour la menuiserie. La main humaine est devenue presque inutile dans le travail du bois : les machines rabotent, scient, découpent, tournent, percent, entaillent le bois avec une précision parfaite et rapide. Dans les ateliers d'essai où je les ai vues fonctionner, je les admirai fort. Un seul homme devant sa machine, et sans faire aucun effort, abat dans sa journée le travail d'au moins 200 ouvriers. J'ai vu aussi le musée des échantillons : colonnes à chapiteaux et à moulures, tenons et mortaises, fabriqués exclusivement par des machines. C'est merveilleux.
Cette usine qui emploie un millier d'ouvriers, produit 300 machines-outils par mois en moyenne, soit 15 par jour. Car vous savez déjà qu'en Amérique on ne travaille pas le dimanche, ni l'après-midi du samedi. Ces machines se vendent, l'une dans l'autre, 5,000 francs.
Un inventeur est attaché à l'usine. On lui propose des problèmes de mécanique, et il doit les résoudre. Ou bien il a des idées personnelles, qu'il exécute de concert avec les contremaîtres et les patrons. Il est payé 12,000 dollars par an, soit 60,000 francs.
L'un des chefs de la maison me raconte que, lorsqu'ils lancent une machine nouvelle, ils en vendent les six premiers exemplaires moitié moins cher

qu'elles ne leur coûtent. Après la sixième, ils gagnent tout ce qu'ils veulent.

J'ai vu aussi une fabrique de savon et de bougies. Ici l'intérêt n'est pas dans le mode de fabrication, qui ressemble aux procédés connus. Peut-être produit-on plus que partout ailleurs, comme on me l'a affirmé. Il y a 900 ouvriers, dont 200 femmes. On y empaquette *par jour* 10,000 caisses de savon de 30 kilogrammes chacune, soit 300,000 kilogrammes de savon! Si ce chiffre est exact, voilà bien de la propreté assurée.

J'ai compté, en effet, 64 cuves colossales de 10 mètres de profondeur et de 5 mètres de diamètre. Plusieurs, toutes pleines, bouillonnaient. Le mélange de graisse et d'huile brûlantes semblait se rétracter sur lui-même comme des intestins géants en travail; c'était comme un enchevêtrement d'innombrables constrictors qui feraient effort pour se séparer. D'autres cuves bouillonnaient plus fort, comme des cratères de volcan, et lançaient à un mètre en l'air des geysers de saindoux. Des parfums se mélangeaient aux odeurs fades de la graisse et de la potasse.

Mais j'aurais pu voir tout cela chez nous. Et ce qui m'amenait ici, c'était l'organisation économique de la fabrique, les rapports entre patrons et ouvriers, qu'on m'avait cités comme particulièrement intéressants.

Et, en effet, les patrons, MM. Procter et Gamble, sont des patrons bien intelligents. L'un d'eux me le prouve par une série de raisonnements d'une grande justesse.

— Nous avons pour principe, me dit-il, de payer cher nos ouvriers et de nous les attacher, non par la reconnaissance, — cela ne paye pas! — mais par l'intérêt, ce qui est plus sérieux en vérité.

« Et voici comment nous procédons.

« Quand la maison se fonda, en 1837, nous prêtâmes de l'argent à nos ouvriers, à 4 0/0 — ce qui est peu, vous le savez, en Amérique — pour leur permettre d'acheter des actions de la fabrique et ainsi les intéresser à sa prospérité. Les actions étaient alors très bas, puisque nous débutions, et ce fut une bonne affaire pour eux. Ils ne risquaient rien, d'ailleurs, car M. Procter leur garantissait personnellement pour l'avenir le rachat de ces actions au prix qu'ils les avaient payées.

« Mais comme, à présent, les actions coûtent trop cher, nous avons, depuis seize ans, changé de système : nous faisons participer nos ouvriers à nos bénéfices. Tous ceux qui gagnent annuellement 1,500 dollars et au-dessous reçoivent, à la fin de l'année, une part proportionnelle à leur salaire. Le total de ces parts équivaut à 20 0/0 des bénéfices de la fabrique.

« Si, pour une raison quelconque, un ouvrier ne touche pas sa part de dividende — s'il quitte la fabrique ou s'il meurt, — elle va à la caisse de retraites ouvrières que nous avons fondée.

« Nous avons créé aussi une caisse de secours en cas d'accidents. Cette caisse, alimentée par les cotisations ouvrières, paye à l'ouvrier ce que ses ressources lui permettent de payer, et la fabrique y ajoute ce qui est nécessaire pour parfaire le salaire total de l'ouvrier, durant toute sa vie si le cas l'exige. En un mot, un ouvrier victime d'un accident à l'usine touche, quoi qu'il arrive, son salaire intégral, par la collaboration de la caisse ouvrière et de la caisse patronale. »

Je crus devoir féliciter M. Gamble de ses sentiments humanitaires et si pratiques.

Il protesta :

— Pratiques, oui, peut-être; mais pas humanitaires!... Tout ceci n'est pas de la charité. Nous voulons, au contraire, que lorsqu'un ouvrier reçoit son chèque, il se dise qu'il l'a gagné par les économies qu'il a su apporter dans la fabrication, par le soin qu'il a donné aux machines, par le temps qu'il a économisé dans son travail. Il n'y a pas de meilleure façon d'intéresser l'ouvrier à la maison qui l'emploie, ni de le rendre consciencieux et digne. A présent, si nous avions l'air de lui reprocher ou seulement de lui faire sentir ce que vous appelez notre générosité, il refuserait d'accepter son chèque!

Le joli flegme, le sang-froid de mon interlocuteur soulignaient le réalisme de ces doctrines.

— Nous avons encore imaginé autre chose, continua-t-il : c'est une banque, dépendant de la fabrique et qui fait partie de nos bureaux, où les employés et les ouvriers mettent leurs économies pour se faire bâtir de petites maisons. Beaucoup y laissent fructifier leurs dividendes. Songez qu'un ouvrier qui gagne 50 francs par semaine touche au bout de l'année un dividende de 300 francs, sur lesquels il laisse 10 dollars à la caisse de secours. S'il a été économe, au bout de quelques années, il a de quoi se construire un petit « home » !

— Quel est le salaire moyen de vos ouvriers?

— De 225 à 250 francs par mois. Beaucoup gagnent davantage. Mais des gamins de quatorze ans ont

30 francs par semaine, et des fillettes de quinze ans touchent 100 francs par mois. Et tout le monde travaille dix heures par jour.

— Je n'ai pas besoin de vous demander si vous n'avez jamais eu de grève!

Il rit, et répondit :

— Justement! Tant d'années de tranquillité, de contentement de ceux qui travaillent autour de vous, cela valait la peine de faire ce que vous appelez des sacrifices, et qui n'en sont pas, *au contraire*, j'insiste; car nous avons la preuve que nous y gagnons en économies et en production de travail. C'est un simple calcul que nous avons fait, — une affaire, pas autre chose!

COMMENT ON VOYAGE

Trains américains. — Les pullmanns ne méritent pas leur réputation. — Promiscuité choquante. — Le *parlor-car*, wagon idéal. — Le restaurant du pullmann. — Le *buckwheat-cake* et le *grape-fruit*. — Le filtre des wagons. — Un verre qu'on ne lave jamais. — Fraternité exagérée des conducteurs de trains. — Le coucher. — Le réveil. — Les nègres. — Politesse spéciale. — La casquette de voyage inconvenante. — L'ôter ou mourir de faim. — Organisation pratique du service des bagages. — L'arrivée.

L'Amérique est le pays du monde où l'on voyage le plus. Aussi est-il intéressant de savoir comment ce peuple pratique entend le confort en voyage.

Vous savez déjà qu'il n'y a qu'une classe de voyageurs. Mais, grâce aux pullmanns, aux parlorcars, aux drawing-rooms, aux state-rooms, les différents publics tendent à se séparer de plus en plus.

Tous les wagons — très longs — sont à couloirs. On peut circuler d'un bout à l'autre de tous les trains. Les sièges sont des banquettes de velours rouge à dossiers pour deux personnes, alignées de chaque côté d'un passage qui assure la circulation facile. Si l'on se trouve à deux sur ces banquettes, on est assez mal. Les dossiers sont à renversement, on peut à volonté les placer dans le sens de la marche ou à l'inverse.

Un autre système de wagons, qu'on appelle les *parlor-cars*, réalise l'idéal du confortable pour les voyages de jour. On y paye naturellement un supplément. Ce sont de longs compartiments très luxueux, de 10 ou 12 mètres de long, aux épais tapis, qui contiennent vingt-quatre moelleux fauteuils de velours, de la couleur des tapis, saphir ou vieil or, placés sur deux rangs. Ces fauteuils, qui sont à pivot, permettent de se retourner dans tous les sens, de suivre la vie du wagon et la variété des paysages.

Puis il y a les wagons Pullmann proprement dits, d'une vingtaine de places chacun. Chaque voyageur y a sa banquette de velours à lui, pendant le jour, et son lit la nuit. Dans la journée, le lit supérieur s'encastre dans l'épaisseur des parois bombées du wagon et devient complètement invisible, comme dans nos wagons-lits français; le lit inférieur est composé des deux banquettes qui se font face.

A côté de ces dortoirs publics que sont les vrais pullmanns et qui, il est vrai, ne sont pas très chers, il existe quelques compartiments privés pour deux ou quatre personnes (*state-rooms, drawing-rooms*), qui ressemblent beaucoup à nos wagons-lits, mais sont beaucoup plus coûteux.

Je n'aime pas du tout ces dortoirs ambulants dont j'ai parlé plus haut. Les Américains en sont très orgueilleux. Je ne conçois pas leur fierté. Nos wagons-

27

lits sont dix fois plus confortables, plus agréables, plus décents, plus hygiéniques que les pullmanns.

Quand, vers neuf heures du soir, les lits ont été préparés par le nègre — car ce sont exclusivement des nègres qui sont chargés du service des pullmanns, — il accroche à une tringle un long rideau, verdâtre, qui se ferme intérieurement par des boutonnières, et qui tombe du plafond sur le plancher. Il s'agit alors de se déshabiller! Dur problème. L'espace qui sépare le lit inférieur du lit supérieur est si restreint qu'il est impossible de s'asseoir sur le lit du bas. Il faut donc se dévêtir le plus possible dans le couloir commun, sauf à achever le déshabillage, étendu sur sa couchette. Mais quelle gymnastique, quelle souplesse, quelle ingéniosité cela demande!

Les femmes se trouvent dans la même obligation. Qu'on y songe! Si les hommes ne se gênent pas pour se dévêtir jusqu'au tricot, elles sont tenues à plus de réserve. Alors, les voilà qui s'enfouissent derrière le rideau vert qui se gonfle comme une voile et intercepte le passage, se déchaussent, retirent leur corsage, puis, vêtues d'une matinée, se glissent, avec un peu de gêne, jusqu'à la toilette d'où on les voit bientôt revenir, la natte dans le dos, puis disparaissent définitivement derrière le rideau.

Cette promiscuité, qui ne choque pas autrement les hommes, doit, il me semble, gêner énormément les femmes. D'autant qu'il arrive souvent qu'un homme est placé dans le lit supérieur.

Chaque lit peut être habité par deux personnes. J'ai vu un jour deux gros hommes et deux grosses femmes trouver moyen de se déshabiller et de se coucher là!

Le nègre va et vient, monte sur son tabouret, voile la lumière des lampes.

De derrière la toile sortent de vagues murmures; des gens sifflent des airs avant de s'endormir; on entend encore quelques gloussements, quelques rires étouffés, et bientôt il n'y a plus de vivant que les ronflements, le roulement du train et les sifflets de la locomotive.

Dès sept heures du matin, quelquefois plus tôt, les gens commencent à se lever. Les uns vont prendre leur premier déjeuner dans le wagon-restaurant, les autres mangent leurs propres provisions.

Le déjeuner des pullmanns est recommandable. Et, surtout, on y sert ces deux mets délicieux qui, à eux seuls, me font regretter l'Amérique : le *grape-fruit* et le *buckwheat-cake*. Le *grape-fruit* est une sorte d'énorme orange, un peu amère, à la pelure jaune-citron, qu'on coupe en deux, qu'on saupoudre de sucre, et qu'on mange, découpée en morceaux, à la cuillère. Qu'aimais-je donc si fort dans le *grape-fruit*? On me l'avait traduit par : pamplemousse, fruit dont il diffère très peu. Est-ce le mot français, si joli, qui entra dans ma mémoire d'enfant avec les paysages ensoleillés des îles tropicales, est-ce le jus bienfaisant du fruit qui m'avait ravi dès le premier jour? mais, en voyage, je demandais au nègre, chaque matin, du pamplemousse, et je goûtais le fruit savoureux avec une gourmandise d'explorateur au désert.

Le *buckwheat-cake* est une sorte de beignet de farine de sarrasin, que les cuisiniers nègres réussissent jusqu'au chef-d'œuvre. On le sert brûlant, tendre, doré, on le couvre de beurre frais, et on le baigne dans une mer de sirop d'érable.

Quand je dis tout le mal que je pense et que mon estomac m'ordonne de penser de la cuisine américaine, je me souviens avec miséricorde et reconnaissance de ces deux plats nationaux du Nouveau Monde qui me firent oublier bien des maux...

Ceux qui mangent leurs propres provisions ne connaissent pas ces délices. Dès sept heures du matin, ils déballent des viandes copieuses, des fruits. Ceux que je rencontre aujourd'hui sont des Allemands de Cincinnati. Ils mangent lentement, comme chez eux, les femmes faisant tous les frais de la conversation, les hommes ne cessant de mastiquer et prenant les meilleures parts. Leur panier est inépuisable. Tout y est rangé, enveloppé avec un soin méticuleux ; les femmes ont tout prévu. Quatre personnes mangeront sans cesse, tirant de ce panier des trésors intarissables. Mais il leur faut leur boisson ordinaire, du café au lait. Ils ont une marmite vide et des tasses. Ils font remplir la marmite de café par le nègre et ne manqueront ainsi de rien. Le bruit de leur conversation me réveille et, à cette heure matinale, l'odeur de leurs victuailles m'écœure.

Dans chaque voiture de chaque train, il y a un filtre avec de l'eau toujours fraîche et même glacée. Mais il n'y a qu'un seul verre, qui sert à tout le monde et que je n'ai *jamais* vu rincer. Que de fois pourtant je l'ai guetté durant ces longs trajets où l'on n'a rien à faire que de regarder autour de soi. Employés, nègres, marchands de journaux, voyageurs, tout le monde y boit sans dégoût. C'est là de la vraie fraternité.

D'ailleurs, cette fraternité universelle se complique

d'un véritable sentiment d'égalité que je n'ai vu qu'ici. Les employés de chemins de fer, qui sont ceux que j'ai le plus souvent observés, ne se considèrent pas du tout comme les serviteurs du public, ainsi que cela se passe dans notre vieille Europe. Dans les pullmanns, par exemple, le matin ils s'emparent les premiers des lavabos, et vous disent froidement si vous arrivez à ce moment : « Attendez un instant ! »

Les conducteurs viennent s'asseoir dans les fauteuils à côté des voyageurs, comme des touristes désinvoltes, les mains dans les poches, les jambes croisées. Combien de fois ai-je vu des voyageurs debout et des employés assis dans le salon des fumeurs ou l'*observation-car*, les pieds sur les banquettes de velours, mâchonnant leur cure-dent ou leur cigare, la casquette en arrière, sans penser un instant à se déranger !

Au bout de quelques heures de voyage, l'employé est en effet devenu l'ami intime de certains voyageurs. Même, j'ai cru m'apercevoir que, dans la très grande majorité des cas, les Américains étaient flattés des privautés que prenaient avec eux les employés. J'en ai vu les saisir à bras-le-corps, pour jouer, et s'asseoir sur le bras de leur fauteuil. Ils paraissaient considérer comme une faveur que le conducteur ou le garde-frein vinssent causer ainsi avec eux et plaisanter. Ils abandonnaient aussitôt ou leur journal, ou leur revue, ou leur conversation.

Nous sommes loin ici de la morgue anglaise ou de la condescendance protectrice des voyageurs français de première classe. Je me suis souvent demandé à quoi pouvaient tenir ces façons et s'il fallait y voir un véritable sentiment égalitaire raisonné. En fait, c'est cela. Tous ces gens sont égaux. Ils sortent du même monde, ont reçu la même éducation, gagnent plus ou moins d'argent, ce qui ne suffit pas à créer entre eux une différence. L'Amérique est un pays trop neuf pour qu'on puisse comparer ses mœurs à celles de nos vieilles contrées d'Europe. Ici, tout est en formation. C'est un vaste campement de pionniers où tous font leur besogne, les uns dans les échoppes, les autres dans les magasins, les mines ou les usines.

Et comment songer à établir une hiérarchie entre ces individus? La fortune américaine est semblable à une immense roue, animée d'un perpétuel mouvement. Tel qui se trouve aujourd'hui au sommet sera demain à demi écrasé par son formidable entraînement. Le conducteur de train sera dans dix ans le millionnaire de Pueblo, tandis que le riche marchand de Denver, ruiné par de malheureuses spéculations, réédifiera sa fortune en se livrant à un métier manuel. Il n'y a pas et il ne peut y avoir de hiérarchie entre ces individus. En fait, tous sont égaux. Ils le sentent, ils le savent. Et ils le sont, en général, par la force et l'énergie. En tout cas, ils le paraissent à l'œil du physionomiste. Qu'ils soient bruns comme les Irlandais, ou blonds comme les Danois, c'est la même volonté directe et tenace qui est inscrite dans leurs têtes osseuses.

Le matin, au réveil, je m'intéressais à observer les physionomies. Encore toutes embarbouillées de sommeil, les figures apparaissent plus primitives et plus brutales : dans l'œil dur, le menton, les maxillaires volontaires, se condensaient l'expression foncière, les signes caractéristiques de la race. L'eau froide des ablutions, la digestion du premier repas effaçaient vite ces marques trop accusées de l'énergie nationale. Mais la vision matinale se perpétuait tout le jour, et, depuis, je reste hanté du caractère de ces mentons et de ces mâchoires, auxquels je reconnaîtrais, aux confins du monde, le type américain !

Durant ces longs voyages de vingt-quatre ou de quarante-huit heures, des gens se lient. Des parties de cartes s'organisent, des parties de dés aussi. Quelquefois, on jette un coup d'œil sur le paysage. Mais l'ennui gagne, à la longue, ces êtres habitués à une vie active et mouvementée. On ne lit pas. A peine, aux stations des grandes villes, parcourt-on les journaux locaux que les « boys » viennent vendre dans le train. La plupart du temps, on dort.

Ce sont surtout les repas qui font la distraction du voyage, les trois repas : du réveil, de une heure et de sept heures du soir. Les nègres les animent. Habillés de vestes blanches et de pantalons sombres, une fleur vive piquée à la boutonnière, ils promènent autour des tables le sourire éternel de leurs dents blanches.

La conception de la politesse dans les *dining-cars* est bien spéciale. Il est défendu de rester coiffé même d'une calotte de voyage. On refusa, un jour, de me servir, entre Chattanoga et la Nouvelle-Orléans, si je conservais ma casquette. J'eus beau expliquer que je craignais les courants d'air : le chef du restaurant fut inflexible. Je ne pus m'empêcher de trouver étroite cette façon de comprendre les convenances qu'en d'autres occasions je trouvais un peu lâchées. Mais les néophytes font toujours du zèle...

En arrivant à destination, on n'a pas à se soucier de ses bagages. Avant l'arrivée du train, l'employé d'une compagnie de transports passe dans les compartiments, vous prend votre bulletin, vous en donne reçu, inscrit votre adresse, et quelques heures après, moyennant 1 fr. 25 par colis, vous recevez chez vous votre bagage. Car vous savez qu'il n'y a d'octroi ni dans les villes, ni à l'entrée des États. Ce système vous permet de descendre du train les mains vides, de ne pas perdre une minute et d'économiser des frais de voiture. Tous les voyageurs, en effet, sautent dans les tramways électriques qui vous transportent, pour cinq sous, à dix, vingt ou trente kilomètres au grandissime galop !

PETITES NOTES ET CROQUIS

Ce qu'on trouve dans le « Train du XXᵉ siècle ». — Où s'arrêtera-t-on ? — L'angélus et les locomotives. — Le mariage en Amérique. — Conversations. — Pas de dot. — Exception pour les gendres venus d'Europe. — Un mot dur. — Le jeune homme timide. — La jeune fille émancipée. — L'habitude du flirt. — Une fleur qui se fane. — Respect des femmes. — L'amour caché. — L'Américain et le Français. — Lequel aime davantage ? — La cuisine et le théâtre de Shakspeare. Poignées de main supprimées. — Le médecin fabricant de cercueils. — Le gâchage en Amérique. — Exemples. — Un rideau de lit en bouchons de champagne.

La sensation de vélocité maladive et de fièvre vous poursuit d'un bout à l'autre de ce pays extraordinaire. En chemin de fer, où la vitesse des trains pourrait suffire à vous entretenir dans l'agitation, on trouve le moyen de troubler ce qui vous reste de tranquillité et de calme.

Dans le train qui va de New-York à Chicago et qui s'appelle le « train du vingtième siècle », on peut téléphoner en ville de son compartiment, jusqu'à la dernière minute. On a même mis à l'étude un projet qui permettrait de téléphoner sur tout le parcours... Dans ce train, outre les commodités habituelles du « pullmann », le restaurant, le lit, le lavabo, l'eau distillée, etc., etc., on trouve une bibliothèque, un salon de coiffure et un coiffeur, des tables pour écrire, un employé dactylographe et sténographe, à qui vous pouvez dicter votre correspondance et qui vous la transcrit sur-le-champ à la machine à écrire.

Sur toutes les grandes lignes, aux stations, des « boys » traversent le train en courant. L'un crie : « Télégrammes » et reçoit ceux que vous pouvez avoir à envoyer. Il a, d'ailleurs, des formules imprimées dans un carton qu'il porte en bandoulière. Un autre appelle les noms des destinataires de dépêches adressées en gare.

Que pourra bien devenir, dans cinquante ans, cette race de gens saturés d'électricité, entraînés à la vitesse et dont l'idéal paraît être le paroxysme ?

En entrant dans les grandes stations, les locomotives ne se contentent pas de siffler, elles sonnent continuellement leurs cloches de bronze. Précaution utile dans beaucoup d'endroits où les trains traversent les chaussées côte à côte avec les tramways, les voitures et les piétons.

C'est alors un bruit d'angélus vagabonds qui se croisent et se mêlent dans le vacarme des arrivées. En fermant les yeux, on se croirait dans une ville d'Espagne ou d'Italie très dévote, un jour de Pâques.

Mais, quelle antithèse choquante que ces jolis sons de cuivre dévotieux, qui évoquent au contraire la retraite et le rêve, sur ces machines monstres, noires, fumantes, suintantes, haletantes, clochers mugissants de la matière !

※

Conversations.
Dîner avec M. R. B. V. C..., un jeune banquier; M. E. G..., peintre et écrivain de talent de New-York, et M. O. C..., architecte, trois Américains renseignés, d'esprit largement ouvert, ayant voyagé et ne cherchant pas, je pense, à me tromper. Or, voici ce qu'ils me dirent :

— Les jeunes Américains ne sont pas des coureurs de dot. Ils ne recherchent en mariage que les femmes qui leur plaisent, sans s'inquiéter de leur fortune. D'ailleurs, les parents ne dotent pas leurs filles. C'est donc leur mari qui doit subvenir à tous leurs besoins. La jeune fille, elle, doit considérer, naturellement, si elle pourra se contenter de l'aisance et du luxe que lui apporte son futur. Et il peut arriver que, pour assurer au jeune ménage une certaine tenue, la famille de la femme l'aide partiellement à ses débuts. Mais le jeune époux ne le demanderait jamais et ne l'accepterait même pas toujours avec plaisir. Il y a là une idée de dignité et d'orgueil, générale en Amérique.

Je ne pus m'empêcher de sourire à des affirmations si absolues. Mes hôtes le virent, et rectifièrent :

— On a pu voir — car tout arrive, n'est-ce pas ? — un jeune Américain rechercher une dot. Mais, ce qui importe, c'est qu'il en a honte lui-même, c'est que ses amis se fâchent avec lui — parfaitement ! — lui tournent le dos. (Et ils me citent des noms.) N'est-ce pas quelque chose de significatif ?

« Il y a à New-York des jeunes filles très riches restées célibataires, et beaucoup de jeunes filles pauvres mariées à des jeunes gens de très grande fortune. Miss G..., jolie pourtant, élégante et très riche, connue et reçue dans toute la société de New-York, n'est pas mariée. La troisième fille de Rockefeller (ou de Morgan, je n'ose affirmer) n'est pas encore mariée malgré son âge.

— Mais êtes-vous sûrs que ce ne sont pas elles qui ont refusé de se marier?

— Oui. C'est possible; mais, ce que nous voulons bien vous dire, c'est que, dans toutes les réunions de jeunes gens américains, vous ne pouvez pas observer que les filles les plus courues sont les plus riches. Au contraire, je dirais!

Je leur citai pourtant les noms des familles américaines qui versèrent sur l'Europe, avec leurs héritières, des dizaines de millions de dollars.

— Oui, me dirent-ils, mais ce n'est vrai que pour les étrangers. Les Américains, entre eux, ne font pas de ces affaires...

Je trouvai le mot dur pour nous, dur et, oserais-je le dire, un peu injuste. Car enfin, si l'argent ne crée pas l'amour, il aide singulièrement à en jouir. Et nos traditions prouveraient peut-être que nous avons conscience de cette vérité que nos voisins sont encore à découvrir.

※

Autre conversation.

Avec Mme E..., l'une des plus jolies, des plus élégantes et, comme on va le voir, l'une des plus intelligentes femmes de New-York.

— Ce qui me frappe le plus quand je vais en France, me dit-elle, c'est l'embarras, la timidité des jeunes filles et souvent des femmes. Au contraire, les jeunes hommes sont pleins d'aisance et de liberté dans leurs allures. Vous remarquerez qu'en Amérique, c'est presque l'opposé. La jeune fille est plus à son aise que le jeune homme. Dans tous les cas, si l'un des deux est intimidé par l'autre, ce n'est pas la jeune fille.

« Il y a des exceptions, pourtant : les jeunes filles qui n'ont pas eu de frères, par exemple, et que, par un puritanisme très rare, leurs parents ont retenues à l'écart des sociétés de garçons. Dans ce cas, par l'extérieur, elles ressemblent beaucoup à vos jeunes vierges françaises. Ce qui les différencie au fond, ce n'est que la température de leur sang, beaucoup plus basse chez nous.

— Et à quoi attribuez-vous la différence extérieure ?

— A ceci, tout simplement : c'est qu'à douze ans, notre jeune Américaine a son petit flirt, innocent — cela va sans dire, car les jeunes garçons, chez nous, sont aussi purs et aussi froids que les filles, — innocent, mais gai, mais taquin, et juste assez sentimental pour ne pas devenir dangereux.

« La fleur de la naïveté est perdue, j'en conviens ; mais en revanche, pour plus tard, dans la vie, quel sang-froid, quelle sûreté d'elle-même ! »

Eh oui ! que deviennent le « trouble délicieux de l'amour », cette « pudeur rougissante », cet « émoi des sens », dont parlent les métaphores séculaires des littératures latines ?

Je vous assure qu'on peut regarder longtemps,

vivre côte à côte avec des fiancés et des fiancées, sans être capable de seulement distinguer quels sont les couples *in love*.

— N'est-ce pas très bien? me demande la jolie Mme E... Pourquoi afficher ses sentiments en public? Je trouve qu'en Europe, en France, dans les pays latins surtout, on manque à cet égard de pudeur.

— Certes, madame, lui répondis-je, si on affiche, on a tort d'afficher. Mais, sans afficher ses sentiments, il me paraît bien difficile d'être maître de soi au point de ne se trahir jamais, de demeurer impassible, sans une seconde de faiblesse... si on aime beaucoup, beaucoup...

— Prétendriez-vous qu'on aime plus en France, par exemple, qu'en Amérique?

— Plus fort, madame, peut-être. Mais comment vous le prouver? »

Copié ceci sur une lettre écrite par une jeune fille de vingt ans à une de ses amies pendant les vacances de Noël :

« ...Je vous dirai tout ce que nous avons fait pendant les vacances de Christmas... La veille du jour de l'an, il y avait une petite assemblée chez une de nos voisines où nous avons dansé, chanté et joué aux cartes. J'ai assisté aussi à un discours sur les tragédies de Shakspeare et à deux leçons dans la cuisine. »

Dans les clubs américains on ne se serre pas la main, parce que la poignée de main est une *forma-*

lité et que les formalités sont supprimées dans les clubs.

Ils sont logiques.

Il y a à la Nouvelle-Orléans, entre autres, un docteur qui est en même temps fabricant de cercueils

Et il a autant de clients que les autres.

Le goût pour l'excessivité se trouve dans les grandes comme dans les petites choses. Les femmes se collent à la ceinture des bouquets de violettes de Parme gros comme vingt des nôtres, qui coûtent d'ailleurs une cinquantaine de francs.

Elles ne consultent pas l'esthétique, elles ne se demandent pas si ce bouquet énorme gâtera leur ligne, elles ont l'amour de la quantité.

Je vous ai dit que les machines, avant d'être usées, étaient mises à la ferraille, qu'il n'y avait pas ou presque pas de raccommodeurs d'habillements, et que, du haut en bas de l'échelle sociale, ce pays en pleine prospérité gâchait des richesses qui feraient le bonheur de vieilles contrées de notre vieux monde.

Il est amusant d'observer les preuves plus menues de ce gâchage général.

Sur chaque chemise blanchie (1 fr. 25 pièce) vous trouvez trois épingles à tête et un bouton de corne.

On ne mange pas de bœuf bouilli. Les domestiques

le refusent. Il n'y en a pas dans les restaurants. Le bouillon fait, on *jette* la viande !

Dans la plupart des villes, il est impossible d'acheter *une* boîte d'allumettes. Je me suis entêté à entrer chez dix marchands de tabac, épiciers et droguistes pour en trouver *une*. Impossible : on m'en offrait un paquet de douze boîtes. Et comme j'expliquais que je n'en aurais que faire, on souriait en haussant les épaules.

Aussi, dans presque tous les vestibules d'hôtels et dans les bars, vous voyez de grandes boîtes ouvertes où chacun va puiser une poignée d'allumettes qu'il met en vrac dans sa poche, sans plus de façons.

˟

J'ai rencontré deux types d'excentriques assez curieux pour nous :

Un vieux *business-man*, de quatre-vingt-sept ans, qui ne peut plus marcher que bien difficilement et qui se fait conduire deux fois par semaine *down-town*, c'est-à-dire dans le bas de la ville, quartier des affaires à New-York, pour le seul plaisir de respirer l'atmosphère enfiévrée où il vécut. Tel le marin retraité va s'asseoir sur le musoir du port pour voir rentrer les bateaux.

Et une jeune *chorus-girl* des ballets de chez Weber and Field, qui s'est fait un rideau de lit avec tous les bouchons de champagne qui ont sauté sous ses yeux depuis qu'elle soupe...

Elle a écrit, sur chacun des bouchons la date commémorative de leur délivrance...

LA NOUVELLE-ORLÉANS

Le voyageur fuit décidément les régions glacées. — Vers la Louisiane. — Forêts inondées. — Le soleil. — Les nègres. — Vision de la *Case de l'oncle Tom*. — Le Mississipi, Père des Eaux. — Les lianes des forêts vierges. — Les palmiers. — Arrivée à la Nouvelle-Orléans. — Ma pelisse et mes snow-boots sont dépaysés. — Émotion de la première heure. — Une ville latine en fête. — Les nègres en quarantaine. — On parle français. — Le Carnaval. — Le cortège du Roi. — Les officiers du *Tage*. — Le vainqueur de Santiago. — Promenade. — L'avenue Saint-Charles. — Les roses! — Influence de l'élément créole sur la race anglo-saxonne. — Vieilles familles françaises.

Un soir de la fin de février, soir glacé par une bise mauvaise, la lassitude du froid et de la neige me prit. J'avais lutté pendant quatre mois, chaque jour plus difficilement, contre la morne hostilité des éléments, il me semblait par instants que mes veines charriaient, au lieu de sang, quelque chose de froid et d'aigre, comme du sel liquide ou un jus acide.

Or, un soir, en lisant un journal, je vis que nous

approchions du carnaval, et que la Nouvelle-Orléans se promettait, comme chaque année, des fêtes splendides. Je ne réfléchis pas plus longtemps et ma résolution fut aussitôt prise. Au lieu d'aller à San-Francisco, but extrême de mon voyage, par Chicago, Saint-Paul, le Colorado et le lac Salé, où le froid continuait à sévir terriblement, je résolus d'intervertir l'ordre de mon itinéraire et de descendre aussitôt vers cette Louisiane que j'apercevais de loin comme une oasis dans un rayon de soleil. Car ce qu'il me fallait, je le sentais bien, c'était du soleil, un peu de gaieté au ciel, un peu de printemps pour clore cet hiver qui ne voulait pas finir. Je commençais à comprendre la souffrance des plantes et des animaux émigrés dans des climats ennemis.

Je dis donc ardemment adieu au paysage de fumée, de fer, de neige de Pittsburg et de Cincinnati, et vingt-quatre heures après, en me réveillant dans le lit bas du pullmann, je vis, derrière le rideau de la vitre ensoleillée, que nous avions décidément quitté la région des neiges! Le soleil joyeux, le soleil divin, baignait la campagne verte! On sentait, on devinait qu'il faisait chaud dehors.

Je suis donc en Louisiane, le pays des oiseaux moqueurs, des lianes, des beaux chênes, du Mississipi, Père des Eaux, des bayous où dorment les crocodiles, des plantations de coton et de canne à sucre, le pays des serpents et des fleurs !

Au lieu des durs horizons glacés habituels, voici que s'étendent des forêts inondées d'eau dormante, des arbres droits dressés vers le ciel doux, des racines d'arbres, des troncs abattus, des lianes impénétrables, des ronces, des feuillages de palmiers nains flottant sur l'eau jaunâtre. Le train traverse ces contrées marécageuses. Puis apparaissent des maisons de bois peint en vert tendre; des nègres et des négresses sont assis sur les seuils; les femmes fument des pipes courtes, et, ô joie! leurs têtes sont coiffées de turbans jaunes ou d'amples coiffes-cabriolets du siècle passé, qui les abritent contre le soleil. Je dévore ce spectacle avec une allégresse que je ne peux pas rendre. Le soleil fait pleurer mes yeux ravis. Je le sens chaud et caressant à travers les vitres. Toute la glace, tout le sel fondu de mes veines s'est évaporé, mon sang coule vite et tiède, et bientôt je ne sais plus bien ce qui met cet enchantement dans mon être, si c'est la jouissance physique du climat naturel retrouvé ou la surprise soudaine, là, sous mes yeux, de ces paysages et de ces héros vivants de la *Case de l'oncle Tom!*

Pour la première fois depuis que je suis en Amérique, je vois des oiseaux! Ils volètent gaiement d'un arbre à l'autre, et peut-être que, sans le bruit du train, je les entendrais voler.

Puis, pendant dix minutes, le train court sur un pilotis bâti au milieu de l'eau; puis ce sont des champs blonds bordés de palmiers qui s'étendent largement au soleil, des poivriers, dont les grappes d'un rouge sang pendent parmi leur feuillage délicat, puis des brousses encore, des brousses impénétrables. C'est la forêt vierge de la Louisiane avec ses grands chênes aux branches noueuses éployées en immenses bouquets de verdure d'où pend, comme des écheveaux emmêlés, la mousse de Louisiane; une grande plaine riante où paissent plusieurs centaines de vaches; des nègres et des négresses, assis sur des troncs d'arbres, dans les cours des fermes, les hommes en bras de chemise, coiffés de chapeaux mous écrasés d'un coup de poing, comme ceux de nos élégants Parisiens, les femmes en corsage rouge ou bleu, de jeunes négrillons pieds nus, en chapeaux de paille, et tout à coup la ville elle-même, les cheminées d'usines, les poteaux télégraphiques, la gare.

Je descends dans le soleil accueillant, je me sens sourire à cette bienvenue, et je m'ébroue dans la chaleur. Mes vêtements d'hiver me pèsent, que faire de ma fourrure, que faire de mes snow-boots ! Tous ces vestiges de l'exil boréal me choquent comme des anomalies et m'encombrent.

Dès la sortie de la gare, en tramway, me voici en plein dans la vie du Sud : à l'arrière de la voiture électrique on a ménagé deux petites cases de quatre places, séparées du reste du compartiment par un grillage de fils où est écrit : *Colored patrons only* — « Pour les clients nègres, seulement ».

Les nègres et les négresses sont là, assis, dans cette demi-cage à poules, l'air sérieux, l'œil inquiétant. Je me sens très choqué de cette marque si brutalement méprisante et si despotique de la domination du blanc. Choqué et étonné aussi. Car jusqu'à présent — et voilà quatre mois que je suis ici — c'est la seule marque frappante de la non-égalité des citoyens de « la libre Amérique » : cela me défrise un peu. Et, un court moment, je boude la Louisiane ! Mais voici que montent dans le tram des jeunes filles blondes et brunes, la peau chaude et dorée comme de la cassonade, coiffées de chapeaux bergère avec beaucoup de rubans très éclatants, mais qui leur siéent à merveille et qui s'harmonisent avec la coruscation du soleil. J'oublie l'ostracisme injuste des nègres, qui, d'ailleurs, n'ont pas l'air d'en souffrir, et je me promets de m'informer des raisons de cette quarantaine.

Le tramway me dépose à l'hôtel Saint-Charles qui est en fièvre. Il est comble, la ville est pleine, on est venu de tous les coins de l'Amérique pour assister aux fêtes du carnaval.

Aussitôt que je me fus assuré d'une chambre, je sortis pour prendre possession de la ville.

Dans les rues, les avenues, une foule bruyante et gaie, pas du tout brutale, qui parle haut, qui rit; les cloches des tramways mêlent leurs angélus au bruit des conversations; c'est une foule latine, c'est Marseille ! J'entends parler français à chaque pas, et jamais ma langue ne m'a paru plus douce. Des nègres, des négresses la parlent sans accent.

C'est le grand jour, c'est l'arrivée de Rex, le roi du carnaval. Il vient de son royaume imaginaire sur un vaisseau richement orné, paré de mille drapeaux, entouré des ducs de sa Cour.

La municipalité et les hôtes de marque vont à sa rencontre sur le quai du Mississipi.

Quand il descend à terre sur le quai du Mississipi, dans le soleil ardent, habillé d'étoffes magnifiques, couronné et le sceptre en main, la foule l'acclame. Cette année, il y a là l'amiral Schley, le vainqueur de Santiago, le général Wheeler, de la guerre de Sécession et de Cuba; il y a aussi les officiers du *Tage*, qui ont envoyé des invitations à assister sur leur navire à l'arrivée de Rex. Je distingue leurs casquettes galonnées, leurs favoris et leurs barbes noires. Tous, dans des landaus, une décoration carnavalesque à la boutonnière, escortent le Roi et les ducs, montés à présent sur des chevaux somptueusement caparaçonnés.

Ce cortège officiel, ces gens graves, ces administrateurs et ces guerriers qui se prêtent gaiement à cette pompe de carnaval, suffiraient à faire penser que nous sommes loin de la Nouvelle-Angleterre! Mais je n'ai vu nulle part, dans ce pays, tant de figures riantes, tant d'allures rapides, tant de gestes, tant d'exubérance. C'est bien Marseille, avec son mélange cosmopolite de Levantins au teint bronzé, avec ses quais animés, son ciel bleu, son rayonnant soleil.

Le cortège traverse la ville pavoisée d'étoffes multicolores et de drapeaux. Le Roi salue aux applaudissements de la foule. C'est la préface des fêtes qui vont se dérouler pendant deux jours encore.

Je restai dehors jusqu'au soir. Je ne pouvais me décider à m'arrêter, ni à m'asseoir, ni à rentrer.

Je visitai le quartier neuf, le quartier américain proprement dit, l'avenue Saint-Charles et ses alentours.

La Nouvelle-Orléans est incontestablement et de beaucoup la plus jolie ville que j'aie jusqu'à présent rencontrée en Amérique, et l'avenue Saint-Charles est la plus belle voie de la Nouvelle-Orléans.

Longue d'une dizaine de kilomètres, plantée de trois rangées d'arbres, avec des pelouses verdoyantes, parcourue par deux lignes de tramways rapides qui ne gênent en rien la circulation tant l'avenue est large, bordée de maisons et de villas ravissantes, elle réalise l'idéal d'un quartier riche aux abords d'une grande ville commerçante : une sorte de Neuilly tropical. Dans les rues transversales qui la coupent tous les cent mètres, d'élégants hôtels privés, des cottages ravissants couronnés de fleurs. Les villas sont pour la plupart en bois avec balcons de fer ouvragé — c'est le style colonial, avec portique grec et colonnes, galerie circulaire, windows en rotonde, — entourées de pelouses vertes, de parterres de pensées, d'arbres splendides, palmiers, magnolias, acacias, camélias, lauriers-roses, figuiers, et festonnées de rosiers grimpants qui sont en fleur à cette époque!

Sur les galeries, encadrées de clématites et de glycines, les gens se balancent lentement dans leurs fauteuils à bascule, des enfants courent sur les pelouses, surveillés par des négresses en turban jaune, des oiseaux piaillent dans les lilas, la poussière de la route garde l'empreinte des pas et des roues des bicyclettes, quelque chose d'enveloppant et de doux émane de la terre et des arbres, descend du ciel limpide. Les yeux caressants et noyés de langueur des femmes souriantes, la nonchalance de leur démarche, leur taille souple comme une liane et la musique de leur voix, s'harmonisent idéalement à la mollesse de la nature luxuriante, à la tiédeur odorante et paresseuse de l'air, à l'indolente flânerie des nuages dans le ciel. C'est une Espagne moins âpre, une Italie aussi voluptueuse mais moins nerveuse, un pays d'école buissonnière où l'on s'étonne de l'activité des habitants.

Je suis resté longtemps à la Nouvelle-Orléans, plus longtemps que partout ailleurs, autant pour me récompenser de mon long hiver stoïque, que pour essayer d'étudier la persistance ou la fusion de la race française dans cette jeune civilisation anglo-saxonne.

Et j'ai vu que les Américains du Nord ont, en effet, apporté ici leur activité dévorante, leur esprit d'entreprise. Ils ont donné aux créoles le souci des réalités commerciales et industrielles, les ont rendus plus hardis, plus précis, plus entreprenants. Mais le soleil et les créoles leur ont rendu leurs cadeaux; ils les ont faits plus sensibles et moins rudes. Leurs façons n'ont plus du tout la raideur un peu glacée de la Nouvelle-Angleterre. Cette glace s'est dégelée à la chaleur et au sourire de la nature et des êtres. Le soleil a fondu, dissous les éléments trop absolus des races, et s'il ne les a pas amalgamés encore, il a accompli ce miracle de sociabilité de rendre des puritains gracieux et de sensualiser l'âme des fils des quakers. Comme celle des Français d'origine, la politesse des Américains de la Nouvelle-Orléans est réelle, souriante, empressée. Leur froideur originelle n'est vraiment plus qu'une retenue polie.

Quant aux créoles de la Louisiane (je parle de la classe cultivée), ils ont conservé cette fine fleur d'urbanité qu'on goûte surtout quand on en est privé. J'ai vu des représentants de ces vieilles familles françaises et espagnoles qui émigrèrent ici il y a un siècle et plus. Leur empressement courtois, leurs façons aisées sont des signes restés purs de leur atavisme. Chez les Fortier, les Castellanos, les Sonniat, les de Roaldès, les Chaffray, les Capdevielle, par exemple, il est impossible de se croire en Amérique. Les femmes y ont une grâce si riante, une amabilité si exquise et si simple, les hommes savent créer autour d'elles une atmosphère de galanterie si délicate et si respectueuse, une civilité si fine et toujours en éveil, qu'on pense malgré soi que les traditions se sont conservées plus pures peut-être dans l'émigration, comme une graine précieuse qu'on a peur d'épuiser trop vite...

LA NOUVELLE-ORLÉANS

LE CARNAVAL

Agonie des carnavals d'Europe. — Vitalité du carnaval louisianais. — Quatre grandes sociétés secrètes. — Momus, Comus, Proteus, Rex. — Sélection sévère des invités. — Composition des chars. — Costumes commandés à Paris. — 100,000 francs pour une parade. — Cavalcades publiques. — Les membres des clubs y participent. — Richesse des costumes et des accessoires. — Le bal du Roi. — La cour. — Défilé. — Les officiers du *Tage* aux pieds de la Reine. — Robe de Paris! — Les bals de l'Opéra français. — Coutumes originales. — Les masques dépouillés de leurs bijoux. — Un sérail idéal. — Le bal des Mystérieuses. — La mode renversée. — Nous reviendrons.

Je ne crois pas qu'il existe encore au monde une ville où le carnaval soit fêté comme ici. Le carnaval de Nice se défend encore, celui de Rome agonise, on ne parle plus guère de celui de Venise. C'est en Amérique, en Louisiane, qu'il faut aller pour retrouver la magnificence et le faste carnavalesques des siècles passés. Il n'y a pas de doute que ce ne soit à l'élément latin de la vieille cité et au soleil de la Louisiane qu'on doive cette durable tradition. Tous les ans, depuis 1837, les fêtes augmentèrent d'importance et de splendeur. La ville entière y collabore. Anglais et Français, Espagnols et Italiens, toutes les professions : juges, notaires, banquiers, commerçants, industriels, médecins, armateurs, rentiers, avocats, millionnaires, tout ce que la ville compte de cercles, d'associations, de syndicats, tout le monde s'unit, ouvre sa poche, participe de ses idées, de sa bourse et de sa personne à la grande folie des jours gras.

Voici comment sont organisées les fêtes.

Il y a quatre grandes sociétés carnavalesques. Elles s'appellent : *les Chevaliers de Momus, Comus Proteus et Rex.* Ce sont des groupements libres, indépendants les uns des autres, et dont la composition est *absolument secrète.*

Et ce n'est pas l'un des côtés les moins curieux et les moins nouveaux pour nous que ce mystère dont s'entourent les membres de ces sociétés. J'ai beaucoup questionné là-dessus hommes et femmes. Et jamais je n'ai pu obtenir — moi, étranger, qui ne pouvais par conséquent en trahir le secret — l'aveu direct, effectif, qu'on appartenait à l'une ou à l'autre de ces sociétés. Les femmes elles-mêmes des membres ignorent souvent si leurs maris en font partie... C'est le Conseil des Dix du plaisir et de la folie! On a trouvé pour cela des moyens assez compliqués et assez bizarres.

Ainsi, chaque membre a droit à vingt invitations au bal pour ses amis. Mais ces invitations sont strictement anonymes, en ce sens qu'elles sont envoyées au domicile des personnes auxquelles on les destine sans trace de provenance.

Chaque club organisateur nomme un *captain* à qui les membres doivent remettre la liste des gens qu'ils vont inviter. Ces listes sont soumises à l'examen et à la critique d'un comité de quinze membres nommés par le captain et qui est souverain. Il arrive que des noms sont rayés. Car chacun invitant sa femme, sa fille, ses sœurs, on ne veut recevoir que des gens parfaitement choisis et du meilleur monde, et la respectabilité de l'assistance est proverbiale. Le membre dont on a rayé les invités n'a qu'à s'incliner sans avoir le droit de demander aucune explication. Car, autrement, que de duels en perspective! L'amour-propre des rayés est sauf, puisque ces délibérations sont strictement secrètes. De même l'amour-propre du proposant, puisque les statuts s'opposent formellement à ce qu'on fasse connaître au public sa qualité de membre : de sorte que personne ne peut demander à personne d'invitation, et personne ne peut se formaliser de n'avoir pas été invité.

Le captain et le bureau s'ingénient à trouver chaque année le sujet des cavalcades, toujours différentes.

Les imaginations en furent constamment variées et souvent originales. Ce furent, entre autres : la *Légende du Paradis perdu*, l'*Histoire d'Amérique*, les *Fêtes d'Epicure*, *Lalla Rookh*, les *Cinq sens*, l'*Histoire de la Louisiane*, l'*Iliade*, la *Bible*, les *Races aryennes*, les *Métamorphoses d'Ovide*, les *Mythes du Nord*, *Salammbô*, l'*Odyssée*, les *Scènes de Shakspeare*, l'*Age d'or*, la *Guerre à travers les âges*, les *Dieux de la Grèce*, les *Quatre Saisons*, les *Mille et une Nuits*, les *Races sémitiques*, *Ivanhoé*, le *Langage des cou-*

leurs, les *Passions humaines*, l'*Histoire de France*, les *Mythes chinois*, *Légendes du moyen âge*, les *Paradis hindous*, *Roland furieux*, les *Plantes*, les *Fleurs*, les *Maures d'Espagne*, la *Cour du roi Arthur*, les *Poèmes de Byron*, etc., etc.

Et chaque cavalcade comporte une vingtaine de chars, et chaque club a sa cavalcade.

Quand le sujet général est choisi, on cherche les sujets de chaque char. On convoque pour cela les artistes, on fouille dans les estampes et les livres d'histoire.

Jusqu'à ces dernières années, les cartonnages des chars et les costumes étaient commandés à Paris. Le captain de chaque club faisait le voyage de France dans ce but. A présent, des fabricants américains se sont mis à nous imiter, et on s'adresse à eux pour les cartonnages. On y a un peu gagné en économie, mais beaucoup perdu quant au goût et au fini de l'ouvrage. Pourtant, les costumes continuent à venir de Paris.

On pense que de telles choses doivent coûter cher !

Chaque club vote environ 20,000 dollars pour les chars, le bal, la musique et les menus frais, soit plus de 100,000 francs, qui sont couverts par les seules souscriptions des membres qui payent chacun 100 dollars de cotisation à cet effet.

Il y a quatre sorties publiques :

Les fêtes s'ouvrent dès le jeudi avant le dimanche gras, par une cavalcade nocturne de Momus, qui coûte 50,000 francs.

Le lundi après midi, c'est l'arrivée de Rex, dont je vous ai déjà parlé.

Le lundi soir, bal de Proteus.

Le mardi après midi, cavalcade de Rex; le soir, réception de Rex, et bal de Comus.

Ce sont là les principales sociétés, les clans *select*. A part cela, il y a huit ou dix autres sociétés de bals qui donnent des fêtes tout l'hiver.

Le lundi gras, les façades des maisons sont pavoisées de drapeaux de tous les pays. Des tentures violettes, jaunes et vertes — qui sont les couleurs du Roi du carnaval — couvrent tous les balcons. Dans les rues, les gens portent des cocardes et des rubans aux couleurs du Roi.

Une foule bruyante emplit la ville. Beaucoup de nègres et de négresses, de jeunes qui parlent anglais, de vieilles qui parlent français.

Le cortège passe.

Une vingtaine de chars aux couleurs brutales et chaudes, peuplés de personnages masqués et habillés de costumes splendides.

Proteus avait choisi cette année comme sujet de sa cavalcade : *Cléopâtre*; les cartonnages pullulaient de sphinx, de chimères, de lotus, de caïmans, de serpents, de pylônes, de stèles, d'éventails de plumes, d'Isis, de lampadaires et d'obélisques.

Comme je m'étonnais de la richesse des costumes, j'appris que c'étaient les membres du cercle eux-mêmes qui figuraient sur les chars, que c'étaient eux qui s'habillaient ainsi à leurs frais. Il y avait donc là, et le lendemain, à la cavalcade de Comus, les premiers citoyens de la ville, les juges, les notaires, les médecins, les notables commerçants, les richissimes armateurs, les planteurs millionnaires!

Les cavalcades se promènent au centre de la ville,

par les grandes voies. Elles s'arrêtent devant les hôtels des cercles, les orchestres jouent, on salue, on applaudit, on boit du champagne au milieu de la gaieté de la foule bruyante, mais disciplinée et respectueuse.

Le soleil illumine ce spectacle, fait chatoyer les satins et les soies, enflamme les ors, fait rutiler les broderies, les paillettes et les pasquilles. Le soir, à travers les rues illuminées et les rangées de torches qui les escortent, les chars et les costumes paraissent plus magnifiques encore. L'or, l'argent, les pierreries attirent à eux toutes les clartés, les pourpres éclatent, les joyaux ruissellent sur les étoffes lumineuses, toutes les flammes des dorures, les reflets métalliques des insignes, les chatoiements des étoffes aux belles couleurs, se fondent dans une orgie chaotique et désordonnée de fournaise, dans un pêle-mêle de rayons et de phosphorescences. Avec cela le vacarme infernal des musiques et des cris, les torches dansantes, les soubresauts des chars vous surexcitent comme un vin capiteux, et vous assistez à un orage colossal et tourbillonnant de bigarrures et de flamboiements, dans un concert déchaîné de foule en tumulte. Les plus nombreux sont les nègres aux yeux nacrés, au sourire éblouissant. Avec un peu d'imagination on pourrait se figurer ainsi le retour à Carthage d'un suffète triomphant ou, sur le bord du Cydnus, Cléopâtre acclamée par les armées !

Le Roi du carnaval reçoit la foule le mardi soir à Washington Hotellery Hall, rue Saint-Charles. C'est une immense salle où la population danse toute la soirée. La salle du trône est séparée du bal par de lourdes tentures. Les trônes du Roi et de la Reine, dont les armes figurent un croissant de diamants surmonté d'une couronne, s'appuient au mur, sous un dais de drap d'or orné de rubans de satin vert et violet. Comme à Westminster, le trône du Roi est plus haut que celui de la Reine. Ils sont placés sur une estrade haute de quelques marches et entourés de chaises de velours bleu à franges d'argent pour les demoiselles d'honneur de la Reine.

Le plafond de la salle est recouvert d'étoffe bleu pâle frangée d'or et de dentelles blanches dont les plis descendent en étoile et se réunissent en couronne au centre de la pièce. A chaque angle est dressé un dais de velours bleu à la ganse d'or. Les colonnes sont bleues aussi.

Des plantes vertes, palmiers et lauriers-roses, sont posées sur le tapis épais. Une grande lyre de fleurs naturelles et un blason de fleurs et de ganses d'argent se détachent sur un fond de plantes vertes éclairées de lanternes mystérieuses et de cristaux où joue la lumière électrique, d'un effet délicieux. Cette décoration animée d'une intense lumière électrique est d'un goût parfait. J'ai rarement vu quelque chose d'aussi joli. On me dit que le décorateur s'appelle M. Bétat et qu'il est d'origine française. Son nom est bien étonnant, mais son origine l'est moins.

On annonce l'arrivée du cortège royal.

La Reine s'avance la première en long manteau de cour de tulle brodé au col Henri III sur sa robe blanche à longue traîne. Un diadème est placé sur son chignon. A la main, elle porte un sceptre. C'est une grande reine, fine et brune, aux beaux yeux noirs, aux jolies dents blanches. Elle a une belle aisance d'allure. Mais il se dégage de sa tenue, sans qu'elle le veuille, sûrement, quelque chose de souverain, de dédaigneux presque, qui s'efface dès qu'elle sourit. Ses filles d'honneur la suivent, tenant des bouquets de roses Maréchal Niel noués de rubans jaunes.

Le Roi, également en costume Henri III et manteau royal, le sceptre en main, couronné d'une vaste couronne, a l'air d'un bon gros vivant Hollandais, comme il convient sans doute à sa fonction. Avec ses grosses joues rouges, son sourire content, sa barbe rousse, c'est plutôt un Gambrinus réjoui que le mari de cette fine et ardente déesse. Elle s'appelle Mlle Minge, fille d'un gros spéculateur dans les cotons.

Le Roi, la Reine et les demoiselles d'honneur s'asseyent sur l'estrade. Derrière chaque fille d'honneur se tient debout un duc en habit noir, le plastron paré en sautoir de l'ordre carnavalesque vert, jaune et violet, et la boutonnière ornée de l'insigne ducal. Une musique s'élève et le défilé de la foule commence. Les gens quittent le bal et viennent défiler lentement devant les trônes royaux. Les uns s'inclinent au passage, et alors les souverains leur rendent leur salut; d'autres se contentent de regarder, comme on regarde des bêtes curieuses et, devant ceux-là, si le Roi conserve son sourire épanoui, la Reine a un regard un peu altier. C'est très amusant à observer. En principe, le peuple doit saluer son Roi et sa Reine. Mais la foule est très mélangée. Il y a là des gens de toute condition, la plupart vulgaire, et on ne peut leur en vouloir d'ignorer les usages des cours. Les aimables organisateurs, le professeur Georges Soulé et M. A.-G. Brice, dont la longue barbe est toute blanche, me disent :

— Beaucoup viennent de la campagne, du Tennessee, de l'Arkansas, du Kentucky et même de plus loin. Ce sont des ouvriers avec leurs femmes et leurs filles. Ils ne savent pas...

Puis ils me font remarquer la richesse et le goût des costumes du Roi et de la Reine, et, d'un ton dont je ne peux m'empêcher de me sentir flatté, ils me disent :

— Ils ont été faits à Paris !

Dans la foule, je revois le commandant du *Tage* et quelques-uns de ses officiers, qui, très gentiment, apportent leurs hommages au pied du trône. La Reine dessine pour eux son plus gracieux sourire.

Vers neuf heures, les cavalcades sont rentrées. Les acteurs de la parade vont à leur cercle changer de masque et de gants, et se rendent alors au bal qui est l'événement capital de la journée.

Les bals ont lieu le lundi soir et le mardi, dans la salle de l'Opéra français. A l'orchestre, au parterre, dans tout le rez-de-chaussée sont assises les jeunes filles et les dames en toilette de bal. Ce sont celles qui seront invitées à danser par les masques au cours de la soirée. Les loges sont remplies. Pas un masque dans la salle. Seuls les membres du Cercle ont le droit de se déguiser. Ils sont sur la scène, en costume somptueux, masqués de jolis masques de cire parfaitement ajustés, qui cachent jusqu'aux oreilles. Ces masques n'ont rien de repoussant ; ils sont au contraire, avec leur sourire figé, séduisants et gentils.

Et c'est ici que se place une coutume originale, amusante et bien spéciale ! Les masques n'ont pas le droit de quitter la scène. Ils choisissent dans la corbeille de jeunes femmes qui rayonne devant eux, disent un nom à l'un des commissaires en habit qui se tiennent devant la rampe à leur disposition, et qui vont cueillir pour eux la fleur vierge ou la femme qu'ils ont élue!

Quelquefois, si le commissaire est trop occupé, le masque fait un signe d'appel, et l'on voit, docile et même empressée, la femme se lever, souriante, monter sur la scène, prendre gracieusement le bras du masque et se perdre avec lui dans la foule tourbillonnante.

Vous figurez-vous cela?

Ces Persans, ces Indiens, ces Assyriens, ces Turcs, qui, au nez et à la barbe des maris, des fiancés, des amants, jettent ainsi leur mouchoir dans leur sérail idéal d'un soir! Ces mœurs libérales ne sont certes pas pour me déplaire. J'en rêvai dans ma prime jeunesse! Mais les voir se réaliser là, sous vos yeux, sans pouvoir en jouir, paraît au bout de peu de temps souverainement injuste. Car il n'y en a que pour eux! Jusqu'à minuit ou une heure du matin, l'entrée du rez-de-chaussée est interdite à quiconque, et c'est du balcon, ou de derrière les hublots des loges, que j'ai pu participer à ce spectacle.

Il y avait là des Mores, des rajahs, des janissaires, des grands vizirs, des brahmanes, des marabouts, des nababs, des mandarins, des schahs, des empereurs babyloniens, des rois tartares, tout ce que l'Orient peut fournir de turbans, de burnous, de fez, de cafetans, de croissants, de babouches, de cachemires, de velours brodés d'or, d'écharpes, de soies galonnées de joyaux, de mousselines d'or, de crépons, de nacre, d'ivoire, de plumets et de panaches, et de pierres radieuses! Et, après avoir dansé et échangé des paroles qu'on n'entendait pas, le masque offrait et la danseuse acceptait les présents! Les mains blanches dégrafaient les colliers, retiraient les anneaux d'or ou d'argent, les broches, les bracelets, les chaînes, que le Grand-Seigneur portait sur ses gants ou sur sa tunique, et en ornait à l'instant même ses doigts ou son corsage! Vraiment, vu ainsi de loin, sans entendre le langage et en oubliant le décor, on aurait pu se croire dans un palais de Bénarès, à une fête donnée par un maharadjah à tous les souverains de l'Orient, pour célébrer l'enlèvement des plus jolies Européennes d'Amérique!

Tous les quatre ans — les années bissextiles — une société de femmes du monde, qui s'intitule les « Mystérieuses », a son bal au cours des jours gras. C'est le tour des hommes d'être dans la salle, et ce sont elles qui les appellent, sur la scène, les invitent à danser, et leur font les cadeaux.

C'est alors qu'il faudra revenir ici.

LA NOUVELLE-ORLÉANS

L'ÉLÉMENT FRANÇAIS

Persistance et vitalité de l'élément français en Louisiane. — Œuvres de bienfaisance. — L'hôpital français. — Les écoles françaises. — Compliment d'une jeune fille créole au voyageur. — Le quartier français. — Vieilles maisons et mauvaise voirie. — Le quartier anglais. — Larges avenues. — Villas somptueuses. — La Cannebière. — Un déjeuner à West-End. — La vie mondaine. — Chez Mme Fernand May, née Castellanos. — Un salon parisien, Orléans street. — Jolie définition de la créole.

Plusieurs sociétés françaises ont été fondées à la Nouvelle-Orléans par des immigrés français. Elles y rendent de grands services. L'une s'appelle la Société française de bienfaisance, l'autre l'Union française, l'autre la Société du 14 juillet. Dans les statuts de l'une, il est écrit :

L'Union française a pour objets :
D'être, sur cette terre étrangère, la représentation de la patrie ; de constituer un lien fraternel entre tous les Français et leurs descendants; de former un centre autour duquel tous

puissent se grouper, et auquel tous, dans les circonstances critiques, puissent demander un appui;

D'assister et de secourir les Français nécessiteux;

D'aider tous les Français, particulièrement et par préférence les travailleurs nouvellement arrivés, à trouver du travail; de leur faciliter, à eux et à leurs enfants, les moyens de s'en procurer;

De maintenir une ou plusieurs écoles d'après les ressources de la Société.

J'ai visité l'hôpital et les écoles que ces hommes dévoués ont fondés. Il y a une école de garçons de quatre classes gratuite, une école de filles où l'on apprend, en même temps que le français, la couture et — surtout — la broderie. Quand je suis arrivé dans la classe de l'école des filles, une enfant s'est approchée de moi, et de l'air le plus gentil, le plus simple du monde, elle m'a récité un compliment. J'en ai retenu seulement ceci ou quelque chose d'approchant : « Quand vous serez de retour en France, le *Figaro* pourra dire, par votre plume, que les Français de Louisiane n'oublient pas la mère patrie, et qu'ils l'aiment du plus profond de leur cœur... »

Vous figurez-vous cela, à 10,000 kilomètres de Paris?

L'hôpital, qui est très bien installé, compte 132 lits. On y reçoit les vieillards français en détresse. Je les ai vus. Rien de plus triste, de plus navrant que ces victimes de la vie, dont la jeunesse ardente fut pleine des illusions de l'aventure coloniale, qui crurent à la conquête, à la fortune, aujourd'hui brisés, vaincus, épaves.

Je ne sais rien de touchant comme le zèle désintéressé que ces braves gens mettent à faire vivre et prospérer leurs œuvres. On ne peut s'empêcher d'admirer leur foi en leur patrie et leur amour. Ici, débarrassés des querelles de partis, les sentiments patriotiques prennent une forme plus pure et plus belle. Ni l'intérêt, ni la passion politique n'y trouvent de place. C'est véritablement l'instinct de solidarité humaine canalisé, il est vrai, vers ses semblables les plus proches, mais où se mêle un sentiment obscur de défense devant l'étranger, qu'on sent s'éveiller chaque fois qu'on s'éloigne un peu de sa patrie... (1)

Nos ex-compatriotes continuent d'habiter leur quartier, qui s'appelle encore le « quartier français ». Ah ! par exemple, ils ne sont pas fiers de leur voirie !.. Ils auraient tort, d'ailleurs... Mais, comme ils tiennent à leurs vieilles maisons à deux étages, à contrevents verts, avec leurs cours intérieures et leurs balcons à l'espagnole ! En cela aussi, ils sont bien de chez nous ! Pendant que les Anglo-Saxons vont créer des quartiers neufs avec de larges avenues comme l'avenue Saint-Charles, eux se refusent à les suivre ; ils demeurent dans les rues séculaires où ils naquirent, sans pavage et si sales qu'il est impossible de les traverser autre part qu'aux angles où on a placé quelques pavés qui servent de gué. Dans ces rues on entend parler exclusivement le français. C'est là qu'on trouve les quelques seuls restaurants passables de la ville, qu'on appelle les « restaurants français », tenus par des méridionaux hâbleurs, qui ont l'air de ces

(1) Je voudrais ne pas oublier les noms de ces Français dévoués. J'ai noté ceux de MM. Vergnole, J. Bernard, Fortuné Jaubert, Georges Damiens, Alcée Fortier, Pierre Péret, Auguste Dagoret, Clément Jaubert, Emile Pons.

vieilles salles de restaurants des villes du Midi, où on sert une cuisine très épicée, ainsi que le veut la tradition méridionale, mais qui n'a presque plus de rapport avec la cuisine française. Dès le mois de février, on pose sur les tables de grandes rames, tournant sur une tige, comme d'immenses ailes de papillon, au-dessus de la tête des mangeurs : ce sont les chasse-mouches.

Les cafés, les restaurants, les brasseries ferment très tard. Certains même ne ferment pas, aux abords de la rue du Canal, l'artère centrale qui sépare le quartier américain du quartier français. Des gens se promènent et flânent jusqu'à une heure avancée de la nuit : des marchands d'oranges, d'ananas, de bananes, de pommes, restent là jusqu'à deux ou trois heures du matin, c'est quelque chose comme la vie de notre faubourg Montmartre — sans les femmes, — ou la Cannebière, l'été, si on y parlait un peu anglais.

Mais dans toutes les rues se rencontrent quantité de figures méridionales, yeux noirs et brillants, moustaches noires, la démarche aisée et souple, sans rien de la raideur anglo-saxonne à laquelle on est habitué dans les États du Nord. L'on s'étonne comme d'une anomalie de voir ces gens parler anglais. Aussi, quel plaisir, si vous les abordez, de les entendre tout à coup s'exprimer dans notre langue aussi purement, aussi nettement que s'ils venaient de quitter la France !

Dans certaines églises on prêche en anglais et en français. Mais, d'ailleurs, tous les créoles parlent l'anglais, avec un petit accent dont on s'amuse, qu'on parodie dans les salons, et qui fait rire les créoles eux-mêmes. Car il n'y a pas l'ombre de division entre créoles et Américains. Le monde des salons est presque absolument fondu dans une seule société. Certes, on se laisse davantage attirer par ceux de sa famille, mais les mœurs anglo-saxonnes si larges, si hospitalières et si souples, se sont admirablement prêtées aux usages et aux formes que leur apportaient les éléments français et espagnols.

Et la vie qu'on y mène est charmante, vie facile, active pourtant, mais sans l'hypocrisie rigoriste de la Nouvelle-Angleterre. Les gens savent s'y amuser, s'y distraire, mélanger dans leur existence le travail et le plaisir. Le carnaval que je vous ai décrit en est l'un des signes. Mais, toute l'année, les réceptions, les bals, les dîners, les excursions se succèdent. On va le dimanche déjeuner ou dîner au lac Pontchartrain, à West-End, un restaurant bâti sur l'eau, plein de distractions et de musique, rendez-vous de la société élégante dès mars ou avril. J'ai assisté à l'un de ces déjeuners fort agréables de West-End. Il était offert par un compatriote de passage à une douzaine de ses amis créoles et américains qui l'avaient accueilli là-bas en même temps que moi. Et je me souviens du toast dont sa timidité ne lui permit de dire que la moitié.

Nous avions devant nous la fleur spirituelle de la vieille colonie; à nos pieds et à l'horizon, l'eau du Mississipi, Père des Eaux, que le soleil inondait de rayons.

Au dessert, encouragé par le sourire ami de ses hôtes, il dit avec assez de justesse :

« Je bois à l'ardente et molle Louisiane, à la paresse de son souffle, à sa douceur parfumée, à l'accueil de son soleil et de ses habitants. En venant ici, le Français peut satisfaire son goût pour la joie et la beauté. Il vous en doit et il vous en offre son humble et fervente reconnaissance.

« Le Mississipi est une Loire orgueilleuse qui coule entre des rives monotones et fleuries. Nous avons appris à l'aimer par Chateaubriand qui ne l'a sûrement jamais vu. Mais il sut si bien le chanter dans des périodes cadencées qu'il en laissa dans nos mémoires le plus magnifique souvenir et le plus faux du monde. Je n'ai pas rencontré en Louisiane d'ours ivres de raisins qui chancellent sur les branches des ormeaux, ni d'oiseaux-mouches, ni de colibris, ni de flamants roses, ni de hérons bleus. Hélas ! qu'en avez-vous donc fait ? Mais j'y trouve ce qu'il aurait pu déjà y découvrir, s'il y était venu en 1791, comme il hésite à nous l'assurer, des Français spirituels, des Françaises cultivées et élégantes, fruits plus savoureux, fleurs plus belles d'avoir été transplantées. »

J'aurais l'horreur de flagorner ma patrie, et je me trouverais indigne d'être lu et écouté par des lecteurs intelligents si je montrais dans mes jugements sur une autre nation le moindre parti pris en faveur de la mienne. Il me semble que le maximum d'indulgence qu'on puisse dans ce cas se permettre envers soi-même, c'est d'être le plus juste possible vis-à-vis des autres.

Mais j'ai eu trop souvent l'occasion, au cours de ce voyage, de constater notre infériorité matérielle vis-à-vis des Américains pour ne pas noter avec joie les faits qui rétablissent — par d'autres points — l'équilibre.

Les Anglo-Saxons ont l'air un peu dépaysés sous le climat de la Louisiane du Sud. Et, je vous l'ai dit, la nature et les créoles sont en train de procéder à leur adaptation.

Ce qui fait donc surtout de la Nouvelle-Orléans une ville délicieusement habitable, peut-être unique aux États-Unis, c'est ce qu'il reste de vivace dans l'élément français, ou plutôt dans l'élément créole, car aux Français est venue, il y a cent dix ans, se joindre et s'amalgamer une colonie espagnole très distinguée, qui ne le cède en rien à la nôtre : c'est de la fusion des deux races qu'est fait à présent le monde créole, poli, séduisant et grand seigneur, de la Nouvelle-Orléans.

Je l'ai bien perçu aux réceptions que j'ai suivies rue d'Orléans, chez l'une des créoles les plus charmantes et les plus recherchées de la ville, Mme Fernand May. Elle est Espagnole par son père, le docteur Castellanos, Française par sa mère, et mariée à un jeune et intelligent Canadien français qui, en quelques années, a su édifier une jolie fortune dans le commerce des étoffes. Sa petite maison de la rue d'Orléans est, quand elle le veut, le rendez-vous de la fine fleur de la jeunesse louisianaise. Avec sa beauté élégante et prospère, sa gaieté naturelle et son fin esprit sans méchanceté, son rire accueillant et communicatif, elle attire autour d'elle tout ce que la Nouvelle-Orléans compte de gracieuses jeunes filles et de femmes brillantes. Elle a, d'ailleurs, cinq sœurs aussi jolies, de charmes et de talents différents, sans lesquelles il n'est pas de réunion mondaine. Un après-midi, j'ai compté là cinquante jeunes filles ou jeunes femmes en toilettes claires, élégantes, d'un goût très sûr, qui me créèrent la vision lointaine d'un bal blanc parisien et endormirent comme par enchantement ma nostalgie. On reconnaissait du premier coup d'œil celles où le sang français dominait, étant plus vives, plus rieuses; les Espagnoles d'origine, plus brunes, l'œil plus sombre, le duvet des lèvres plus marqué; les Anglaises, plus tranquilles, plus posées, mais souriantes aussi, d'un teint plus rose, aux yeux plus clairs.

Le délicieux total d'attraits que cette fraîcheur animée, ces gazouillis de printemps, ces sourires et ces rires innocents, ces regards curieux, cet élan contenu, l'élasticité de ces corps vierges si pleins de grâce! Les après-midis, les hommes sont à leurs affaires, même ici, et c'est un événement quand on voit arriver une redingote parmi les tulles et les dentelles! Ce jour-là, j'étais seul d'homme dans ce préau! Je m'amusais aux questions qu'on me posait sur la France, sur Paris, sur Edmond Rostand.

Pour faire une expérience, je me mis à défendre les nègres. Ce fut une clameur d'indignation! L'unanimité se fit aussitôt contre moi. Les jolies bouches cessèrent de croquer les bonbons et les lèvres se retirèrent des coupes glacées :

— Vous ne les connaissez pas... Venez seulement habiter un an ici, vous verrez...

J'essayai de raisonner. Je venais d'arriver en Louisiane. Je crus qu'il se mêlait à cette antipathie une vieille rancune politique contre les États du Nord et l'émancipation. Il ne me paraissait pas possible que tous ces jeunes cœurs fussent fermés à la justice et à la bonté. Je tentai de discuter, avec des arguments sentimentaux. Rien n'y fit.

— Quelle horreur! me criait-on.

Je fus très frappé de la sincérité et de l'ardeur unanime des convictions. Il devait y avoir quelque chose que nous ignorions et qu'il me faudrait étudier de près.

C'est chez Mme Fernand May et de sa bouche même que j'obtins cette exquise définition de la créole :

— Une créole, c'est une gentille petite femme qui aurait bien voulu naître en France et que son père et sa mère ont commandée en Amérique!

MŒURS NÈGRES

Visite à une plantation de canne à sucre. — Chez M. Behan, à White-Castle. — Le Mississipi. — La levée. — Le voyageur tue un serpent. — Le village nègre. — Mort de deux négresses. — Visite à la case mortuaire. — Exposition des morts au temple baptiste. — Veillée funèbre. — Les prières. — Les sermons. — Les cris. — Scène de folie. — L'enterrement. — Scènes déchirantes. — Le cimetière. — Paroxysme.

Avant d'entamer l'étude de la question nègre, je voulais voir d'autres nègres que les cireurs de bottes et les domestiques des pullmanns, qui n'inspirent pas une sympathie exagérée. J'avais remarqué assez souvent, en effet, que les nègres qu'on avait habillés d'un uniforme et coiffés d'une casquette galonnée, étaient bien moins polis que les autres. Ils prenaient vite le sans-gêne des employés blancs et, naturellement, l'exagéraient comme font toutes les natures primitives. Ou bien, au contraire, dans les restaurants, surveillés par des chefs blancs, ils étalaient leur servilité; leur sourire figé, qui au début a quelque chose de séduisant pour notre despotisme, finit à la longue par irriter, car ils en font la réponse à tout ce qu'on leur dit, même aux reproches et aux injures.

Je voulais donc voir les vrais nègres des plantations que la fréquentation des villes n'a pas encore gâtés. Peut-être trouverais-je là quelque oncle Tom philosophe ou quelque Booker Washington adolescent. Et puis, je verrais une plantation de sucre, c'est-à-dire la réalité des imaginations de ma prime jeunesse; je trouve que c'est là une des plus grandes jouissances du voyage, plus vives même que celles qu'on éprouve à découvrir des choses nouvelles.

Des amis me présentèrent à M. Behan, ancien maire de la Nouvelle-Orléans, dont l'exploitation se trouve à quatre heures du chemin de fer de la ville, à White-Castle, sur les bords mêmes du Mississipi. Cet homme aimable et sa charmante famille voulurent bien me recevoir à leur villa, et j'y demeurai trois jours pour m'initier à la vie de planteur. Hospitalité délicieuse dont je dois les remercier ici bien sincèrement.

La plantation s'appelle *Alhambra*. Bâtie au milieu de pelouses plantées d'arbres et d'arbustes, la villa du maître se dresse presque sur le bord d'une route étroite et défoncée, impraticable en temps de pluie. Au-dessus de la route, grimpe un talus haut de plusieurs mètres qui s'appelle la *levée* : c'est un travail de défense qu'on a établi tout le long du Mississipi, pour empêcher les inondations, et qui a coûté des centaines de millions à l'État.

La maison est une élégante habitation de bois peint en rouge, avec de petits contrevents vert pâle. Des plantes grimpantes courent du haut en bas de la façade, des découpages de bois blanc de style hispano-mauresque ornent les galeries à colonnes qui entourent le bâtiment à tous les étages.

Derrière l'habitation, aussi loin que le regard peut aller, des champs plats, gris, monotones, coupés de bouquets d'arbres et de huttes blanches. Ce n'est pas le moment de la *roulaison*, les champs sont mornes et déserts. A peine quelques vaches et moutons qui paissent dans les prairies. La fabrique est silencieuse, les machines dorment. Comme on ne travaille pas, les nègres se promènent sur la levée. En voici, qui flânent, une guitare sous le bras; en voici d'autres qui pêchent le long du fleuve. Tous les cent mètres à peu près, il y en a un : ils plongent sans cesse dans l'eau jaune leur longue épuisette et la retirent lentement.

Le Mississipi est très large en cet endroit. Les arbres qui bordent l'autre rive ont l'air de petits arbres de boîte à jouets.

Dans l'immense solitude de l'eau, des troncs d'arbres gros comme des canots passent, rapides, portés par le courant. De loin, on dirait des pirogues à la dérive. Le Mississipi a franchi une première levée. Des saules sont entièrement noyés à trente mètres du bord; on ne voit plus que le sommet de leurs branches minces. Sur le bord du fleuve nous rencontrons un long serpent jaune et noir, qui essayait de remonter le talus, en redressant sa tête fine, d'où sortait un petit dard aigu. Nous le tuons à coups de bâton sur la tête, non sans quelque émotion. Un chien vient le flairer et veut le prendre entre ses dents; mais il frétille encore, et le chien, effrayé, tourne autour de lui et n'ose plus l'approcher.

On vient nous dire que deux négresses de la plantation sont mortes le matin et qu'on doit les enterrer le lendemain. Je sais que les coutumes funèbres des nègres sont particulièrement curieuses, et voilà que je ne pense plus qu'à assister à la douleur de ces pauvres gens.

Le village est ramassé en deux ou trois rues ou doubles rangées de baraques de bois peint à la chaux et qui se touchent. Nous nous arrêtons chez une ancienne esclave. Elle s'appelle Harriett. C'est une femme de soixante ans, à la bouche édentée, aux yeux restés brillants. Une pipe sort de la poche de son tablier, car elle fume la pipe. Elle parle un peu français, avec un amusant mélange de mots anglais : cela s'appelle le *gambo*. J'essaie de la faire causer, et je n'en tire pas grand'chose. Elle est née dans la Caroline du Sud, a eu seize enfants. Son premier maître était noir. Elle fut plusieurs fois vendue, mais quel prix, elle n'en sait rien. Elle a l'air de trouver cela naturel, d'ailleurs. On la nourrissait de maïs et de porc. Son travail était le même que celui des hommes.

Le cochon qu'elle avait est mort, et elle en paraît navrée. Je lui donne de quoi en acheter un autre — ce n'est pas grand'chose, — et la voilà qui éclate d'un grand rire bruyant et sauvage et qu'elle me secoue les mains pour me remercier.

On nous conduit ensuite à la maison de la morte. C'est une case de planches mal jointes, bâtie sur des madriers à cinquante centimètres du sol. De vieux journaux jaunis découpés en dessins bizarres, des prospectus, sont épinglés de place en place sur les murs, en guise d'ornement. Au milieu, étendue sur une planche, tout enveloppée de calicot blanc et recouverte de branches de sapin vert, la morte. On relève son voile pour nous la montrer, et je vois une maigre figure de momie, toute noire, desséchée, comme on en conserve dans les musées. La malheureuse a dû beaucoup souffrir, ses traits sont douloureux à pleurer.

La plupart des nègres de ces contrées sont dans la main des baptistes, c'est-à-dire des prêtres d'un christianisme dissident d'une forme grossière, aux rites barbares.

L'usage veut que les cercueils des morts soient exposés dans la chapelle — on ne peut pourtant appeler ainsi un hangar sans aucun signe ni symbole religieux, — et que tous les membres de la confrérie viennent faire la veillée autour des morts.

Ce soir-là donc, vers neuf heures, conduit par miss Behan, la très charmante fille du planteur, je me rendis à la veillée des morts. La salle était pleine jusqu'au portail. Les nègres s'écartèrent à notre approche, et malgré nous on nous conduisit jusqu'au « chœur », derrière le pasteur nègre qui parlait. On nous apporta des chaises et nous nous assîmes. Le pasteur, un peu à notre droite, nous tournait le dos. Devant nous, tout près, les deux cercueils côte à côte, en bois rougeâtre et verni, ornés de poignées et d'ornements de métal blanc. La salle assez vaste était éclairée par quatre petites lampes à pétrole. Tous les bancs étaient garnis de nègres et de négresses. Nous étions les seuls blancs de l'assistance.

Voilà le cadre et les personnages.

Mais comment vous rendre ce que je vis et entendis là durant deux heures ?

Pendant que le pasteur parlait (en anglais), la salle

entière criait, geignait, se lamentait sur un ton douloureux. Des femmes, la bouche fermée, se plaignaient sourdement comme d'une insupportable douleur. D'autres pleuraient, sanglotaient, avec des exclamations désespérées. D'autres entamaient des mélopées lugubres qu'elles improvisaient, où se mêlaient les noms des deux défuntes et des invocations à Dieu. Quand l'inspiration cessait, elles se contentaient de crier : « O Lord ! ô Lord ! » (O Dieu ! ô Dieu !) sur des tons plaintifs et suppliants.

Le pasteur parlait toujours. Il racontait les légendes de la Bible, les commentait à sa façon, très vite, sans suite et dans une incohérence folle, simplement comme un thème à ses cris et à ses objurgations. Sa voix montait sans cesse, s'échauffait, son débit se précipitait jusqu'au bredouillement, sa voix s'éraillait jusqu'à la fureur, ses yeux s'ouvraient comme des yeux d'hystérique, son front suait à grosses gouttes, il bavait une salive qu'il n'essuyait même pas.

Que dit-il? que dit-il? Je ne le comprends pas et miss Behan m'avoue qu'elle n'y comprend rien elle-même, que cela n'a aucune espèce de sens. Il avait l'air de projeter de tout son être, sur cette foule d'innocents et de simples, le fluide de son corps pour les affoler et les exaspérer. L'assemblée, en effet, peu à peu s'excite à son tour; ces cris, ce torrent débordant d'appels et de vociférations la galvanisent, et les sanglots, les gémissements montent dans un chromatisme irrésistible. Les femmes surtout, les unes en turban, les autres en chapeau à plumes, ou en cabriolet rose, se mettent à hurler leur désespoir, à glapir comme si mille aiguilles piquaient leur chair;

et le pasteur nègre, dans sa longue redingote noire, un mouchoir autour du cou, sa tête coiffée d'une calotte noire et encadrée de favoris grisonnants et frisés et qui ruisselle, la bouche bavante, domine de sa propre exaltation cette ivresse tragique. Des interjections navrées, des apostrophes partent de tous les coins; les hommes et les femmes, dans des postures désolées, abandonnées, se balancent sur les bancs avec des plaintes à fendre l'âme : « O Lord ! Aidenous ! Aie pitié de nous ! (*Help us! Have mercy!*) Des mouchoirs sortent de toutes les poches, on pleure de vraies larmes...

Tout à coup une voix splendide de femme s'élève non loin de nous, une voix de cuivre pur, une voix de contralto, pénétrante et claire, qui domine toutes les autres. C'est une jeune négresse d'une grande beauté qui prie pour les défuntes.

Elle dit, sur un ton de mélopée, ses adieux aux mortes et ses prières au ciel. L'angoisse générale semble augmenter encore. Les pieds commencent à frapper le plancher de bois, très vite : c'est, paraît-il le signe de l'exaspération dernière.

Le pasteur s'en aperçoit. Et le voilà qui repart de plus belle.

Il vocifère :

— Priez plus fort, plus fort, encore ! encore plus fort !

Mais la note de cuivre de tout à l'heure plane sur le concert de sanglots, elle tremble et frissonne avec des notes bémolisées, infiniment tristes.

Il est onze heures du soir, voilà deux heures que nous sommes là, allons-nous-en, cette folie pourrait nous gagner.

Vous représentez-vous cette foule ténébreuse dont seuls les yeux de nacre étaient visibles sous la pauvre clarté des lampes à pétrole, ces gens se lamentant comme des blessés, ces femmes égarées par leur propre suggestion, hurlant à la mort horrible, avec l'inconscience et l'instinct des bêtes?

Le lendemain matin, je voulus assister à l'enterrement. Nous reprîmes nos places de la veille, devant les cercueils. Le temple était plein comme hier. Tous ces gens avaient passé la nuit là à pleurer et à gémir. Seul, le pasteur était allé se reposer. Il avait repris des forces. Car il se mit à narrer l'histoire de Job sur un ton d'absurde lyrisme, de frénésie maniaque qui n'avait aucun rapport avec le sujet. Il émailla d'ailleurs la légende de tant d'incohérence qu'elle devenait méconnaissable. Puis il raconta qu'il était allé voir les mortes pendant leur agonie, qu'il leur avait parlé, qu'elles avaient pardonné à tout le monde, et aussi supplié qu'on leur pardonnât, qu'elles sont parties vers Dieu, qu'on ne les reverra plus qu'au ciel, que c'est bien fini, fini pour toujours sur cette terre, et qu'il faut pleurer, prier Dieu, le supplier, et il insistait tellement, tellement, avec une rage si furibonde, qu'au bout d'une demi-heure, voilà les femmes, de nouveau transportées de douleur, qui déchirent l'air de cris, qui pleurent à torrents, et qu'au premier rang, la famille des défuntes s'émeut, sanglote plus fort, commence à frapper du pied... Alors, les deux filles des mortes se lèvent, suffoquées de sanglots, vont vers les cercueils, et se mettent à cogner du poing le couvercle de bois, en criant: « Mère! mère! Pauvre mère! O Dieu! Dieu! Jésus! Jésus! ne la laisse pas seule ! » La salle entière trépigne, les femmes tapent du talon, se frappent la poitrine et les cuisses à coups de poing, en criant.

Les pauvres orphelines sont coiffées de canotiers de paille noire qui tiennent mal sur leurs courts cheveux crépus. On les emmène, soulevées par les pieds et par la tête; elles se débattent comme des possédées, en criant, en pleurant, leurs chapeaux tombent dans la mêlée. C'est une scène épouvantable de douleur et de démence. La détresse de ces malheureuses âmes vous poigne et vous déchire.

Nous allons jusqu'au seuil de l'église pour assister à la sortie. Le pasteur nous voit. Il veut nous remercier de nos offrandes, et il dit à l'assistance de se retourner vers nous et de nous saluer. Tous obéissent, se tournent vers nous automatiquement sur un signal, et s'inclinent profondément en disant merci.

Le pasteur appelle deux hommes et deux femmes pour sortir les cercueils. Le cortège sort au milieu des clameurs éperdues des femmes. Heureusement le cimetière est attenant au temple. Les trous sont prêts. Ils sont pleins d'eau, car la terre est inondée par le fleuve tout proche. On y jette les cercueils et huit hommes s'empressent de les recouvrir de terre. Les hurlements et les trépignements des femmes reprennent de plus belle.

Les orphelines veulent se jeter dans les trous. Des hommes s'interposent; elles les bousculent furieusement, deux d'entre eux sont renversés; elles vont se précipiter, mais on les rattrape et on les maintient jusqu'à ce que les trous soient bouchés. Elles continuent à appeler leurs mères · « Mamma ! mamma ! Je n'ai plus de mère. Au revoir! J'espère te revoir encore. Dieu! Jésus! Aie pitié! Aie pitié! » Et les hommes qui, dans l'église, étaient demeurés passifs et presque silencieux, se mettent à pleurer à leur tour.

Et, dans ce petit cimetière ensoleillé, c'est, autour des tombes fraîches, un grouillement de préau de fous. Les négresses en corsages multicolores, en madras ou en chapeaux, s'agitent, font des gestes de désespoir, se jettent dans les bras l'une de l'autre, sanglotent et crient. C'est le paroxysme de l'exaspération forcenée et de l'hystérie.

Le temps est doux et tiède, le soleil, un peu rêveur derrière quelques nuages qui tamisent ses rayons, fait flotter sur la campagne une atmosphère de paresse.

POSITION DE LA QUESTION NÈGRE

Retour en arrière. — Les nègres conquièrent la liberté, puis le droit de suffrage. — Ils dominent. — Chassés par les blancs des bureaux de vote. — Les blancs reprennent le pouvoir. — Moyens d'empêcher les noirs de voter. — Roosevelt et Booker T. Washington. — Nègres fonctionnaires. — Protestations. — Le nègre est-il perfectible ? — Ses instincts. — Les mulâtres. — Mauvais produits. — Exceptions. — Il y a trois mille ans. — Les quakers sont-ils responsables de l'invasion nègre ? — Pourquoi ne pas éduquer le nègre ? — Haïti.

Voici comment m'a parlé, en Louisiane, l'homme le mieux placé pour connaître et m'expliquer le problème nègre :

— Pour bien comprendre de quelle façon se pose aujourd'hui la question nègre aux Etats-Unis, il faut se souvenir :

« 1° Que les nègres furent émancipés en 1865, à la suite de la guerre civile entre les États du Nord et les États du Sud, qui prit fin par la victoire des Nordistes;

« 2° Que les Nordistes imposèrent aux Sudistes non seulement la libération totale des nègres, mais aussi leur égalité civile complète et absolue avec les citoyens blancs;

« 3° Que de 1865 à 1875, dans plusieurs États du Sud, les nègres étant en majorité et jouissant du droit de suffrage sans restriction, s'emparèrent du pouvoir des États et des villes, et se livrèrent à toutes les exactions. Ils se laissaient corrompre d'une façon éhontée et naïve, chassaient tous les blancs des emplois, les taxaient double et exonéraient les noirs d'impôts, agissaient en un mot comme des sauvages qu'ils étaient, à qui on livre une civilisation organisée. C'était une invasion pacifique et légale de barbares, consacrée par l'idéalisme puritain;

« 4° Qu'à partir de 1875, les habitants des provinces du Sud se refusant à assister à la ruine de la civilisation qu'ils avaient eux-mêmes créée, se reconquirent. La loi leur ôtait les moyens légaux de chasser les nègres du pouvoir, ils la tournèrent. Quelquefois, il fallut user de violence. Les salles de scrutin furent prises d'assaut. Les boîtes à scrutin forcées, armes à la main... Mais quoi? Ils se retranchèrent derrière la parole de Cicéron, quand on lui demanda de jurer qu'il n'avait pas désobéi aux lois, et qui répondit : « Je jure que j'ai sauvé ma patrie! »

« Quand ils eurent ainsi recréé une majorité blanche dans les pouvoirs des États et des villes, ils « corrigèrent » les lois.

« La Constitution déclare qu'il n'y a pas de différence entre les citoyens des États-Unis et que tous ont le droit de suffrage. Mais les Parlements des États du Sud décrètent que noirs ou blancs n'auront le droit de suffrage que s'ils savent lire et écrire, s'ils sont aptes à répondre à certaines questions sur la Constitution, s'ils possèdent une propriété d'au moins 300 dollars, ou si leur père ou leur grand-père avaient eu le droit de vote.

« Comme peu de nègres savent lire ou écrire, comme encore moins ils sont propriétaires, et comme il en est très peu parmi eux dont les ancêtres votaient, la majorité fut assurée aux blancs, et nous sommes rentrés dans l'ordre.

— Alors d'où vient l'agitation actuelle des États du Sud ?

— De ceci : que le pouvoir central veut nous imposer aujourd'hui des fonctionnaires nègres. M. Roosevelt vient de nommer un nègre procureur de la République pour les affaires civiles dans un district du Delaware. Puis, poussant plus loin le défi, il a appelé au poste de percepteur des douanes à Charlestown, dans la Caroline du Sud, un docteur Crum, nègre également. Or, le poste de percepteur des douanes est le plus important de la ville, le monsieur qu'on nomme devient un personnage très puissant. Et les habitants blancs de la Caroline du Sud ne peuvent pas supporter l'idée d'y voir un nègre avec lequel ils seront obligés de frayer, et qui sera, en quelque sorte, leur supérieur.

— Pourquoi ? Si cet homme a des capacités et de la valeur ?

— Parce qu'il ne manque pas d'hommes de valeur parmi les blancs ! Si celui-ci était un homme extraordinaire, ayant fait preuve de qualités transcendantales, on le comprendrait encore... Mais ce n'est pas, et ce ne sera pas, de longtemps, le cas des nègres.

Pour un homme de valeur moyenne parmi les nègres, il y en a mille qui sont de purs sauvages.

— Tout de même, n'admettez-vous pas que, puisqu'il y a en Amérique dix millions de nègres qui travaillent, qui remplissent tous leurs devoirs civiques, il serait juste de leur faire une part proportionnelle dans les fonctions de l'État ?

— Non, car admettre ce principe nous ramènerait tout droit à l'état lamentable d'où nous avons eu tant de peine à sortir. Et il ne faut pas que les blancs soient gouvernés par les nègres. C'est inadmissible. Les nègres sont un peuple inférieur. Ils sont incapables de se gouverner eux-mêmes dans la vie. Ils sont imprévoyants, paresseux, menteurs, fétichistes encore. Ils n'ont aucune moralité. Ces défauts sont-ils suffisants pour en faire les gouvernants des races anglo-saxonne, française, espagnole, qui vivent dans le Sud ? L'Amérique a été conquise, civilisée par la race blanche, pour les blancs. Nous avons des siècles de civilisation, nous nous comprenons entre nous et, au contraire, des différences énormes nous séparent des noirs. Nous ne voulons donc pas, pour faire le jeu des politiciens, exposer nos petits-enfants, à être dominés, gouvernés par des nègres, pas plus, d'ailleurs, que par des Chinois, des Indiens ou des Japonais. Nos cerveaux ne sont pas faits de même. Ils ne nous comprennent pas plus que nous ne les comprenons.

« Et puis, pourquoi M. Roosevelt ne nomme-t-il pas ses nègres à New-York ou à Washington ? Mais il sait qu'il y aurait une émeute bien plus forte à New-York s'il s'avisait de jouer à ce jeu !... D'ailleurs, les nègres ne demandent rien du tout. Il fait cela pour avoir les voix nègres dans le Sud, à la prochaine élection présidentielle. Cela saute aux yeux.

— Pourquoi ne pas admettre plutôt que M. Roosevelt, poussé par des sentiments humanitaires, essaye de réagir contre le préjugé antinègre, qu'il veut encourager les noirs à s'élever en suscitant en eux l'ambition de se rapprocher des blancs? Puisqu'on a décidé d'affranchir les nègres, n'est-il pas logique de leur permettre de se développer? L'œuvre d'émancipation ne serait qu'une piètre hypocrisie si on les maintenait éternellement dans un état d'infériorité et de sujétion.

— D'abord, si le nègre est perfectible, nous le verrons dans quelques centaines d'années.

« Provisoirement, c'est une brute, pas méchante, c'est vrai, douce même, mais pourrie de vices. Quand il a travaillé une semaine, il se repose la semaine suivante ; il ment pour le plaisir de mentir ; il ignore les lois de la dignité humaine. Il ne se marie pas ou guère ; il change de femme comme un animal. Et naturellement la femme change d'homme avec la même facilité. Il n'y a, chez le nègre, que des enfants illégitimes, à peu d'exceptions près. Enfin, tout cela ne serait encore rien, si sa bestialité se cantonnait dans son milieu. Mais la salacité du nègre est sans limite. A certaines époques, il devient la proie sans défense de ses instincts. Et alors, la vue d'une femme blanche le rend complètement fou. Il sait qu'il sera lynché, pendu, brûlé, une heure après. Cela lui est égal. Rien ne l'arrête. C'est le gorille déchaîné. Aussi, dans certaines contrées retirées du Sud, il est impossible aux blancs de laisser sortir seules leurs femmes ou leurs filles. Même, il faut prendre des précautions chez soi, dans sa maison, et être toujours armé.

— Mais, enfin, tous les nègres ne sont pas ainsi. Il y en a de moraux, d'honnêtes, de travailleurs ? Booker T. Washington, entre autres.

— C'est excessivement rare. Oui, on cite toujours Booker Washington. C'est un homme, en effet, admirable, sur qui il n'y a rien à dire que des éloges. Il est intelligent, et ses compatriotes devraient l'écouter. C'est ce qu'ils ont de mieux à faire. Mais, d'abord, Booker Washington n'est pas un nègre pur. C'est un mulâtre. Son père était blanc.

— Alors, favorisez les croisements, au lieu de les interdire par des lois ! Car, si je ne me trompe, chez vous les mariages entre noirs et blancs ne sont pas permis ?

— Ils sont défendus, en effet, parce que, en général, les mulâtres sont pires que les noirs, car, s'ils sont nés d'une femme noire et d'un blanc, leur père n'est ordinairement pas grand'chose de rare. Ils prennent alors, avec les défauts et les vices de la race noire, les tares de la race blanche, et le produit est effrayant... Si, au contraire, ils proviennent d'un père noir et d'une blanche, qu'est-ce que peut bien être une femme blanche assez vile pour s'unir à un nègre ? Autrefois, sous l'esclavage, il pouvait se produire, par hasard, des mélanges plus heureux. Un planteur choisissait une concubine parmi ses esclaves, la plus jolie, la moins vulgaire, et il a pu, en effet, sortir de ces unions des produits d'une certaine beauté. Tel doit être le cas de Booker Washington.

— Mais n'y a-t-il pas des chèvre-pieds dans tous les pays ?

— Certes, et je suis même prêt à admettre que les

Gaulois, les Ibères et les Teutons d'il y a trois mille ans pratiquaient publiquement ces mœurs que nous reprochons aux nègres d'aujourd'hui... Mais aussi on n'est pas allé alors les chercher dans leurs forêts pour leur offrir le suffrage universel et la domination à Rome ! On les appelait des barbares et l'on a mis plusieurs siècles à les civiliser. Quelques-uns de leurs descendants se sont même refusés jusqu'à présent à perdre leurs habitudes ataviques, ce qui fait qu'on les appelle des satyres et des vampires et qu'on les emprisonne. Mais vous savez bien que tant que les contrées européennes furent composées d'une majorité de ces impulsifs, nous ne pensions pas à nous appeler des nations civilisées.

« Or, que se passe-t-il pour les nègres ? On est allé les chercher en Afrique, dans leurs tribus sauvages; ils étaient tellement abrutis qu'ils se sont laissé amener ici comme des bêtes, sans même songer qu'ils pouvaient résister; leur notion de dignité était telle qu'ils ignoraient jusqu'au prix qu'on les vendait ! Il y a quarante ans, on leur dit : « A présent, vous êtes libres ! » Et c'est à cette humanité-là, esclaves et fils d'esclaves, qu'on dit, en même temps : « Vous êtes les égaux de vos maîtres d'hier ! Si vous êtes les plus nombreux, vous pouvez les gouverner à votre tour ».

« Quelle est cette folie ? Où peut conduire la fausse compréhension des plus beaux principes de la solidarité humaine ! Et c'est pourtant là qu'on arrive avec les théories et la logique des puritains du Nord ! Ils devraient cependant être plus réfléchis... Car, au profit de qui alla-t-on en Afrique charger les navires négriers ? Au profit des quakers ! Qui nous vendit les nègres et les négresses comme des bêtes de somme; quels sont ceux qui s'enrichirent si magnifiquement à cette traite? Des quakers! Des colons de la Nouvelle-Angleterre! Et quand ils se furent ainsi enrichis, ils demandèrent, ils exigèrent, des colons du Sud, la libération des esclaves qu'ils leur avaient vendus, autant dire qu'ils décrétèrent leur ruine.

— Toujours est-il, objectai-je encore que vous avez, à l'heure présente, dix millions de nègres aux États-Unis... Ces dix millions d'hommes représentent une richesse réelle pour le pays, ils travaillent, ils consomment, ils échangent. Parmi eux il en est d'intelligents, d'où qu'ils viennent. Pourquoi ne pas favoriser leur culture pour en faire des hommes utiles, plus utiles encore?

— Ceci est autre chose. Et vous tombez là dans la seule solution possible. Mais vouloir leur laisser prendre, dès à présent, le pouvoir politique, les installer dans les fonctions officielles, c'est aller contre toute sagesse et toute raison. Car les nègres n'ont ni l'esprit de gouvernement, ni aucune des vertus qui font l'homme civilisé de notre temps.

« L'Afrique est un des continents les plus vieux du monde, les géologues nous l'assurent. Pourquoi ne trouve-t-on chez eux aucune trace de civilisation, ni d'esprit, ni d'organisation politique? Et qu'ont-ils fait à Libéria? qu'ont-ils fait de Haïti, l'île admirable que les Français leur ont laissée dans des conditions de prospérité et de fertilité sans égales? Vous y aviez construit des docks et des routes plus beaux que n'importe lesquels au monde! Vous leur aviez enseigné une religion humaine et noble... Où en sont-ils, à présent qu'ils y sont maîtres absolus? Un sénateur du Mississipi l'a dit dernièrement au Congrès, à Washington : ils ont mis Haïti plus bas que le Soudan ; ils en sont revenus au fétichisme, au culte du serpent ; ils sont en train de rétrograder jusqu'à leur ancien cannibalisme, à tous les vices, même les plus innomables... Ils ont tué les mulâtres, ne les trouvant pas assez noirs... Ils s'entre-tuent à tour de rôle... Ce sont des êtres mineurs, des enfants sauvages, qu'il faut surveiller et guider pour des siècles encore.

« Qu'ils deviennent d'abord des hommes moralement libres, qu'ils prouvent qu'ils méritent leur liberté, et alors on pourra voir, mais seulement alors... »

A TUSKEGEE

L'ÉCOLE NORMALE DES NÈGRES

Le sénateur Depew et Booker T. Washington. — Opinion unanime. — Encore M. Roosevelt. — Colère des États du Sud. — Arguments. — Les défauts du nègre. — Mariages impossibles. — Déchéance. — Les nègres sont des cigales. — Côté sympathique de leur nature. — Désintéressement. — L'Américain lui en fait un grief. — Le talent c'est de l'argent. — Tuskegee. — Wagons sordides pour les nègres seulement. — L'Institut. — But de Booker T. Washington. — Opposition des nègres. — Leur rêve. — Tous savants! — Visite de l'Institut. — Les ateliers. — Les écoles. — L'infirmerie. — La maison de Booker Washington. — Sa femme. — Les dortoirs. — Les réfectoires. — Les règlements de propreté. — La brosse à dents obligatoire. — Le travail manuel pour tous. — Les idées de Booker Washington sur Paris, la France et l'Europe. — Ignorance de l'histoire. — L'orgueil américain. — L'auteur discute. — Une soirée dans l'Alabama.

A Washington, après déjeuner, l'aimable sénateur Depew envoya chercher dans une librairie le livre de Booker Washington, le nègre célèbre, *Up from Slavery* (En remontant de l'Esclavage), et me dit : « Lisez cela, si vous voulez comprendre la question nègre, et allez ensuite, à Tuskegee, voir l'auteur et son Institut, qui est l'œuvre de sa vie. »

Dès que je fus dans le Sud, et que j'eus causé avec les gens les plus divers de la Louisiane, tous d'accord, comme je vous l'ai dit, sur le problème noir, j'éprouvai le besoin d'entendre une opinion différente, et je pensai à Booker T. Washington. J'avais lu son admirable livre d'un bout à l'autre. Je connaissais la vie de cet ancien esclave, né d'une esclave, élevé dans l'esclavage, et, sitôt libéré de sa servitude, apprenant à lire, au prix de quels efforts ! s'acharnant ensuite à l'étude, au travail, dans un labeur forcené, et tout cela dans quel but ? Dans le but — qui lui a conquis le respect et l'admiration de l'Amérique tout entière — de libérer moralement et économiquement le peuple noir, de l'élever à l'égalité avec les blancs.

A la Nouvelle-Orléans, où j'avais parlé de lui, les gens se trouvèrent unanimes pour louer l'œuvre de Booker Washington et pour admirer l'homme :

— Ce qu'il fait est très bien. Il veut commencer par apprendre au nègre à travailler de ses mains, à se laver, à étudier ensuite. Il a raison et nous sommes tout à fait avec lui. Mais, tout de même, M. Roosevelt a eu tort de le recevoir à sa table...

— Pourquoi donc ?

— Parce que c'est un défi porté à tous les États du Sud. M. Roosevelt sait très bien qu'on ne peut et qu'on ne doit pas recevoir de nègres à sa table, ni chez soi.

— Mais pourquoi ?

— Parce qu'ils sont sales, mal élevés, qu'ils sentent mauvais, que leur peau est désagréable au toucher, qu'en un mot on ne peut pas les considérer comme étant d'une race égale à la race blanche...

— Pourtant, si vous rencontrez un nègre propre, qui prend deux bains par jour, qui se soigne, qui a de bonnes manières et qui est intelligent, — comme Booker Washington, par exemple...

— Ce n'est pas une raison suffisante. Si vous l'admettez chez vous, près de votre femme, de vos filles, vous l'autorisez à agir comme un égal, à faire, s'il lui plaît, la cour à votre fille, à la demander en mariage... Et voyez-vous un blanc donner sa fille à un nègre... Pouah !

— Pourquoi pouah ? S'il l'aime et si votre fille l'aime ? Desdemona aima Otello jusqu'à la mort... C'était un More, mais il était crépu, il avait peut-être du sang nègre... Alexandre Dumas fut aimé de quelques femmes blanches.

— Il ne l'eût pas été ici, vous pouvez en être sûr. Toutes les femmes de la Nouvelle-Orléans à qui je posai cette question me confirmèrent cet état psycho-physiologique.

— C'est donc un préjugé qui vous est spécial.

— Il vient de ce que nous connaissons la race mieux qu'ailleurs, son état d'abaissement, sa bestialité, ses tares de toutes sortes. Un instinct plus sûr que tous les raisonnements fait fuir aux femmes de chez nous le contact du nègre comme une menace de déchéance et une bâtardise.

Avec cela, on ne le déteste pas le moins du monde. Les plus enragés parmi les théoriciens de l'inégalité des races m'avouaient leur sympathie pour les nègres, pour leur bonté, leur douceur, la puérilité de leur nature, leurs aptitudes pour les arts, la musique surtout.

— Oui, ce sont des enfants qu'il faut tenir en tutelle pendant longtemps encore. Ils sont paresseux et imprévoyants. Ils n'économisent jamais, dépensent tout ce qu'ils gagnent, et même le donnent. Ils n'ont rien à eux.

— Voyez, dis-je, ce que c'est que les conventions ! En Europe, on admire ce genre de générosité. Quand on parle des artistes, on dit avec bienveillance que ce sont des cigales, on vante leur désintéressement, leur prodigalité, leur détachement de l'argent, leur insouciance ! Un artiste riche, c'est presque une anomalie. En Amérique, au contraire, on n'a de considération qu'en raison de sa fortune, et un artiste ne commence à avoir du talent que quand il fait payer très cher ses tableaux.

Voilà le tour que prenaient généralement nos conversations dans le Sud.

Aussi, quand je dis à mes amis de là-bas que j'allais à Tuskegee, que Booker Washington m'invitait à descendre chez lui, et que, très flatté, j'avais accepté, je vis chez eux un grand étonnement.

— Vous allez descendre chez un nègre ?
— Ce nègre est Booker Washington !
— C'est un nègre.

Je partis. Il faut quatorze heures d'express pour aller de la Nouvelle-Orléans à Tuskegee.

J'arrivai le lendemain matin à Chehaw où l'on change de train. Quelques kilomètres à peine séparent cette gare de Tuskegee. Il y avait deux salles d'attente, une pour les blancs, une pour les noirs. Le petit train qui m'emmena était composé de deux wagons seulement, un pour les blancs, un pour les noirs. Celui des noirs était ignoble. Les banquettes à moitié démolies, le velours sali, déchiré, en loques, n'avait plus de couleur; le crin arraché sortait des sièges et des dossiers; dans un angle, un vieux poêle, défoncé, avec un tuyau de tôle. Je n'ai jamais rien vu de plus sordide.

A la gare de Tuskegee, un professeur de l'Institut m'attendait qui m'emmena dans une petite voiture aux roues légères, à travers les ornières qui servent de route dans presque tout le pays. Sans perdre un instant, après avoir déposé ma valise chez mon hôte, il me dit qu'il avait l'ordre de me montrer immédiatement les bâtiments de l'Institut, en attendant le retour du directeur. Nous sommes tout de même en Amérique, et les minutes sont précieuses.

Nous étions au milieu d'une vaste plaine entourée de collines vertes et riantes. De petites maisons de bois vertes et grises protégées par un auvent, entourées de galeries de bois et bâties à deux pieds au-dessus du sol sur des poutres s'espaçaient sur le flanc des monts.

L'Institut se compose de *soixante* bâtiments séparés.

Pour comprendre l'importance de ce chiffre, il faut savoir que Booker Washington, le pauvre esclave qui fonda l'Institut il y a vingt et un ans, commença sans un sou. La cervelle pleine de son projet, il se mit en campagne, alla prêcher dans toute l'Amérique, expliqua son but : faire sortir la race noire de son état d'ignorance et d'erreur, l'élever jusqu'à l'éducation et la culture, augmenter la valeur des 10 millions de nègres des États-Unis, en faire des citoyens américains dignes des citoyens blancs, et cela par le travail manuel combiné avec l'éducation morale et la science. Cela n'alla pas tout seul au début. Quand il commença sa croisade, il se heurta à ceux de sa race qui le considéraient comme un ennemi.

Dès leur libération, en effet, les nègres ambitieux, les plus développés, se refusaient à admettre qu'ils dussent continuer à cultiver la terre et à travailler de leurs mains. Leur rêve enfantin fut d'acheter de gros livres et de se faire étudiants en médecine ou en droit. Puisqu'ils étaient libérés, c'était pour ne plus travailler !

Il fallut longtemps pour réagir contre cette tendance si dangereuse.

C'est en 1881 qu'il avait commencé, c'est-à-dire il y a vingt-deux ans.

Il était arrivé dans ce pays désolé et solitaire, avait acheté quelques maigres terrains avec le produit d'une première souscription, et avait bâti son premier atelier.

Aujourd'hui, me voici au milieu d'une ville prospère et d'un institut modèle qui compte 1,400 élèves !

On reproche aux nègres d'être paresseux et de n'être pas aptes aux travaux manuels? Booker Washington est fier de vous dire que les soixante bâtiments qui s'étalent devant vous ont tous été construits par des nègres, sur des plans établis par des nègres !

L'Institut est divisé en trois grandes sections : la section académique (enseignement primaire, dessin, musique), la section de l'agriculture et la section des arts mécaniques. Les bâtiments sont disséminés à travers la plaine, un peu au hasard, il m'a semblé; ceux des garçons séparés, naturellement, de ceux des filles.

Voici la briqueterie. On y fabrique 3 millions de briques par an. Cinquante nègres y sont employés.

Puis nous passons à l'atelier de ferblanterie, à l'étamage, à la fabrication des harnais, à la cordonnerie, à la fonderie, à la menuiserie, à la charpenterie, à l'ébénisterie, à la serrurerie, à la literie, à l'imprimerie, à la gravure, au cours d'architecture et de dessin, chez le tailleur, à la peinture en bâtiment, à l'atelier d'électricité, au cannage, au cours de cuisine, à la blanchisserie, etc., etc. On me montre les travaux des élèves. Ce qui me frappe le plus, c'est le sérieux de ces jeunes gens, leur application évidente, leur désir d'apprendre et de bien faire, c'est aussi le zèle des professeurs (tous nègres, naturellement), leur naïve fierté devant les résultats qu'ils obtiennent, la foi qu'ils ont dans leur mission, et par-dessus tout l'air de bonté et de douceur répandu sur toutes ces figures noires aux grands yeux d'émail blanc. Je défie sir Henry Stanley lui-même d'aller visiter ces cours, de regarder ces jeunes nègres, de causer avec leurs professeurs et avec Booker Washington, sans sortir de Tuskegee plein de foi dans la possibilité d'élever cette race pour laquelle il fut quelquefois sévère...

Après les bâtiments des garçons, ceux des filles : les classes de couture, de modistes, d'infirmières, de blanchissage, de repassage, de cuisine, de matelasserie, de vannerie. J'ai vu là des chapeaux de femme bien amusants, d'une naïveté et à la fois d'une hardiesse de couleur un peu déconcertante; mais les pailles avaient été cueillies dans les champs de l'Alabama et tressées par les mains des élèves.

J'ai compté 40 modistes, 80 lingères, 50 couturières, et 300 laveuses et repasseuses. Les cours de cuisine sont suivis par les 500 élèves-filles de l'Institut. On leur apprend, en outre, à tenir le ménage, à dresser une table, à recevoir.

On m'a montré ensuite l'hôpital, si bien tenu, si propre, éblouissant de blancheur avec ses murs peints à la chaux, ses lits de neige, ses parquets cirés, sans un grain de poussière, ses infirmières en petit bonnet de bonne de bouillon Duval, tablier blanc, et leur face d'ébène sérieuse et grave. Il y a aussi, un peu plus loin, trois petites maisons isolées pour les maladies contagieuses.

Nous sommes à présent dans le domaine de l'agriculture. Trois cents élèves font partie de cette section. On apprend non seulement à semer, à conduire les machines de labour et de récolte, mais on leur enseigne la bactériologie et la physiologie des végétaux, la botanique, la science du drainage, des engrais, de la nourriture des animaux, les maladies des bêtes. Un laboratoire est à leur disposition ; on leur fait faire des expériences de chimie agricole, on y analyse la nature des différentes terres, et on leur apprend la sorte d'engrais nécessaire pour les nourrir suivant leur composition. Que sais-je encore ! Je ne crois pas qu'il y ait dans nos écoles françaises rien de mieux compris ni de plus complet comme organisation de l'enseignement agricole.

L'activité de l'Institut s'étend jusqu'à l'horizon de la plaine. Des jeunes filles en robes rouges, corsages bleus ou roses, canotiers de paille noire ou blanche, penchées vers la terre, sarclent des champs d'oignons. Des troupeaux de vaches et de moutons paissent en liberté dans les prairies autour des bâtiments-fermes; des centaines de cochons noirs et gras, enfermés dans des enclos à claire-voie, se vautrent dans le fumier; des basses-cours sont pleines de volatiles, poules, coqs, poulets, oies, canards, pigeons qui accourent autour d'une jeune élève occupée à leur distribuer la nourriture. Des charrettes d'engrais s'apprêtent à partir pour les champs, traînées par des bœufs couplés.

Voici les hangars pour les instruments aratoires et les voitures, les étables, les écuries, tout blancs, tout nets, d'une propreté exemplaire. Chaque cheval a son box, chaque vache a sa case avec son nom imprimé : Ruth, Jessie, Ada, Rose, Sarah, Clara. Un imprimé indique la production biquotidienne du lait de chaque vache. On les nourrit avec des semences de coton mêlées de son. A l'extrémité d'un hangar, et sous le même toit, une salle de conférences avec tableau noir, qui sert au cours d'hippiatrie. On fait des démonstrations sur les bêtes, on étudie leur anatomie, leurs maladies, etc. A côté des étables, la fromagerie. Des nègres en bonnet blanc, pantalons et vestes blancs, sans une tache, travaillent de leurs mains noires rayées de rose. Ils ont des yeux si doux, un tel air de bonté simple et de soumission, qu'on se sent pris, malgré soi, de sympathie pour eux. Ils me font goûter leur lait, leur beurre et leur fromage, qui sont exquis.

Il est neuf heures du soir, les fenêtres de la chambre où M. Booker Washington m'a fait installer sont ouvertes sur la campagne endormie. Des chœurs de grenouilles troublent seuls le silence nocturne. Le ciel est clair et plein d'étoiles; l'air, doux et caressant : c'est un soir d'été de France, et il faut que je fasse un effort pour me souvenir que c'est le mois de février, que je suis si loin de Paris, dans l'Alabama, à quarante heures d'express de New-York.

De ma table de travail je vois les dernières lumières des dortoirs s'éteindre et ce petit univers grouillant s'endormir.

Je passe en revue ma deuxième journée passée à Tuskegee.

La maison de Booker Washington est située un peu en dehors du « campus », au milieu d'une pelouse ornée de quelques fleurs et d'arbustes. Pas de grands arbres aux alentours. La contrée est jeune, les arbres sont plantés depuis quelques années seulement, car on a d'abord pensé à bâtir. L'habitation est en brique et bois, comme toutes les bâtisses du pays. Une galerie circulaire court au rez-de-chaussée, des plantes grimpantes font des rideaux de verdure entre les colonnes.

Je revois le salon. C'est une pièce bien simple, avec un piano et quelques fauteuils; sur la cheminée, des moulages de Tanagra; sur les murs des photographies de tableaux quelconques, des gravures très ordinaires comme on en voit chez des petits bourgeois ou de pauvres professeurs de province.

Attenant à cette pièce, la bibliothèque. Aux murs, des photogravures de vierges de Raphaël, de tableaux populaires et sentimentaux, comme le *Départ* et le *Retour du pêcheur;* un *Duelliste sous Henri IV*, rapière au vent, plume au chapeau; des anges chantant de Burne-Jones; et, çà et là, une « Vénus de Milo » de plâtre, un « Napoléon », les bras croisés, la photographie d'Emerson, les diplômes du grand nègre : celui de Hampton, 10 juin 1878; celui de Harvard, de 1896, en latin; et, sur la table, des livres de Roosevelt, *The Strenuous Life* (*la Vie intense*) entre autres.

M. Booker Washington vient au-devant de moi, la main tendue, la lèvre souriante. Il a 44 ans. Il est de taille moyenne et de moyenne corpulence, entièrement rasé. Son teint n'est pas noir, il est doré, comme d'une fumée citron. Ses yeux sont bleu-gris, très clairs, très limpides. Son nez, très légèrement écrasé, ouvre sur des narines larges; sa lèvre supérieure, très éloignée de la base du nez, se retrousse un peu; sa lèvre inférieure n'est pas trop forte. Ses cheveux, très courts, sont crépus. Ses mains sont jolies, fines et allongées, quasi blanches. L'expression générale, très énergique, serait même presque sauvage, sans la douceur un peu rêveuse des yeux et la bonté de la bouche.

Qu'est-ce donc que Booker T. Washington?

Demandons-le à lui-même.

Il naquit vers 1858 ou 1859 — il ne le sait pas exactement — dans un district de Virginie, au sud des États-Unis. En ce temps-là, les nègres n'étaient pas affranchis, ils appartenaient encore à leurs maîtres, au même titre que les animaux de la plantation, des animaux un peu plus chers, voilà tout. L'homme dont il s'agit était un de ces animaux. Écoutez-le parler, comme on parle dans les épopées primitives ou dans la Bible :

— Je suis né esclave dans une plantation d'esclaves du comté de Franklin (Virginie). Je ne suis pas bien sûr de l'endroit exact ni de la date précise de ma naissance, mais je suppose que j'ai dû venir au monde quelque part et à un moment quelconque.

« Autant que j'ai pu l'apprendre, je suis né près d'un bureau de poste situé sur un chemin de traverse appelé Hale's Ford, dans l'année 1858 ou 1859. Je ne sais pas le mois ni le jour. Les premières impressions dont je puis me souvenir à présent sont celles de la plantation et du quartier des esclaves. Ma vie commença dans les plus misérables, désolantes et décourageantes conditions. Ce n'était pas pourtant que mes maîtres fussent spécialement cruels. Ils ne l'étaient pas, en comparaison de beaucoup d'autres. Je vis le jour dans la hutte typique faite de bûches équarries, large de 14 à 16 pieds carrés. Je vécus là avec ma mère, un frère et une sœur jusqu'après la guerre civile, où nous fûmes tous déclarés libres.

« De mes ancêtres, je ne sais presque rien. Dans le quartier des esclaves, et même plus tard, j'entendis murmurer les histoires des tortures endurées par les noirs, y compris sans doute mes parents du côté de ma mère, dans les convois de bateaux qui les amenaient d'Afrique en Amérique. J'ai cherché sans résultat des renseignements sur mes ancêtres maternels. C'est que, dans les temps d'esclavage, on n'accordait pas grande importance à l'état civil des noirs et à l'histoire de leur famille.

« Je suppose que ma mère attira l'attention d'un négrier qui devint ensuite notre maître à tous deux. Son admission parmi les esclaves n'avait sans doute pas eu plus d'importance pour le négrier que l'acquisition d'un nouveau cheval ou d'une vache.

« De mon père, je sais moins encore que de ma

mère. Je ne sais même pas son nom. J'ai entendu dire qu'il était blanc et qu'il vivait dans l'une des plantations voisines de la nôtre. En tous cas, je n'ai jamais su qu'il se fût le moins du monde intéressé à moi ni à mon existence. Mais je ne lui en fais pas un crime. Il était lui-même la victime infortunée de l'état général des choses et des mœurs en ce temps... »

Voilà l'admirable langage que parle aujourd'hui l'esclave affranchi ! Quelle plus belle preuve trouver de la justice et de la légitimité de son affranchissement?

Jusqu'à l'âge de huit ans, il ne sut ce qu'était un lit. Il ne mangeait que des patates et quelquefois du porc. Il ignorait totalement l'usage de la fourchette. Il ne jouait jamais comme les enfants de son âge.

Il travaillait du matin au soir. Comme il n'y avait pas d'écoles pour les nègres, il ne savait pas lire. Il en souffrait énormément. Il accompagnait jusqu'au seuil de l'école la fille du planteur qu'il servait, lui portant ses livres. Les classes, qu'il entrevoyait, une seconde, de la porte, lui paraissaient être le paradis! Il pleurait de n'y pouvoir entrer. Il regardait les livres qu'il portait avec un respect religieux. Et il souffrait de ne pas pouvoir les ouvrir...

Quand l'émancipation fut déclarée, il se mit à travailler dans les salines de Kanawha, puis dans les mines de charbon de Malden. Là, il entendit parler un jour d'une école que le général Armstrong ouvrait pour les nègres à Richmond. Mais Richmond se trouvait à 800 kilomètres de là! Comment faire? Il ne pensa plus qu'au moyen d'arriver jusqu'à cette école bénie. Ce fut une idée fixe. Il s'engagea comme domestique chez le propriétaire de la mine, espérant pouvoir, en attendant l'école, commencer à s'instruire. Il apprit à lire. Dès lors, il ramassa tous les morceaux de papier imprimé qu'il rencontrait et s'en fit une bibliothèque qu'il enfermait dans une vieille caisse.

Un beau jour, il n'y tint plus. Il raconta son projet à sa mère et à son frère John. Sa mère le laissa partir en pleurant. Son frère lui donna tout ce qu'il put distraire des besoins du ménage. Les autres nègres du village lui apportèrent de petits présents, un mouchoir, quelques sous, — et il s'en alla.

En route, il travailla pour vivre. Mais on lui refusait l'entrée des auberges parce qu'il était noir, et comme il faisait froid dans les montagnes, il marchait sur les routes jusqu'au matin pour se réchauffer.

Il arrive enfin un soir à Richmond, avec cinquante sous dans sa poche. Il couche sous le plancher d'un trottoir de bois. Le lendemain, il se dirige vers l'école de Hampton. Ses yeux se mouillent de joie à la vue de l'école. Il a envie de s'agenouiller. Il entre; on le met à l'épreuve, en lui faisant balayer un préau, et, comme l'épreuve a réussi, on l'admet comme étudiant-portier. Il faut qu'il se lève tous les jours à quatre heures du matin pour balayer et allumer le poêle. Et la nuit, il lit!

Pendant les vacances, il se fait garçon de restaurant pour tâcher d'économiser un peu d'argent et aller voir sa mère; il lave lui-même son linge. Son frère lui envoie ses économies; il retourne tout joyeux à Malden et trouve sa mère mourante.

Il revient à Richmond, prend ses degrés à l'Université, se fait nommer maître d'école à Malden, pris de la passion d'enseigner à ses frères noirs tout ce qu'il a lui-même appris. Il se multiplie, fonde des cours du soir pour les mineurs, après la journée finie, va enseigner dans les villages voisins, se dépense avec la frénésie, l'enthousiasme d'un apôtre.

Il se met à parler. Il devient orateur. Son ancien professeur, le général Armstrong, le rappelle à Hampton, se l'adjoint comme collaborateur et enfin l'envoie fonder à Tuskegee, dans l'Alabama, une université pareille à la sienne.

Il avait donc commencé sans un sou, il y a de cela vingt ans. Aujourd'hui, l'université de Tuskegee qui a coûté deux millions et demi à établir, compte 1,400 élèves, et son budget de dépenses s'élève annuellement à 500,000 francs!

Mais à côté de ce rôle de pédagogue, Booker T. Washington a eu un rôle éblouissant d'apôtre et de remueur de foules. C'est, aujourd'hui, le tribun le plus écouté de toute l'Amérique. Quand il parle, c'est devant des auditoires de 4,000 personnes. On se presse, on se précipite vers ses conférences. Il a créé dans les États-Unis un mouvement colossal d'intérêt en faveur des nègres. M. Rockefeller, M. Carnegie, M. Morgan, subventionnent Tuskegee. M. Mac Kinley, l'ancien président des Etats-Unis, est allé visiter son Institut. M. Roosevelt ira certainement après son élection.

Booker T. Washington m'avait présenté à sa femme.

Mme Booker Washington est une grande et forte mulâtresse, presque blanche de peau, aux jolies dents soignées, souriante, d'allure distinguée.

Il la prie de m'accompagner dans ma visite des dortoirs des élèves. Affable et empressée, elle me conduit. Ce sont des bâtiments comprenant une vingtaine de chambres à deux lits bien blancs, une natte devant le lavabo, une carpette au milieu de la chambre, un paravent couvert de photographies, des livres épars; dans les chambres des filles, quelques fleurs simples sur la cheminée; aucune différence avec les chambres des collèges de filles, du Nord. Les dortoirs des garçons sont un peu moins coquets, un peu moins soignés, naturellement; les fleurs en papier remplacent les fleurs des champs.

Mme Booker Washington me montre en passant les salles de bains et de douches et me dit que les élèves sont tenus de prendre deux bains par semaine au moins. Ils peuvent en prendre davantage s'ils le veulent : une piscine et des baignoires sont à leur disposition.

Une autre prescription réglementaire est bien amusante : chaque élève doit avoir une brosse à dents et se laver les dents deux fois par jour.

Les chambres sont visitées quotidiennement. Les élèves sont tenus de laver le plancher de leur chambre deux fois la semaine. Ils ont droit, comme blanchissage hebdomadaire, à douze pièces lavées, chemises, serviettes, bas, etc.

C'est l'heure du repas. Nous allons au réfectoire. Les quatorze cents élèves, garçons et filles, sont réunis dans deux grandes salles garnies de longues tables. Nous parcourons les rangées de tables. On y mange avec la plus grande propreté. Les élèves sont soignés, les cols des garçons luisent comme de l'émail, les filles sont peignées avec un soin remarquable. Tout le monde se tient droit, les poignets sur le rebord de la table. Les conversations ont lieu à voix modérée. On sent une discipline parfaite, sans contrainte, mais sérieuse et unanimement acceptée.

Quand je reviens à sa demeure, Booker Washington me dit :

— Vous avez visité tous les bâtiments, et vous avez vu ce qu'on enseigne dans les trente-deux sections de l'Institut. On y fait des ouvriers, des professeurs et même des artistes, puisque plus de quatre cents élèves suivent les cours de dessin et d'architecture. Mais ce que je tiens à vous souligner avant tout, c'est que chaque élève qui entre ici, riche ou pauvre, est *obligé de suivre*, outre les cours qu'il a choisis, *les travaux manuels*. Car ce que j'ai surtout voulu réaliser, c'est le relèvement, aux yeux des jeunes gens, du travail de la terre et du travail de l'atelier. Le travail ennoblit et élève. Pour les anciens esclaves, il était le signe dégradant de leur infériorité et ils cherchaient à s'en affranchir. Ceux qui sortent d'ici, les professeurs que j'ai formés et que j'envoie dans tous les Etats du Sud tenter de créer des établissements comme celui-ci, partent convaincus, au contraire, que c'est par le travail, mais le travail libre, qu'ils se libéreront moralement et conquerront peu à peu leur égalité avec les blancs. »

Je lui demande s'il reçoit tous les noirs qui se présentent ou seulement ceux qui peuvent payer le prix de l'internat?

Il m'explique que ceux qui peuvent payer versent de 30 à 35 francs par mois et sont astreints, quand même, à deux jours de travail manuel par semaine, qu'on leur paye à raison de 2 fr. 50 par jour : ils sont à peu près cinq cents; les pauvres travaillent tous les jours dans les ateliers et ne suivent les cours que le soir. On les paye environ 3 francs par jour, qu'on met à leur crédit et sur lesquels on retient 40 francs par mois pour le prix de la scolarité.

Les garçons et les filles ne sont admis à l'Institut qu'à partir de l'âge de quatorze ans. Pour les filles, il n'y a pas de limite d'âge maximum. J'en ai vu de vingt-cinq et même de trente ans.

Booker Washington parle très peu à l'ordinaire, et par phrases courtes, ce qui fait la conversation assez difficile. En ceci, il est parfaitement Américain. L'Américain a dans l'esprit des notions très nettes, mais très brèves sur les choses et sur les idées. Il ne généralise presque jamais; car la généralisation exige du rêve, et nous sommes devant un peuple d'hommes d'action. Notre apôtre est de ceux-là : sa vie tout entière le prouve. Ses études ont dû être courtes et systématiques, utilitaires, exactes et toutes pratiques.

Mon hôte est venu une seule fois en France et compte y retourner bientôt. Mais il ne connaît pas du tout notre pays.

Il n'a passé que quelques jours à Paris. Il a vu le Louvre et le Luxembourg, mais ses goûts d'art sont assez obscurs. Je vois vite, d'ailleurs, que son instruction générale est très bornée. Il ne sait rien, ou presque rien, ni de notre histoire, ni de notre présent. La seule idée claire qu'il ait de nous, c'est que nous ne sommes pas sérieux et que Paris est une ville « immorale ».

Il me demande si M. Loubet est un grand homme. Et si Boulanger aussi était un grand homme. Il s'informe s'il y a eu des inventions originales en France. Je lui en cite quelques-unes, et ne peux m'empêcher de lui dire que toutes celles qu'on exploite en Amérique et qu'on y perfectionne ont été créées et mises au monde dans la vieille Europe. Je sens chez lui, comme chez tous les Américains, un orgueil national démesuré qui vient évidemment de l'ignorance totale où ils sont de l'histoire du passé.

Un de ses griefs contre l'Europe, c'est la lenteur des gens et le manque d'activité générale.

— Il me semble, dit-il, qu'en Europe on est toujours en vacances ! Il y a trop de *holidays*.

Je lui réponds que le cerveau ne peut vraiment travailler que dans le repos du corps, et que, si on est agité d'un bout du jour à l'autre, l'intelligence n'a pas l'occasion de créer des idées et qu'il lui est impossible de progresser. Les artistes doivent savoir flâner et les grands inventeurs ont toujours été des rêveurs.

Il rétorque :

— Carnegie, Rockefeller ne sont pas des rêveurs ni des paresseux.

— Aussi reste-t-il à prouver que ce sont de grands cerveaux, fis-je.

— Ils ont fait des trusts très utiles et ont gagné beaucoup d'argent !

— Emerson, votre compatriote, qui est sans doute un grand homme dont le nom et les œuvres vivront plus longtemps que ceux des milliardaires, n'a pas pu gagner d'argent, mais il laisse des idées et des sentiments qui serviront peut-être davantage la gloire de l'Amérique que les milliards de Rockefeller et de Carnegie. — Et vous-même, insistai-je, si, au lieu de vous soucier de l'avenir de la race nègre, vous aviez surtout songé à devenir riche, vous ne seriez pas le principal de l'Institut de Tuskegee, vous ne seriez pas Booker T. Washington.

Il se mit à rire à cette argumentation, ne répliqua pas et me fit l'effet d'être convaincu.

Je sortis. Il était dix heures.

La nuit était douce. Des notes longues de clairon sonnaient dans la campagne. Ces sons allongés et pareils avaient quelque chose de solennel et de grave. C'était le premier signal du couvre-feu. Il s'harmonisait idéalement avec le calme universel et le chœur monotone des grenouilles. Je me dirigeai vers le quartier des filles. Elles allaient et venaient d'un dortoir à l'autre : les unes avaient de grands brocs de fer à la main, qu'elles allaient remplir à la fontaine ; d'autres revenaient de rendre visite à un dortoir voisin, et babillaient en riant, par bandes, liées par les bras ; des fredons, des chants tristes, des éclats de rire m'arrivaient des fenêtres ouvertes où de fines silhouettes se détachaient sur la clarté des chambres. La plupart des filles avaient des corsages de soie claire. Leurs yeux blancs dans l'ombre brillaient comme des diamants.

Aux abords du quartier des filles, des gardiens surveillent... Il y en a neuf pour tout le *yard*. Voilà ce qu'on ne voit pas dans les collèges de filles du nord des Etats-Unis : des gardiens commis à la sauvegarde des mœurs ! Et cela jette un jour singulier sur le tempérament de la race et sur le développement de l'éducation.

Je m'assieds sur un banc et me mets à causer avec deux des gardiens.

Ils m'expliquent que la discipline est très stricte et qu'il est nécessaire qu'il en soit ainsi. Les garçons et les filles sont toujours séparés. Quand ils se rendent dans les cours ou au temple, ils prennent chacun un côté de la route. Au temple même, ils sont à part. Les uns et les autres ne se rencontrent que cinq ou six fois l'an, à l'occasion des fêtes. Et c'est tout. Le reste du temps, toute communication est interdite.

Pendant que nous causions, je vois passer à trente mètres de nous une silhouette d'homme. L'un des gardiens l'aperçoit aussi et il se met à courir dans la direction où l'ombre s'est montrée. Mais il y a à cet endroit une sorte de ravin planté d'arbres, et bientôt le surveillant revient en disant qu'il n'a pu découvrir l'homme et qu'il a dû s'enfuir...

Ou se cacher.

Le lendemain c'était dimanche. Le matin et le soir j'assistai à l'office ou du moins aux exercices pieux du temple. Booker Washington étant souffrant, ce fut un professeur qui le remplaça au prêche. J'en fus navré, car j'avais bien envie d'entendre le grand orateur noir, dont la puissance sur les foules américaines est, dit-on, colossale.

Après le discours et les lectures bibliques, on chanta des cantiques. Quelles jolies voix, si doucement sonores, si pures, si caressantes, que ces voix nègres! Les 1,400 élèves qui étaient là (900 garçons, 500 filles), assis sur des bancs devant une estrade garnie d'un orgue, chantaient en chœur sans chef d'orchestre, soutenus seulement par l'orgue, avec un ensemble et une justesse parfaits. Les voix des hommes et des femmes se mariaient à la tierce ou à la quinte au hasard de l'improvisation, car je l'ai dit, les nègres sont admirablement doués pour la musique, et je suis sûr que, si un jour l'Amérique produit des musiciens, ils seront noirs.

Après l'office, un silence absolu, catacombal, se fit soudain. Sur un signe du professeur, tous les élèves, d'un seul mouvement qu'on aurait dit mécanique, firent demi-tour à droite, et sur un autre signe ils se mirent à défiler devant nous, au pied de l'estrade, au pas.

Je vis donc passer sous mes yeux les quatorze cents élèves de Tuskegee.

Je fus profondément frappé par leur naturel, la douceur de leur expression, mais aussi par la correction impeccable de leur tenue. Ils marchaient, rythmiquement, les bras ballants, d'une jolie allure gracieuse et à la fois virile. J'admirai vraiment leur port de tête, la cambrure des tailles, et souvent la distinction des traits. Car, voici un phénomène important pour l'avenir et l'émancipation de la race : aucun de ces jeunes gens à qui on enseignait la liberté, ne portait en lui le stigmate de l'esclavage. Il y avait bien des têtes plus sauvages que les autres, de ces têtes bombées et lippues, aux yeux saillants, à la peau d'un noir d'ébène, qui n'avaient pourtant rien de servile. Mais à côté de ces rejetons trop purs des nègres soudaniens, vous auriez vu défiler les types les plus accomplis de la race humaine : des figures de femmes au teint d'ambre, au profil fier et presque hautain, aux yeux ardents, mélancoliques et comme baignés dans de la nacre liquide, les lèvres juste assez charnues pour signifier la sensibilité, le menton se relevant d'une gracieuse courbure, l'ovale noble, la tête bien plantée sur un joli cou duveté, la poitrine bombée, la taille fine et souple, la main petite et distinguée...

D'où venaient-elles, ces fines créatures rêveuses et nostalgiques, ces Cléopâtres émigrées dans la civilisation brutale du Nouveau Monde?

C'étaient des quarteronnes ou des octoronnes de la Jamaïque et de Porto-Rico, des Indes néerlandaises et de Cuba.

Seule, leur chevelure crêpelée dénonçait le mélange noir. L'une d'elles était même complètement rousse. En France, en Europe, elles eussent été entourées des hommages des hommes; ici, on les parquait comme des lépreuses, dans des écoles spéciales, dans des wagons spéciaux; on les assimilait aux plus bas échantillons de la race.

N'y a-t-il pas là quelque chose d'anormal, d'injuste et même de criminel?...

ENCORE LA QUESTION NÈGRE

Arguments des colons du Sud contre l'égalité civique du nègre et du blanc. — Les défauts du nègre dans la gestion des intérêts collectifs. — Son imprévoyance. — Son immoralité. Les réponses de Booker T. Washington. — Différences de races. — Le nègre rêveur et paresseux. — L'Américain positif et ambitieux. — Le mélange est-il possible ? — Booker Washington ne le croit pas. — Les nègres purs sont-ils égaux aux blancs ? — Il y en a. — Exemples. — Danger de l'accroissement de la race noire. — Leur retour en Afrique ? — Pourquoi ? — Services rendus par les nègres à l'Amérique. — Ils n'ont pas demandé à venir. — Dix millions de nègres.

Vous avez lu l'exposé que je vous ai fait de la question nègre et le résumé de l'œuvre tentée à Tuskegee par Booker Washington pour l'éducation de ses compatriotes noirs.

Mais il reste aux ethnographes et aux sociologues à examiner plusieurs côtés du problème, qui me paraît être surtout jugé dans l'Amérique du Nord par le point de vue sentimental, et dans les États du Sud, par le point de vue politique.

Il me semble que d'un côté et de l'autre on rétrécit trop la question.

En décrétant du jour au lendemain l'émancipation des noirs, les idéalistes de la Nouvelle-Angleterre furent évidemment inspirés par un sentiment d'humanité fort louable. Mais on est forcé de reconnaître qu'ils y furent aidés par leur désintéressement dans la question. En effet, ils n'avaient pas de nègres... Et même leurs adversaires insinuèrent que les fermiers sudistes, concurrencés par le bon marché du travail nègre, ne furent pas fâchés de rétablir, par une mesure philanthropique, l'équilibre économique entre leurs concurrents et eux... Les plus beaux actes humains sont rarement purs de calcul...

Quoi qu'il en soit, on eut pleinement raison d'abolir l'esclavage. Et je n'ai pas rencontré, dans tout le Sud, une seule bouche qui n'approuvât l'émancipation.

Le seul grief qui subsiste, c'est celui de l'ancien propriétaire d'esclaves. Il dit :

— J'avais acheté des travailleurs fort cher. J'y avais mis ma fortune. Vous décrétez, au nom de sentiments que, d'ailleurs, j'approuve, ma ruine. Il y a là un excès de pouvoir et une injustice. Vous vous êtes payé de la philanthropie à mes seuls frais. Vous n'y avez aucun mérite. Au moins deviez-vous payer votre luxe sentimental et m'indemniser comme vous indemnisez le propriétaire que vous expropriez pour cause d'utilité publique.

« Ce n'est pas tout. Vous m'avez ruiné, en émancipant les nègres, soit. Mais voilà que vous votez des lois qui font de l'esclave d'hier non seulement mon égal, mais, au nom de la majorité, mon maître et mon tyran ! Ces gens, qui étaient hier encore des bêtes courbées sous le joug, qui ne savaient de la vie que les fonctions animales, de la politique que l'obéissance et la servilité, qui ignoraient, par définition, la prévoyance, par nature, la moralité, vous permettez à ces gens de prendre du jour au lendemain le gouvernement des États et des villes, vous leur donnez le pouvoir de faire des lois, vous leur ouvrez les caisses des budgets, vous leur mettez entre les mains la police et la sauvegarde des mœurs et des propriétés! Votre idéalisme ne va-t-il pas un peu loin?... »

Ainsi parlent les gens du Sud, les commerçants et les industriels, les avocats, les médecins, les planteurs, tous les gens de race blanche qui se sont vu opprimer par les majorités de nègres, comme dans la Caroline du Sud, et aussi ceux qui se voient menacés par la croissance de l'élément noir dans certains districts de la Géorgie et de la Louisiane.

Booker Washington leur répond ceci qui leur donne en partie raison :

— En jugeant les nègres, vous ne devez pas être trop durs. Vous devez vous souvenir qu'il y a trente-cinq ans à peine que le père et la mère noirs ont la responsabilité et par conséquent l'expérience d'élever eux-mêmes leurs enfants. Cette perfection n'a pas été atteinte en une seule génération, et si vous teniez compte des obstacles que les parents ont eu à surmonter, vous ne verriez rien d'étonnant à ce qu'ils soient un peu en retard...

— Mais croyez-vous, demandai-je à Booker Washington, que la race nègre a vraiment une valeur *en elle-même?* Est-elle inférieure *organiquement* ou seulement par attardement de civilisation? A-t-elle certaines aptitudes supérieures à celle de la race blanche et même a-t-elle des aptitudes que n'a pas la race blanche ?

A cette question, Booker Washington m'a répondu :

— Je crois que la race noire a une valeur en elle-même, spécialement en ce qui concerne les choses où l'émotion et la sensibilité entrent en jeu, comme la poésie et la musique. A côté de cela, peu de races possèdent le pouvoir de travailler aussi durement, aussi continûment que la race nègre.

— Alors, si vous dites qu'elle n'est pas organiquement inférieure, comment expliquez-vous qu'aucune trace de civilisation antique, ni de gouvernement organisé n'existe dans l'Afrique noire, quand il est reconnu que le continent africain est un des plus vieux du globe ?

— Pour des raisons de climat ou autres, répond Booker Washington, la race africaine s'est mise très tard en route pour la civilisation, cela est vrai, mais je n'ai pas de doute qu'elle continuera à progresser rapidement dans le futur.

Cette réponse est bien vague. Et je sens que mes questions vont un peu trop loin. Booker Washington est un apôtre plein de foi et de flamme. C'est un homme d'action dont l'énergie est infatigable, mais, je l'ai déjà dit, ce n'est pas un savant. Et ces questions restent pour ainsi dire sans réponse.

Mais quand je lui demande :

— Est-il vrai que le nègre soit naturellement plus menteur, plus voleur, plus paresseux, plus imprévoyant, plus vicieux que le blanc, il proteste vivement :

— Je ne crois pas du tout que le noir soit, par

nature, plus malhonnête ni plus vicieux que les hommes des autres races. Ceux qui ont le plus observé la race noire en Afrique dans ses conditions primitives en témoignent.

Devant l'affirmation des gens du Sud et devant les affirmations de Booker Washington, il est difficile de se faire une conviction sur les aptitudes du nègre au travail et sur sa moralité. J'ai bien essayé de me rendre compte par moi-même, mais, que peut voir un passant? J'ai vu des nègres travailler avec une lenteur remarquable, mais j'en ai vu se dépêcher avec une grande adresse et une grande activité.

Certainement, à côté des Américains proprement dits, de cette race ambitieuse et positive qui ne songe qu'à produire beaucoup et à s'enrichir encore plus, le nègre est un rêveur et un paresseux! Mais l'Europe n'est-elle pas pleine de ces gens-là! En quittant l'Amérique, allez en Italie, en Espagne, en France, en Angleterre même, et l'ouvrier vous fera l'effet, la moitié du temps, de s'amuser à son travail et de se dépenser le moins possible. Peut-on faire un crime au nègre de ne pas mettre uniquement son bonheur dans le travail fiévreux et l'activité machinale et épuisante, qui ôtent au cerveau toute fécondité, toute possibilité de rêve et de création?

Mais une autre question est plus grave :

— Peut-on, doit-on mélanger les races? La race noire peut-elle se mêler à la race blanche sans retour aux phénomènes ataviques? Le retour à l'un des deux types est-il général ou exceptionnel? La race nègre gagnerait-elle au mélange? La race blanche n'y perdrait-elle pas? Importe-t-il donc au bien de l'humanité que la race nègre ne se mêle pas ou qu'elle se mêle? C'est-à-dire : faut-il qu'elle se développe par elle-même en gardant ses caractéristiques, ou bien au moyen du croisement? Quel serait le bénéfice du croisement?

A cette question capitale Booker Washington m'a fait cette réponse :

— Mon opinion est que la race noire, sinon pour toujours, certainement pour des centaines de générations, demeurera une race distincte.

Cette déclaration du grand nègre est faite pour avoir une répercussion considérable dans les polémiques du Sud. Car si le mélange n'est pas possible ou s'il n'est pas bon, il doit être interdit. Et cela donne raison aux législateurs des États sudistes, qui défendent les mariages mixtes par des lois sévères, et cela donne tort aux législateurs du Nord qui les autorisent, au risque de diminuer la valeur de la race blanche.

A ces questions générales viennent s'ajouter quelques autres questions spéciales qui peuvent aider à résoudre le problème.

A chaque discussion que j'ai eue dans le Sud, après avoir poussé un peu mes interlocuteurs, leur avoir fait avouer que les nègres peuvent progresser (puisque l'un d'eux, Booker Washington, parti de l'esclavage, s'était élevé au premier rang des hommes de son pays), je me heurtais toujours à cette réflexion :

— C'est une exception, une exception unique; d'ailleurs ce n'est pas un nègre. C'est un mulâtre. Son père était blanc.

Aussi, devant Booker Washington, je lui dis :

— Parmi les nègres intelligents et doués de moralité, qui se sont distingués de leur race, en connaissez-vous qui soient des nègres purs? Quels sont-ils? Qu'ont-ils fait? Dans l'état actuel des noirs que vous éduquez à Tuskegee, sont-ils égaux ou équivalents, *en intelligence* et *en moralité*, aux blancs?

Il me répondit :

— Parmi les hommes noirs de pur sang qui se sont distingués, qui peut ignorer le docteur Blyden, de Libéria, qui est un grand linguiste; Isia T. Montgomery, du Mississipi, qui est à la fois un homme d'affaires arrivé et un officier public de grande valeur; Paul Lawrence Dunbar, qui est poète; Kelly Miller, professeur de mathématiques à l'université d'Harward, et tant d'autres que je pourrais vous citer! Enfin, toutes choses considérées, j'estime que les étudiants qui sortent de Tuskegee valent en capacité et en moralité les étudiants des autres races qui sont de la même classe sociale qu'eux.

« Si ces échantillons de pur sang noir ont pu s'élever au premier rang, qui donc peut dire que notre race ne peut pas progresser? S'il y en a dix, cent, pourquoi n'y en aurait-il pas mille, dix mille, cent mille? C'est une question d'éducation et de temps. Il n'y a pas quarante ans que nous sommes libres; les blancs ont mis des milliers d'années à se civiliser! Pourquoi n'auraient-ils pas un peu de patience pour nous?

« Il ne nous manque ni bonne volonté ni dispositions naturelles. Un peu de culture, un peu d'appui et de bons sentiments de fraternité, et nous nous élèverons progressivement jusqu'aux blancs.

Je dis :

— En attendant, est-il juste que les noirs puissent arriver à dominer les blancs et à les gouverner? Si les nègres se reproduisent plus vite que les blancs, n'y a-t-il pas à craindre, pour les Américains, un tel accroissement de la population noire dans les États du Sud, que les nègres deviennent rapidement les plus nombreux et les plus forts? Et n'est-il pas dangereux, pour un État aussi avancé que l'Amérique, de s'exposer, en laissant prendre le pouvoir politique aux nègres, à une rétrogradation des institutions et des mœurs?

— Je ne crois pas que les nègres se multiplient plus vite que les blancs, me répondit-il, mais ils tiennent leur rang. Et il n'y a aucun effort de la part des noirs pour prendre le pouvoir politique aux blancs.

Booker Washington l'affirme, mais les blancs du Sud, avertis par leurs expériences passées, ne veulent plus courir le risque de se voir gouverner par les noirs.

— Mettons tout au pis, lui dis-je, ne prévoyez-vous pas que les Américains seront un jour appelés à prendre des mesures pour l'expulsion des nègres? Au point de vue ethnographique, le climat américain est-il préférable, ou non, au climat africain pour la race nègre? La race nègre ne gagnerait-elle pas à retourner à son lieu d'origine, c'est-à-dire en Afrique?

— Au point de vue du climat, je crois que celui de l'Amérique est meilleur pour les noirs que celui de l'Afrique. Et je ne vois rien qui puisse me faire croire que le peuple américain se décide jamais à exclure les nègres de leur patrie actuelle, où ils n'ont pas demandé à venir, où on les a même amenés de force depuis trois siècles. Mon impression personnelle est qu'au contraire la situation des deux races vis-à-vis l'une de l'autre est bien moins grave que celle d'autres races vis-à-vis d'autres peuples d'Europe et d'Asie.

« Pourquoi nous excluerait-on? Nous disons aux blancs : Nous avons, depuis trois siècles, cultivé vos champs, défriché vos forêts, nourri vos enfants, protégé vos familles. Nous avons l'espérance de devenir des producteurs et des contribuables intelligents, des citoyens utiles et vertueux. Nous sommes dix millions de noirs. Notre population représente presque celle du Mexique tout entier; elle est près de deux fois égale à celle du Canada; elle est presque aussi grande que celles de la Suisse, de la Grèce, du Honduras, du Nicaragua, de Cuba, de l'Uruguay, de Saint-Domingue, du Paraguay et de Costa-Rica réunies! Il dépend donc de vous de faire d'un tiers du Sud un corps mort, ou au contraire, de décupler, de centupler sa richesse et sa prospérité en nous éduquant, en nous instruisant dans les arts domestiques, l'agriculture, les affaires...

« Voyez ce qui convient le mieux à la gloire et à la prospérité du grand peuple américain! »

Je ne sais ce que l'avenir réserve à la race nègre. Mais, en reprenant le train à la gare de Tuskegee, et en revoyant l'immonde taudis où sont parqués les nègres qui veulent voyager, je me dis que si Booker Washington m'accompagnait, je me sentirais pris d'une invincible honte en me séparant de lui sur le seuil de son wagon.

TABLE DES MATIÈRES

Premières impressions............................ 1

Arrivée à New-York. — Je manque l'entrée dans le port. Brouillard. — Premier contact avec la vie américaine. — Fatigue. — Énervement. — Ébranlement général. — Thackeray et la rue. — Souvenirs de la traversée. — Solidarité en mer. — Détachement dès l'arrivée. — Les tramways. — Menaces de mort. — Paris est un village paisible. — Le chemin de fer aérien. — Défense de cracher. — 2,500 francs d'amende. — Conducteur et contrôleur de tramways se pochent les yeux dans la voiture. — Maison de vingt-neuf étages. — Central Park sous la neige. — Les traîneaux. — Le pont de Brooklyn à 5 heures. — Spectacle effrayant. — Assaut des tramways. — Symbole de la lutte pour la vie en Amérique. — New-York s'allume. — Enchantement.

L'hôtel Waldorf-Astoria 17

Les restaurants *chic* de New-York. — Le café Martin. — Un café du boulevard sur la 5ᵉ avenue. — L'hôtel Waldorf. — Dix-sept étages. — 1,500 chambres. — Des bains partout. Luxe princier. — Bureaux de Bourse, de télégraphe, de téléphone, de pédicure, de manucure, de coiffure, de médecin, de théâtre. — Magasins de fleurs, de journaux, de tabac. — Salle de théâtre, d'exposition. — Les ascenseurs. — Les salons. — L'économat de l'hôtel. — Les caves. — Les cuisines. — Un million et demi de cigares. — Les machines. 3,000 chevaux-vapeur. — 115 ingénieurs et ouvriers. — La lingerie. — 60,000 pièces de linge par jour. — Les conserves. L'argenterie. — Ce qu'on use de savon. — 25,000 francs de rogatons. — Les employés. — 1,636 domestiques. — Courte biographie du directeur.

Petites notes et croquis 29

Déjeuner avec Miss Alice Roosevelt. — Le baise-mains remplacé par les tenailles. — Portrait de la fille du Président. — Type sympathique de la jeune fille américaine. — Le Concours hippique. — Élégance discutable. — Trop de bijoux et trop de plumes. — Ouverture du Metropolitan-Opera. — Mme Astor. — Une chambrée de milliardaires. — Un Diane chinoise. — Le peintre Helleu admire la plastique des femmes américaines. — Le nez des Trusts. — M. Pierpont-Morgan. — Mmes Eames et Alvarez dans *Otello*. — Soir de neige. — Nostalgie. — Tristesse mystérieuse.

Le football 37

Le match entre Harvard et Yale. — Fête nationale des jambes et du muscle. — Rouges et Bleus. — Un morceau de pain pour 2 fr. 50. — 40,000 curieux. — Une revanche à prendre. — Yale favori. — La Mascotte. — Reporters sténographes. — On mange, on regarde, on écrit et on télégraphie en même temps. — Un jeu pacifique. — Le match. — Les faux nez. — Les oreillères. — Les jambières. — Les cuirasses. — Les casques. — Le chef d'orchestre des acclamations et des cris de guerre. — Quelques blessés. — Cris de mort. — Tue-le ! — Yale vainqueur.

L'éveil belliqueux 46

Un côté de la psychologie du peuple américain. — Guerrier comme les autres. — La guerre de Cuba révélatrice. — La guerre avec l'Allemagne inévitable. — Ses raisons. — Le siège de New-York. — La statue de Frédéric et le cheval de Troie. — L'armée de terre américaine. — La marine. — Budget colossal. — 20 cuirassés en construction. — Le parti anti-militariste. — Pénurie de marins. — Abondance d'officiers. — Salaires sérieux. — Un problème stratégique dirigé contre l'Allemagne. — Étonnement de l'ambassadeur allemand.

Boston 55

Boston. — La capitale puritaine. — Voirie lamentable. — L'influence anglaise. — Un port lointain. — Atmosphère intellectuelle. La Bibliothèque, asile de paix. — Un commerce prospère : la librairie. — Photographies de ruines antiques. — Bienfaisance de ce tableau. — Un spectacle extraordinaire. — Des Américains qui ne bougent pas. — Hôtels inhospitaliers. — Après 11 heures du soir on peut mourir de faim. — Un cimetière parmi des banques. — Quelques écoles. — Pour gagner sa vie. — Élèves de quarante ans. — Un Institut de cuisine. — Métier fructueux. — Fiancées millionnaires devant les fourneaux. — Les chefs des transatlantiques français enseignent la cuisine aux jeunes Yankees. — Écoles de langues, de machine à écrire, de sténographie. — Cours de bactériologie pour ménagères. — Femmes aux grands pieds.

BOSTON (*suite*).. 67

L'Institut technologique. — Un lauréat de l'École des Beaux-Arts, professeur d'architecture à Boston. — Cinq écoles dans une. — Pédagogie pratique. — L'ingénieur-ouvrier. — Le Conservatoire de Musique le plus grand du monde ! — La leçon d'opéra. — Il signor Bimboni. — Dix-huit classes de piano. — Virtuoses accordeurs. — Treize classes d'orgue. — Orgues électriques. — Cours de journalisme musical. — Diplômes de critique. — La biologie, la trigonométrie, la chimie, le droit, l'éthique, etc., nécessaires aux professeurs de chant. — Elsas et Carmens surveillées. — École normale de gymnastique pour jeunes filles. — La danse esthétique. — L'athlétisme.

BOSTON (*suite*).. 80

Une maison de correction pour les alcooliques. — A Foxboro. — Cure mentale et cure physique. — La gymnastique suédoise. — Le théâtre de détenus. — Sourds-muets alcooliques. — Le puritanisme. — La Nouvelle-Angleterre. — Difficulté de se procurer de la bière ou du vin. — Discipline exagérée. — Le mauvais hôtelier. — Voyageur affamé. — La salle à manger est fermée. — Défense de siffler dans les rues, de parler haut et de rire. — Les lois bleues. — Condamnations invraisemblables. — L'homme tombé à l'eau. — Défense d'allumer du feu le dimanche. — Défense de fumer dans les rues. — Le fouet public. — Culte exaspéré de la volonté. — L'œuvre admirable des premiers colons puritains. — Luttons contre le diable.

TABLE DES MATIÈRES

Philadelphie.. 97

Dîner d'hommes d'affaires. — Le gasconisme américain. — Un cri national. — *The best in the World!* — Les usines Baldwin. — Une fabrique de locomotives monstre. — 2,000 locomotives par an. — Description des ateliers. — Les machines travaillent. — L'ouvrier fainéant. — Fonderie de cloches. — Salaires enviables. — Les meilleurs frappeurs d'enclume. — Les nègres à l'index. — Les forgerons les repoussent, les maçons les acceptent. — Le capital s'associe les capacités. — 60 locomotives fournies aux Compagnies de chemins de fer françaises en un an. — Baldwin et J. M. de Hérédia.

Les industries françaises menacées................. 107

La lutte industrielle entre l'Europe et l'Amérique. — Le vin, les modes et la soie de France peuvent encore se défendre. — La soie menacée. — Statistiques. — Les fabriques se multiplient. — La consommation augmente. — New-York, marché des soies grèges. — Richesse des pays. — Prospérité générale. — Le luxe. — Patrons et domestiques. — Les idées de M. Duplan, fabricant lyonnais. — Fabriques françaises en Amérique. — Faut-il les encourager ? — L'esprit d'entreprise des Lyonnais.

Les industries françaises menacées (*suite*)......... 115

L'automobilisme français sans concurrence sérieuse jusqu'à présent. — Les marques françaises dans les rues de New-York. — La mécanique américaine peut-elle lutter ? — Conversation avec M. Clément, fabricant et mécanicien français. — Il admire les usines, les ouvriers, la discipline. — Les spécialistes. — Les Anglais sont inférieurs. — L'Amérique se défend. — Elle s'apprête à lutter. — Tâtonnements. — Ce que nous réserve l'avenir. — Timidité des capitaux français. — Hardiesse des capitaux américains. — Que faire ?

Au théâtre.. 125

Théâtres américains. — Goût discutable de l'ornementation. — Les pièces. — Peu d'invention. — Imitations hâtives. — La gigue. — Ignorance de l'art du chant. — Public idéal. Le talent des comiques. — Le sens de la musique chez les nègres. — Génie du rythme. — La mise en scène. — Quelques beaux artistes. — Mme Julia Marlowe, M. Mansfield,

TABLE DES MATIÈRES

Mme Fisker, Mme Carter. — Les chorus-girls. — Un art vraiment national. — Le cake-walk idéalisé. — La mort du ballet. — L'avenir est à la danse américaine.

L'Université d'Harvard 133

Les sports. — Le voyageur ne se soucie pas de pédagogie. — Ce qu'il a vu à Harvard. — Un père de famille imbécile. — Il faut vaincre. — Tous les sports. — Le football. — Le base-ball. — Les ballons sanglants. — Le canotage. — L'entraînement mécanique en chambre. — Appareils hydrauliques. — Régimes des équipes de matches. — Pas de sucre ! — Pas de théâtre. — Le gymnase de Harvard. — Un temple. — Cent exercices différents. — Appareils de torture. — Le Musée des Victoires. — La curiosité des jeunes filles blondes.

L'Université d'Harvard (*suite*).................... 143

La vie des étudiants. — 4,000 élèves. — Les catégories d'élèves. — Les dormitories. — Pas de femmes. — M. Roosevelt et la chasteté. — Les clubs. — 135 sociétés d'étudiants. — Riches et pauvres. — Aristocratisme et démocratisme. — Journaux rédigés, composés et tirés par les étudiants. — Débats intercollégiaux. — Harvard triomphe dans les luttes de l'esprit. — Conférenciers français. — Louables efforts. — Molière, Corneille et Labiche joués en français par les élèves.

Petites notes et croquis......................... 154

Restaurants pour hommes pressés. — Savarin. — Tableau. — Un jeune homme sans gêne. — Politesse des domestiques. — Les dents en or. — Sang-froid américain. — Pas de parfums. — Abondance de manœuvres. — *Time is money*. — Pas de cannes. — Cuisine américaine. — Thérapine et patates. — Les Grecs marchands de fleurs. — Les étalages. — Le 31 décembre à New-York. — Le peuple s'amuse comme les enfants. — Mon réveil le 1ᵉʳ janvier.

Petites notes et croquis (*suite*).................. 163

L'instinct de la tradition. — L'orgueil de Mme Alfred Vanderbilt. — Un musée curieux à Boston. — Reliques du siècle passé. — Catalogue dressé par le voyageur. — Le Français ne voyage pas assez. — Le marchand de tabac du train. — Sans-gêne exemplaire. — Où l'auteur invoque la philosophie d'Alfred Capus. — Guzman et son appartement de garçon de vingt mètres de façade. — Le pied des femmes. — Snobisme à rebours. — Un souper de demi-mondaines. — Perles et bijoux. — Orchestre de musiciens d'Hawaï. — Beauté. — Les nègres qui chantent. — Vision d'Afrique.

Petites notes et croquis (suite).................. 173

Ansonia. — Un immeuble de 300 appartements bâti par un architecte français. — 25 millions de constructions. — Description. — Plus de domestique. — Confort et commodité. — On trouve tout dans la maison. — L'Aquarium. — Poissons monstrueux. — La faune aquatique des Bermudes.

Comment les comptes se règlent, comment on défend son argent.................. 180

Un compte de six cents millions réglé en quinze minutes. — Pour une erreur d'addition. — 25,000 coffres-forts. — Une cave qui ne s'ouvre pas facilement. — En cas d'émeute. — La vapeur bouillante. — Employés détectives. — Les lingots. — Les machines brevetées. — Les coffres-forts de M. George Gould et de Pierpont-Morgan.

La vie de campagne.................. 188

Le goût du plein air. — Les jeux du samedi. — Les « parties » à la campagne. — Les chaperons. — L'hospitalité américaine. — Liberté. — La vie large et abondante. — Chez J.-H. Hyde. — Les jeux. — Les chevaux. — Les voitures. — Le *squach*. — La roulette. — Les charades. — Un piqueur français. — La *Revue des Deux-Mondes* dans les écuries. — La grande tradition. — Whisky and soda. — Chez M. Cochrane. — Banjo et cake-walk. — Chez M. George Gould. — A Lakewod. — Le jardin de Versailles. — Fontaines et statues. — Les palais italiens démeublés. — Le *Court*. — Le manège. — La piscine. — M. George Gould. — Les affaires et l'hygiène. — Le dîner. — Mme George Gould. — L'intérieur de la villa. — Richesses. — Chez Mrs Clarence Mackay. — Le château de Maisons-Laffitte. — Les tapisseries du prince de Sagan. — La bibliothèque. — L'escalier. — Les salons. — Les chambres. — Le cabinet de toilette. — La baignoire.

TABLE DES MATIÈRES

Un drame de Mme Clarence Mackay 215

Une grande dame écrivain. — Philosophie individualiste. — Théorie de la liberté. — Héloïse et Abélard. — Développement littéraire et philosophique.

Il y a aussi des pauvres 225

Les mendiants sont rares. — Où vont les épaves. — Spéculation d'un philanthrope pratique. — Les Mill's hotels. — Description. — Règlements. — La propreté. — La nourriture. — Les chambres. — Un bon toqué. — L'apostolat par la boxe.

La police privée (l'agence Pinkerton) 234

Histoires de voleurs. — Le goût du roman-feuilleton. — L'auteur visite la fameuse agence policière Pinkerton, célèbre dans le monde entier. — Police en chambre. — Prudence des banquiers. — Leur abonnement à l'agence. — Un record de plus. — Le voleur américain est *the best in the world!* — Comment on force un coffre-fort. — Le bagage des voleurs. — Leur intrépidité. — Le vol aux boîtes à lettres. — Le vol au compte ouvert. — Archives de faux. — Les faux du monde entier. — Les dossiers des bandes noires. — Éducation des policiers. — Les grèves de Pittsburg et l'agence Pinkerton. — Les agents assiégés. — Le bateau en flammes.

Un collège de filles (Smith College) 243

Rancune du voyageur contre le mauvais hôte puritain. — Sympathie pour Cromwell. — Smith College. — La prière du matin. — Sérénité. — Liberté et règlements. — Programme des cours. — Exercices physiques obligatoires. — Leçon de littérature. — Alfred de Musset et le hockey. — Succès des cours de sciences. — Goût pour la dissection. — La blonde miss et le petit chat. — Anna et Réginald. — La vie intime. — Les dormitories. — L'auteur est invité à déjeuner et à dîner au collège. — Il est puni de sa curiosité, car il mange mal. — Le professeur de psychologie sur la glace. — Réunions du soir. — Parties de traîneau dans la neige. — Les chambres d'élèves. — Les fiancés. — Pipes et photographies. — Les carnets de chèques pour toilettes. — Les élèves pauvres se font servantes.

TABLE DES MATIÈRES

Keeley Institute... 263

La ligue des anciens ivrognes. — L'auteur rencontre un pochard invétéré qui veut guérir. — Confession édifiante. — Ce qu'on voit derrière des vitres. — Les femmes morphinomanes. — Le Dr Boals. — Définition de l'alcoolisme. — C'est une maladie comme une autre. — Remède mystérieux. — Le double chlorure d'or. — Piqûres. — Le savant hommes d'affaires. — Désintéressement du savant européen. — Le traitement. — Guérisons. — Clientèle. — 17,000 médecins alcooliques. — Rechutes. — L'entraînement. — Le secret du Dr Keeley.

Pittsburg.. 273

La Ville du Fer. — Panorama vu d'un vingtième étage. — Symphonie en noir et blanc. — Bruits qui montent. — Statistiques émouvantes. — Richesses inépuisables du sol. — Fer, houille, pétrole et gaz naturel. — 33 hauts fourneaux. — Chemins de fer. — Tramways. — Quartiers pauvres. — Slaves émigrés. — Bibliothèques ouvertes et hôpitaux fermés. — Visite des grandes usines. — Le beau-frère de M. Schwab. — Le petit télégraphiste devenu président du trust de l'acier. — Les chantiers. — Passage de trains de feu. — La neige s'évapore. — Les hommes au masque de cuir. — Machines intelligentes. — Où sont les ouvriers? — Le mécanicien-fantôme. — L'enfant qui bâille. — Cinq millions pour gagner trente secondes. — La tourelle qui valse.

Pittsburg (suite).. 291

L'organisation des usines américaines. — Génie pratique. — Usines grandes ouvertes. — Pas de secret. — Bienvenue au visiteur. — Homestead. — Edgar Thomson. — Un ouvrier pour un kilomètre de rails. — Laminoirs fantastiques. — 60 kilomètres de rails par jour. — Deux doigts qui portent 7,000 kilogrammes. — Salaires d'ouvriers. — 80 francs par jour. — Un soir bien froid. — Pittsburg vu la nuit. — Féerie. — Nostalgie des lacs italiens. — Chez Jones et Laughlin. — Où le voyageur monte sur une locomotive et parcourt la ville de feu sous la neige. — Feux d'artifices sur le fleuve. — Tasses de feu. — L'enfant aux oreilles de velours. — All right!

TABLE DES MATIÈRES 417

Cincinnati..................................... 320

Une plaisanterie vieillie. — L'émigration des cochons. — Une ville américaine type. — Les rues. — Les gens. — Les tramways. — On ne parle pas. — Des femmes qu'on ne regarde pas. — La gomme à claquer. — Épidémie répugnante. — Le trust de la *chewing-gum*. — Le Cercle français de Cincinnati. — Une âme d'apôtre. — Mlle Emma Morhard. — Nostalgie. — Les fabriques. — Machines-outils. — Comment on paye les inventeurs. — Fabrique de savon. — 300,000 kilogrammes par jour. — Les ouvriers de MM. Procter et Gamble. — Solution provisoire de la question sociale.

Comment on voyage............................ 312

Trains américains. — Les pullmanns ne méritent pas leur réputation. — Promiscuité choquante. — Le *parlor car*, wagon idéal. — Le restaurant du pullmann. — Le *buckwheat-cake* et le *grape-fruit*. — Le filtre des wagons. — Un verre qu'on ne lave jamais. — Fraternité exagérée des conducteurs de trains. — Le coucher. — Le réveil. — Les nègres. — Politesse spéciale. — La casquette de voyage inconvenante. — L'ôter ou mourir de faim. — Organisation pratique du service des bagages. — L'arrivée.

Petites notes et croquis...................... 321

Ce qu'on trouve dans le « Train du XXe siècle ». — Où s'arrêtera-t-on ? — L'angélus et les locomotives. — Le mariage en Amérique. — Conversations. — Pas de dot. — Exception pour les gendres venus d'Europe. — Un mot dur. — Le jeune homme timide. — La jeune fille émancipée. — L'habitude du flirt. — Une fleur qui se fane. — Respect des femmes. — L'Amour caché. — L'Américain et le Français. — Lequel aime davantage ? — La cuisine et le théâtre de Shakspeare. — Poignées de main supprimées. — Le médecin fabricant de cercueils. — Le gâchage en Amérique. — Exemples. — Un rideau de lit en bouchons de champagne.

La Nouvelle-Orléans............................ 329

Le voyageur fuit décidément les régions glacées. — Vers la Louisiane. — Forêts inondées. — Le soleil. — Les nègres.

— Vision de la case de l'oncle Tom. — Le Mississipi, Père des Eaux. — Les lianes des forêts vierges. — Les palmiers. — Arrivée à la Nouvelle-Orléans. — Ma pelisse et mes snowboots sont dépaysés. — Émotion de la première heure. — Une ville latine en fête. — Les nègres en quarantaine. — On parle français. — Le carnaval. — Le cortège du Roi. — Les officiers du *Tage*. — Le vainqueur de Santiago. — Promenade. — L'avenue Saint-Charles. — Les roses ! — Influence de l'élément créole sur la race anglo-saxonne. — Vieilles familles françaises.

La Nouvelle-Orléans (le carnaval)................ 337

Agonie des carnavals d'Europe. — Vitalité du carnaval louisianais. — Quatre grandes sociétés secrètes. — Momus, Comus, Proteus, Rex. — Sélection sévère des invités. — Composition des chars. — Costumes commandés à Paris. — 100,000 francs pour une parade. — Cavalcades publiques. — Les membres des clubs y participent. — Richesse des costumes et des accessoires. — Le bal du Roi. — La cour. — Défilé. — Les officiers du *Tage* aux pieds de la Reine. — Robe de Paris ! — Les bals de l'Opéra français. — Coutumes originales. — Les masques dépouillés de leurs bijoux. — Un sérail idéal. — Le bal des Mystérieuses. — La mode renversée. — Nous reviendrons.

La Nouvelle-Orléans (l'élément français).......... 348

Persistance et vitalité de l'élément français en Louisiane. — Œuvres de bienfaisance. — L'hôpital français. — Les écoles françaises. — Compliment d'une jeune fille créole au voyageur. — Le quartier français. — Vieilles maisons et mauvaise voirie. — Le quartier anglais. — Larges avenues. — Villas somptueuses. — La Cannebière. — Un déjeuner à West-End. — La vie mondaine. — Chez Mme Fernand May, née Castellanos. — Un salon parisien, Orléans street. — Jolie définition de la créole.

Mœurs nègres...................................... 357

Visite à une plantation de canne à sucre. — Chez M. Behan, à White-Castle. — Le Mississipi. — La levée. Le voyageur tue un serpent. — Le village nègre. — Mort de deux négresses. — Visite à la case mortuaire. — Exposition des morts au temple baptiste. — Veillée funèbre.

— Les prières. — Les sermons. — Les cris. — Scène de folie. — L'enterrement. — Scènes déchirantes. — Le cimetière. — Paroxysme.

Position de la question nègre.................... 367

Retour en arrière. — Les nègres conquièrent la liberté puis le droit de suffrage. — Ils dominent. — Chassés par les blancs des bureaux de vote. — Les blancs reprennent le pouvoir. — Moyens d'empêcher les noirs de voter. — Roosevelt et Booker T. Washington. — Nègres fonctionnaires. — Protestations. — Le nègre est-il perfectible? — Ses instincts. — Les mulâtres. — Mauvais produits. — Exceptions. — Il y a trois mille ans. — Les quakers sont-ils responsables de l'invasion nègre? — Pourquoi ne pas éduquer le nègre? — Haïti.

A Tuskegee (l'école normale des nègres)........... 376

Le sénateur Depew et Booker T. Washington. — Opinion unanime. — Encore M. Roosevelt. — Colère des États du Sud. — Arguments. — Les défauts du nègre. — Mariages impossibles. — Déchéance. — Les nègres sont des cigales. — Côté sympathique de leur nature. — Désintéressement. — L'Américain lui en fait un grief. — Le talent c'est de l'argent. — Tuskegee. — Wagons sordides, pour les nègres seulement. — L'Institut. — But de Booker T. Washington. — Opposition des nègres. — Leur rêve. — Tous savants ! — Visite de l'Institut. — Les ateliers. — Les écoles. — L'infirmerie. — La maison de Booker Washington. — Sa femme. — Les dortoirs. — Les réfectoires. — Les règlements de propreté. — La brosse à dents obligatoire. — Le travail manuel pour tous. — Les idées de Booker Washington sur Paris, la France et l'Europe. — Ignorance de l'histoire. — L'orgueil américain. — L'auteur discute. — Une soirée dans l'Alabama.

Encore la question nègre....................... 399

Arguments des colons du Sud contre l'égalité civique du nègre et du blanc. — Les défauts du nègre dans la gestion des intérêts collectifs. — Son imprévoyance. — Son immoralité. — Les réponses de Booker T. Washington. — Différences de races. — Le nègre rêveur et paresseux. — L'Américain positif et ambitieux. — Le mélange est-il possible ? — Booker Washington ne le croit pas. — Les nègres purs sont-ils égaux aux blancs ? — Il y en a. — Exemples. — Danger de l'accroissement de la race noire. — Leur retour en Afrique ? — Pourquoi ? — Services rendus par les nègres à l'Amérique. — Ils n'ont pas demandé à venir. — Dix millions de nègres.

6336. — L.-Impr. réunies, rue Saint-Benoît, 7. — MOTTEROZ, dir.

www.ingramcontent.com/pod-product-compliance
Lightning Source LLC
Chambersburg PA
CBHW060544230426
43670CB00011B/1677